하용조 강해서 전집 22

로마서 2
로마서의 비전
(9-16장)

하용조 강해서 전집 22

로마서 2
로마서의 비전(9-16장)

지은이 | 하용조
초판 발행 | 1998. 8. 31
개정판 발행 | 2021. 7. 21
등록번호 | 제1988-000080호
등록된 곳 | 서울특별시 용산구 서빙고로 65길 38
발행처 | 사단법인 두란노서원
영업부 | 2078-3352   FAX | 080-749-3705
출판부 | 2078-3331

책값은 뒤표지에 있습니다.
ISBN 978-89-531-3500-0 04230

독자의 의견을 기다립니다.
tpress@duranno.com   www.duranno.com

하용조 강해서 전집 22

로마서 2
로마서의 비전
(9-16장)

두란노

능력과 축복의 복음

로마서를 강해했던 2년 동안 온누리교회와 저는, 한동대학교를 돕는다는 이유로 한동대학교 설립을 막으려는 이해 집단으로부터 집요한 공격을 받았던 적이 있습니다. 가장 힘들고 어렵고 고통스러운 시간에 주일마다 강단에서 로마서를 선포했고, 로마서는 그때마다 우리에게 힘이 되었고 흔들리지 않는 믿음을 주었습니다.

역시 로마서는 능력이고 축복입니다. 로마서 8장을 공부할 때쯤부터는 고난이 사라지기 시작했고, 결국 주님은 우리로 하여금 승리의 개선가를 부르게 해 주셨습니다.

생각하건대 현재의 고난은 장차 우리에게 나타날 영광과 비교할 수 없도다(롬 8:18).

우리가 알거니와 하나님을 사랑하는 자 곧 그의 뜻대로 부르심을 입은 자들에게는 모든 것이 합력하여 선을 이루느니라(롬 8:28).

너희 몸을 하나님이 기뻐하시는 거룩한 산 제물로 드리라(롬 12:1).

악에게 지지 말고 선으로 악을 이기라(롬 12:21).

특별히 이 네 말씀은 우리에게 매우 실감 나는 말씀이었습니다. 그때의 로마서 설교들을 묶어서 두 권의 책으로 출간하게 되었습니다. 1권은 1장부터 8장까지의 '구원의 감격'을 다룬 내용으로 "로마서의 축복"이라고 제목을 정했습니다. 2권은 9장부터 16장까지의 '이스라엘에 대한 비전과 구원받은 자의 삶'을 다룬 내용으로 "로마서의 비전"이라고 정했습니다.

로마서는 환난 중에 가장 큰 위로와 용기와 믿음을 주는 책입니다. 그것은 믿음으로 구원받게 된 사실에 대한 감격의 책이요, 선교에 대해 눈을 뜨게 하는 비전의 책이요, 그리스도인의 참된 삶에 대한 도전의 책입니다.

이 책을 온누리교회 모든 성도님과 두란노의 형제자매님들과 한동대학교 식구들에게 드리고 싶습니다. 특히 뒤에서 묵묵히 기도하는 아내와 성석, 성지와 함께 기쁨을 나누고 싶습니다.

차례

2부

구원받은 자의 삶

로마서 12:1-12:21

3부

세상 속 그리스도인

로마서 13:1-16:27

1부

결코 버리지 않으시는 하나님

로마서 9:1-11:36

하나님은 이스라엘을 포기하셨습니까?
사도 바울은 '그렇지 않다'고 강하게 대답하고 있습니다.
아무리 이스라엘 백성이 하나님을 거역했을지라도
이스라엘을 결코 버리시지 않는다고 대답합니다.
하나님은 이방인들이 구원받기를 원하시지만
이스라엘도 구원받기를 원하십니다.
이방인의 구원과 이스라엘의 구원이 합해져서 구원은 완성됩니다.

1

사도 바울의 통곡

로마서 9:1-5

로마서 9-11장은 로마서의 절정입니다. 1장부터 8장까지가 서론이요 12장부터 16장까지가 결론이라고 말한다면, 9장부터 11장까지는 본론입니다. 그러나 많은 주석학자들은 이 부분을 소홀히 했습니다. 그들은 1-8장만 중요하게 생각했지, 9-11장에 나타난 하나님의 놀라운 경륜과 섭리는 발견하지 못했습니다.

로마서 1-8장에는 어떻게 구원을 받는가, 구원이 무엇인가 등의 종교개혁을 일으킬 만한 위대한 교리가 담겨 있습니다. 그리고 이 구원이 한 개인에서 그치는 것이 아니라 어떻게 전 인류에게, 온 우주에서 완성되는가에 관한 내용이 9-11장입니다. 사도 바울은 이 위대한 장을 자신의 개인적인 고통 경험으로부터 시작합니다.

바울의 회심과 고통

사도 바울에게는 예수님을 만난 후 영광과 기쁨, 감격이 있었습니다. 그는 "누가 우리를 그리스도의 사랑에서 끊으리요 환난이나 곤고나 박해나 기근이나 적신이나 위험이나 칼이랴"(롬 8:35)라고 말합니다. 이처럼 복음의 승리, 감격을 이야기한 사도 바울은 동시에 자신에게 말할 수 없는 고통이 있다고 말합니다.

자신의 동족이요 골육의 친척인 이스라엘이 복음을 거부하고 그리스도를 거부하는 데서 오는 고통입니다. 이런 이유로 사도 바울이 겪는 고통은 분노가 아니라 아픔이요, 저주가 아니라 애통에 가까웠습니다.

> 내가 그리스도 안에서 참말을 하고 거짓말을 아니하노라 나에게 큰 근심이 있는 것과 마음에 그치지 않는 고통이 있는 것을 내 양심이 성령 안에서 나와 더불어 증언하노니(롬 9:1-2).

사도 바울은 "마음에 그치지 않는 고통이 있다"고 했습니다. 그러니까 사도 바울은 "나에게 그치지 않는 한 고통이 있는데, 이것은 먹을 것이 없거나 실패하거나 병들거나 해서 겪는 고통이 아니다. 이 고통은 나의 동족, 나의 민족, 골육의 친척이 예수님을 거부하고 하나님을 믿지 않는 것을 보는 고통이다"라고 말하는 것입니다.

이 고통은 그리스도를 알면 알수록 커지는 고통이요, 시간이 지날수록 더 커지는 고통입니다. 사도 바울의 이 고통을 두 가지 예를 들어 설명하겠습니다. 어떤 사람이 예수님을 알게 되었습니다. 매우 기뻤습니다. 자기 혼자만 그 기쁨을 누릴 수 없어서, 그는 전도했습니다. 그가 전도한 사람들은 다 예수님을 믿었습니다. 그리고 그는 목사가 되고 선교사가 되어 주님을 위해 일하게 되었습니다. 그런데 막상 그의 부모님은 예수님을 믿지 않습니다. 그의 사랑하는 아내와 자녀들도 예수님을 믿지 않습니다. 이 사람의 고독과 고통이 얼마나 크겠습니까? "다른 사람은 다 믿고 복을 받는데 왜 우리 가족은 예수님을 믿지 않는가?" 이것이 바로 그의 고통입니다.

또 다른 예를 들어보겠습니다. 어떤 사람이 형편이 어려운 학생에게 장학금을 주었습니다. 그 학생은 장학금을 아껴 쓰면서, 밥도 두 끼만 먹어 가면서 열심히 공부했고 정말 훌륭한 사람이 되었습니다. 그런데 결혼해서 낳은 그의 자식은 아무리 잘해 주어도 곁길로 나가고, 공부도 하지 않고, 싸움을 일삼다 결국 살인까지 해서 감옥에 갔습니다.

사도 바울의 고통은 이런 자식을 둔 부모의 고통과 같습니다. 이 부모는 남의 자식이 잘된다는 소리를 들을수록 고통스럽습니다. 바울은 다른 사람들이 예수님을 잘 믿을수록 고통스러웠습니다. 자기 식구들은 믿지 않았기 때문입니다. 바로 이것이 사도 바울의 고통이었습니다. "차라리 내가 저주를 받더라도 내 가족이 예수님을 믿고 구원받을 수 있다면 얼마나 좋을까?", "예수님이 날 쫓아 내신다 하더라도 내 자식이 예수님을 믿고 구원받을 수 있다면 얼마나 좋을까?" 사도 바울은 이런 고통을 토로하고 있습니다.

사도 바울은 예수님을 사기꾼이라고 생각하고 싫어했습니다. 그래서 예수님을 박해하기로 결심했습니다. 예수님을 믿는 사람들을 잡아서 감옥에 넣고 죽이는 데 앞장섰습니다. 그는 그만큼 율법을 지키는 데 열심이었고, 하나님에 대하여도 열심이 있었습니다.

그러던 사도 바울이 예수님을 믿는 사람을 잡으러 다메섹으로 가는 도중에 예수님을 만납니다. "사울아, 사울아, 네가 어찌하여 나를 박해하느냐?" "주여, 누구시니이까?" "나는 네가 박해하는 예수라." 그 순간, 사도 바울은 눈부신 빛을 보았고 시력을 잃어버립니다. 그는 사람들의 손에 이끌려 다메섹으로 갔습니다. 그곳에는 준비된 사람이 있었습니다. 아나니아였습니다. 그가 안수해 주자, 바울의 눈이 떠졌습니다(행 9:3-19 참조).

사도 바울은 육체의 눈을 뜨는 동시에, 그리스도에 대해 눈을 떴습니다. 즉 구원에 대해 눈을 뜨게 되었고, 예수 그리스도가 메시아라는 사실을 알게 되었습니다. 자기가 죽이려고 했던, 그렇게 핍박했던 그분이 모든 인간의 죄를 용서하기 위하여 하나님이 보내신 메시아라는 사실을 알게 되었습니다.

그때부터 사도 바울의 인생은 180도 바뀌기 시작합니다. 그는 인간의 노력이나 종교적인 행위, 인간의 의지나 방법으로는 구원받을 수 없다는 진리를 예수 그리스도를 만난 후에야 알게 되었습니다. "모든 사람은 죄를 범하였기에 하나님의 영광에 이르지 못한다. 종교를 가진 유대인이나 종교를 갖지 못한 이방인이나 다 죄인이다. 하나님 앞에서는 의인이 한 사람도 없다. 스스로 구원받을 수 있는 인간은 하나도 없다!"

사도 바울은 인간의 실존에 대해 눈을 뜨기 시작했습니다. 인간은 마귀의 자식이며 구원받아야 하는 존재임을 알게 되었습니다. 하나님이 인간을 구원하시기 위하여 독생자 예수 그리스도를 세상에 보내 주신 사실을 알게 되었습니다. 그는 "우리가 아직 죄인되었을 때에 그리스도가 우리를 위하여 십자가에서 피 흘려 돌아가심으로 우리에 대한 하나님의 사랑을 확증하셨구나! 예수 그리스도 안에 있는 생명의 성령의 법이 죄와 사망의 법에서 우리를 해방하였구나!"라고 고백하고 있습니다(롬 5:8, 8:2 참조).

예수 그리스도가 내 죄를 용서해 주셨고, 예수님은 하나님의 아들이시며, 예수 그리스도를 믿음으로써 하나님의 자녀가 된다는 이 영광스럽고 놀라운 진리를 깨달은 것입니다. 예수님을 믿는 순간, 병이 떠나가고 귀신이 떠나가고 어둠의 세력이 떠나가고 절망이 떠나가는 것을 경험하기 시작했습니다. 이것이 로마서 1장부터 8장까지의 내용입니다.

하지만 예수님이 자신의 구원이요, 기쁨이요, 소망이요, 복이라는 사실을 깨달은 순간, 사도 바울의 마음 깊은 곳에서는 슬픔과 고통도 느껴졌습니다. '나는 이렇게 구원을 받았는데, 내 가족은 어떻게 하면 좋단 말인가?' 이것은 예수님을 믿는 만큼의 고통입니다. 받는 복만큼의 슬픔입니다. "우리나라는 복을 받았지만 다른 나라는 어떻게 하지?", "내 가족은 어떻게 하지? 그들은 예수님을 몰라서 다 지옥에 갈 텐데." 이런 생각들이 사도 바울의 영혼을 고통스럽게 만들었습니다.

나는 끊어질지라도

이런 마음을 가진 사람은 바울만이 아니었습니다. 구약 성경을 보면 그런 심정을 가진 사람들을 볼 수 있습니다. 모세도 그 심정을 가진 사람 중의 하나입니다. 하나님은 이스라엘 백성을 애굽에서 끌어내셨습니다. 애굽에 열 가지 재앙을 내리시고 홍해를 건너게 하신 후 광야로 오게 하셨습니다. 사막처럼 메마른 곳에서 하나님은 이스라엘 백성에게 먹을 것을 주셨습니다. 만나를 주셨고 물이 없는 곳에서는 샘물이 나게 하셨습니다. 낮에는 더위를 피하도록 구름 기둥을 주셨고, 밤에는 추위를 피하도록 불기둥을 주셨습니다. 이렇게 하나님은 이스라엘 백성을 인도하셨습니다.

그러나 이스라엘 백성은 하나님께 감사드리지 않았습니다. 도리어 작은 일에도 원망하고 불평했습니다. 모세가 없는 동안에는 아론과 공모하여 금송아지까지 만들고 말았습니다. 결국 하나님이 진노하셨습니다. "내가 돌격하리라! 한순간에 쓸어버리리라!"

모세도 기가 막혔습니다. 얼마나 분하고 화가 났던지, 그는 하나님이 주신 율법이 새겨진 돌판을 땅에 던져서 깨 버렸습니다. 그런 후에도 모세는 다시 산에 올라가 하나님께 무릎을 꿇고 "슬프도소이다 이 백성이 자기들을 위하여 금 신을 만들었사오니 큰 죄를 범하였나이다 그러나 이제 그들의 죄를 사하시옵소서 그렇지 아니하시오면 원하건대 주께서 기록하신 책에서 내 이름을 지워 버려 주옵소서"(출 32:31-32)라고 기도했습니다.

모세도 화가 났지만, 일단 이 죄지은 사람들부터 살려야 했습니다. 그래서 하나님께 매달렸던 것입니다. "하나님, 한 번만 용서해 주십시오. 내 이름이 하나님의 생명책에서 지워지는 일이 있다 할지라도 이 백성을 용서하시고 심판하지 말아 주십시오"라고 간구했습니다.

이것은 엄격한 아버지가 아들을 때릴 때, 어머니가 아들을 감싸 안는 것과 같습니다. 아브라함은 하나님이 소돔과 고모라를 멸하겠다고 말씀하셨을 때도 롯을 떠올렸습니다. 자신에게 폐만 끼치는 조카였지만, 아브라함은 하나님께 이렇게 묻습니다.

"하나님, 의인 50명이 있어도 그곳을 멸하시겠습니까?" "좋다. 멸하지 않겠다." 그런데 아무리 생각해도 50명이 안 됩니다. 다시 묻습니다. "하나님, 의인 40명이면 어떻게 하시겠습니까?" 이런 식으로 묻다가 10명까지 내려갑니다. "좋다. 의인 10명이 있으면 심판하지 않겠다"(창 18:22-33 참조). 이것이 중보 기도자의 마음입니다.

"하나님, 제가 저주를 받아도 좋습니다. 제가 그리스도에게서 떨어져도 좋습니다. 내 조국, 내 민족 이스라엘을 보호해 주십시오." 이것이 또한 사도 바울의 마음이었습니다.

이런 마음을 가진 사람이 또 있습니다. 바로 예수 그리스도이십니다. 예수님은 예루살렘을 향해 "예루살렘아 예루살렘아 선지자들을 죽이고 네게 파송된 자들을 돌로 치는 자여 암탉이 그 새끼를 날개 아래에 모음 같이 내가 네 자녀를 모으려 한 일이 몇 번이더냐 그러나 너희가 원하지 아니하였도다"(마 23:37) 하시며 우셨습니다.

하나님의 마음은 이스라엘에 있습니다. 예수님의 마음도 이스라엘에 있습니다. 예수님의 심정은, 자식이 타락하고 나쁜 짓을 하면서 자신에게서 멀어지는 모습을 바라보는 부모와 같았습니다. 예수님은 "돌 위에 돌 하나 남지 않겠구나"라고 탄식하시며 눈물을 흘리셨습니다(막 13:2 참조).

예수님은 이외에도 우신 적이 몇 번 더 있습니다. 요한복음 11장 35절에 "예수께서 눈물을 흘리시더라"는 말씀이 있으며, 겟세마네 동산에서 기도하실 때도 눈물을 흘리셨습니다. 히브리서 5장 7절에는 "심한 통곡과 눈물로 간구와 소원을 올렸고"라는 말씀이 있습니다. 여러분은 언제 눈물을 흘립니까? 값싼 눈물은 흘리지 마십시오.

민족을 위한 눈물과 기도

> 나의 형제 곧 골육의 친척을 위하여 내 자신이 저주를 받아 그리스
> 도에게서 끊어질지라도 원하는 바로라(롬 9:3).

우리는 여기서 냉정하게 생각해 봐야 할 주제를 만납니다. 모세
나 아브라함이나 바울이 그렇게 눈물 흘리며 기도할 수 있었던 것
은, 예루살렘이 자신의 조국이요 자신의 민족이었기 때문일 것입
니다. 예수님도 이스라엘 사람이기 때문에 예루살렘을 위해 울 수
있었지 않았을까 생각합니다.

이토 히로부미는 일본 사람들에게는 영웅이지만 우리나라 사람
들 입장에서는 아주 나쁜 사람입니다. 반대로, 안중근 의사는 우리
나라 사람들에게 영웅이지만 일본 사람들에게는 기분 나쁜 사람
입니다. 이렇듯 자기 나라를 생각하고, 자기 민족을 위해 눈물을
흘리며 기도하고, 순교하는 것은 당연한 일 아니겠습니까? 그렇다
면 그들이 자기 민족을 위해 기도한 것을 대수롭지 않게 생각할 수
도 있습니다.

하지만 이것은 단지 자기 조국을 위해 눈물 흘렸기 때문에 귀한
것이 아닙니다. 이보다 더 깊은 영적 의미가 있습니다. 이 눈물에
는 온 인류를 구원하기 위한 하나님의 섭리와 그에 대한 고통이 있
습니다. 바로 이 부분에 대해 살펴보겠습니다.

이스라엘 백성은 왜 메시아를 거부했을까요? 왜 그리스도를 거부했을까요? 단순히 거부한 것일까요? 그러면 이스라엘 백성은 구원받지 못할까요? 여기에는 놀라운 신비와 섭리가 있습니다. 하나님은 이스라엘 백성을 택하셨습니다. 그들이 잘나서가 아닙니다. 아브라함도 잘나서 택하신 것이 아닙니다. 하나님이 구원의 도구로 쓰시기 위하여 아브라함과 이스라엘을 택하셨던 것입니다. 이스라엘이 택함 받지 않았다면, 우리와 별다를 것이 있겠습니까? 아브라함이 택함을 받지 못했다면 그도 갈대아 우르의 한 장사꾼에 불과했을 것입니다.

그러나 하나님은 아브라함을 믿음의 조상으로 삼기 위하여 그를 불러 믿음의 사람으로 만들기 시작하셨고, 구원의 도구로 쓰시기 위하여 이스라엘을 만드셨습니다. 문제는 인류가 타락한 것입니다. 아담 이후에 모든 인류가 타락했기 때문에, 하나님은 독생자를 보내 이 인류를 구원하셔야만 했습니다.

그렇다면 예수님을 세상에 어떻게 보내야 하는지가 문제였습니다. 박혁거세처럼 알에서 태어나게 해야 하는지, 하늘에서 떨어지게 해야 하는지 그 방법이 문제였습니다. 하나님은 그처럼 이상한 방법이 아닌, 인간과 똑같은 방법을 택하셨습니다. 여자의 몸을 빌린 것입니다. 그러나 남자의 씨가 아닌 성령으로 인해 잉태되게 하셨습니다.

하나님은 예수님으로 하여금 한 인간이 어머니 뱃속에서 잉태

되어 자라는 모든 과정을 똑같이 겪게 하셨습니다. 하나님은 이 탄생을 위하여 오래전부터 한 사람을 택하셨습니다. 그 사람이 아브라함입니다. 한 민족을 택하셨습니다. 그 민족이 이스라엘입니다. 한 국가를 택하셨습니다. 그 국가가 다윗의 국가입니다. 육신적으로는 아브라함과 다윗으로부터 예수님이 태어나셨습니다. 이처럼 하나님은 메시아가 태어날 수 있도록 오래전에 길을 만드셨던 것입니다.

이스라엘에게 주신 복

그럼 이스라엘은 무엇입니까? 이스라엘은, 세례 요한이 예수님의 길을 준비했듯이, 메시아가 태어나도록 돕는 역할을 했습니다. 그래서 다음 말씀을 보면 이스라엘이 얼마나 많은 복을 받았는지 알 수 있습니다.

> 그들은 이스라엘 사람이라 그들에게는 양자됨과 영광과 언약들과 율법을 세우신 것과 예배와 약속들이 있고 조상들도 그들의 것이요 육신으로 하면 그리스도가 그들에게서 나셨으니 그는 만물 위에 계셔서 세세에 찬양을 받으실 하나님이시니라 아멘(롬 9:4-5).

하나님이 이스라엘에게 주신 첫 번째 복은 양자가 되는 것입니다. 특별한 백성으로 만드신 것입니다. 생각해 보십시오. 우리 민족은 백 년 전만 해도 어두움 가운데 있었습니다. 저는 이 백성이 하나님에 대해 눈을 뜨고, 올림픽을 하고, 경제 기적을 일으킨 것은 복 중의 복이라고 믿습니다. 자원도 없는 데다가 반쪽이 된 나라입니다. 그런 우리를 하나님이 특별히 사랑하신다고 믿습니다.

하나님은 많은 민족 중에 이스라엘을 택하셔서 양자로 삼으셨습니다. 출애굽기 4장 22절 말씀입니다. "너는 바로에게 이르기를 여호와의 말씀에 이스라엘은 내 아들 내 장자라." 이렇게 하나님이 이스라엘을 얼마나 사랑하시는지 보여 주는 내용은 성경 곳곳에 나옵니다. "너희는 너희 하나님 여호와의 자녀이니"(신 14:1), "이스라엘이 어렸을 때에 내가 사랑하여 내 아들을 애굽에서 불러냈거늘"(호 11:1).

두 번째, 하나님은 이스라엘을 양자로 삼으셨을 뿐만 아니라 영광을 주셨습니다. 이스라엘을 영화롭게 만들어 주셨습니다. 하나님의 소유된 백성으로서 물 붓듯이 복을 쏟아 부어 주셨습니다. 이스라엘은 나라도 없이 방황하는 중에도 여러 분야에서 노벨상을 휩쓸었습니다. 또한 굉장한 부자 나라입니다. 그들이 메시아를 거부했을지라도 하나님의 영광은 그들 가운데 있습니다. 그러니 그들이 하나님을 영접하면 그 영광이 얼마나 크겠습니까?

세 번째, 하나님은 언약을 주셨습니다. 이스라엘 백성과 특별한 계약을 맺으셨는데, 첫 번째 계약은 아브라함과 맺으신 것이었습니다(창 15:18). 두 번째는 모세와 맺으셨고, 또 다윗과도 계약을 맺으셨습니다. 다윗의 자손에서 메시아가 나올 것을 약속해 주셨습니다.

네 번째 복은 율법입니다. 어느 나라가 하나님의 말씀을 받았습니까? 이스라엘 백성이 율법을 받았고, 하나님의 말씀을 받았습니다.

다섯 번째, 이스라엘은 예배드리는 복을 받았습니다. 레위기에 나오는 모든 제사와 성막의 복을 다 받은 백성입니다. 예배만큼 큰 복은 없습니다. 예배를 드릴 수 있는 사람은 최고의 복을 받은 사람입니다. 예배는 하나님을 언제든지 만날 수 있는 특권입니다.

여섯 번째, 그들은 수많은 약속을 받았습니다. 성경에는 수천 가지의 약속이 있습니다. 이스라엘은 이 약속들을 받았고, 약속의 절정은 메시아가 오신다는 것이었습니다.

일곱 번째, 조상의 복을 받았습니다. 대부분의 설교는 이스라엘의 조상에 대한 이야기입니다. 아브라함, 이삭, 야곱, 모세 등 이런 사람들이 다 그들의 조상입니다. 이런 복 외에 진짜 복이 있습니다. 그리스도가 그들에게서 나셨다는 사실입니다. 우리 가문에서 예수님이 태어나셨다면 얼마나 놀라운 일이겠습니까? 메시아는 육신적으로 이스라엘에게서 나왔습니다. 그런데 그들은 그분을 거부했습니다. 이 사실이 사도 바울을 괴롭게 했습니다.

그리스도가 누구십니까? 예수님은 만물 위에 계셔서 세세에 찬양받으실 하나님이십니다. 우리는 세계 방방곡곡에 다니면서 예수님을 이야기합니다. 그러나 이스라엘은 그런 일을 하지 못하고 결국 예수님을 십자가에 못 박고 맙니다. 우리는 예수님을 믿고 복 받고 구원받은 성도들입니다. 하지만 자기 집에 굴러들어온 복을 거부하는 사람도 있습니다. 기도는 복입니다. 하나님을 섬기는 것 도 복입니다. 전도하고, 헌금하고, 선교사로 가는 것도 복입니다.

저는 한 가지 질문을 던지려고 합니다. 왜 이스라엘이 메시아를 거부했을까요? 이스라엘이 메시아를 거부한 것은, 우리가 구원받 기 위해서였습니다. 여기에 하나님의 비밀이 있습니다. 이것이 하 나님의 고통입니다. 이것이 사도 바울의 고통입니다. 하지만 이스 라엘은 성경의 약속대로 곧 회복될 것입니다. 그리고 역사는 완성 될 것입니다. 로마서를 통하여 하나님의 깊은 섭리와 경륜을 깨닫 게 되기를 축원합니다.

2

약속의 자녀들

로마서 9:6-13

앞서 살펴보았듯이, 하나님은 인류를 구원하시기 위하여 한 사람 아브라함과 이스라엘을 선택하셨습니다. 그래서 우리는 아브라함을 '믿음의 조상', 이스라엘을 '선택받은 민족'이라고 말합니다. 하나님은 아브라함에게 큰 복을 주셨습니다. 상상할 수 없는 특권도 주셨습니다. 그 이유는 오직 한 가지입니다. 아브라함의 자손 중에서 메시아가 태어날 것이기 때문입니다. 그래서 복을 주셨던 것입니다.

이스라엘이 받은 복

하지만 유감스러운 사실은 이스라엘 백성 즉, 유대인들이 결정적인 순간에 메시아를 거부했다는 것입니다. 메시아를 위해 준비된 민족이요 메시아를 위해 예비된 사람들이었음에도 불구하고, 그들은 메시아를 거부했고 배척했고 십자가에 못 박고 말았습니다. 이것이 사도 바울을 고통스럽게 했습니다.

예수님을 얼렁뚱땅 믿는 사람, 적당히 믿는 사람에게는 사도 바울과 같은 고통이 없습니다. 그러나 정말 예수님을 만난 사람, 예수 그리스도의 구원을 이해한 사람에게는 말할 수 없이 큰 고통이 있습니다. 이것은 물질적인 고통이 아닙니다. "나는 예수님 믿고 구원받아서 천국에 가는데, 안 믿는 내 가족은 지옥에 가겠구나. 내 부모는 어떻게 하나? 내 자식들은 어떻게 하나? 내 남편과 내 아내는 어떻게 하나?" 하는 고통입니다.

이 고통을 사도 바울이 지금 겪고 있습니다. "내 민족은 어떻게 하는가? 메시아를 위해 준비된 민족임에도 불구하고 내 민족은 메시아를 죽였다. 이제 이 민족은 어떻게 하나?"

사실, 사도 바울 자신도 예수님을 만나기 전에는 이들처럼 예수님을 무척 싫어했습니다. 싫어했을 뿐만 아니라 예수님을 믿는 이들을 잡아 죽이려고 했던 사람입니다. 그러나 다메섹으로 가는 길에서 예수님을 만나고, 그분이 바로 메시아였다는 것을 알게 되었습니다. 이후 사도 바울은 한편으로는 구원의 기쁨과 감격을 누렸지만, 또 한편으로는 말할 수 없는 고통, 내 민족이 메시아를 거부했다는 사실로 인한 고통을 느꼈습니다. 그는 너무 괴로웠습니다.

이 고통 속에서 사도 바울은 다음과 같은 질문을 합니다. "이스라엘은 하나님께 복을 받은 백성이다. 메시아를 잉태한 백성이다. 그런데 왜 이스라엘은 메시아를 거부했는가?" 사도 바울은 이 해답을 우리에게 말하기 위하여, 이스라엘이 받은 복 여덟 가지를 먼저 말합니다. 앞 장에서 살펴본 복들입니다. 하나님의 양자가 되는 복, 하나님의 영광을 맛보는 복, 하나님과 언약을 맺는 복, 하나님으로부터 율법을 받는 복, 하나님께 예배하는 복, 하늘 약속을 받는 복, 훌륭한 조상을 두는 복, 그리고 하나님이 주신 최고의 복, 마지막 복은 이스라엘의 백성 가운데에서 메시아가 나온 복입니다.

고통에 담긴 뜻

이렇게 이스라엘이 메시아 때문에 많은 복을 받았음에도 불구하고 그들은 메시아를 거부하고 죽였습니다. 그래서 사도 바울은 이런 생각을 합니다. '그렇다면 하나님의 약속은 모두 파기된 것인가? 하나님의 언약은 다 수포로 돌아간 것인가? 하나님의 섭리와 계획은 다 망가진 것인가?' 이것이 6절 말씀의 내용입니다.

> 그러나 하나님의 말씀이 폐하여진 것 같지 않도다 이스라엘에게서 난 그들이 다 이스라엘이 아니요(롬 9:6).

이 말씀은 "하나님의 말씀은 폐하여졌는가?"라는 질문을 전제로 하고 있습니다.

그리고 또 다른 질문이 14절에 있습니다. "하나님은 불의하신가?" 19절에도 질문이 있습니다. "하나님이 불의하시지 않다면, 어찌하여 허물하시는가?" 30절에도 질문이 있습니다. "그것도 아니라면 우리가 무슨 말을 해야 하는가?" 이 네 질문을 종합해 보면, 사도 바울에게는 이스라엘이 왜 메시아를 거부했는지 알고자 하는 강한 의지가 있음을 알 수 있습니다.

이번 장의 본문은, "하나님의 약속은 폐하여졌는가"라는 첫 번째 질문에 대한 답입니다. 이에 대한 바울의 결론은 간단합니다. "아니다"입니다(롬 9:6). 하나님의 말씀은 결코 폐하여지지 않았습니다. 하나님은 잘못하시지 않습니다. 하나님은 실수하시지 않습니다. 하나님의 말씀은 변하지 않습니다. 그렇다면 이 '실패'는 무엇입니까? 이 '실수'는 무엇입니까?

여기서 우리는 굉장히 놀라운 사실을 추측할 수 있습니다. 하나님이 결코 실수하시지 않고 하나님의 말씀도 변하지 않는다면, 그 '실수'에 의미가 있다는 것입니다. 이스라엘이 메시아를 거부한 데에는 특별한 이유가 있습니다. 바로 이방 세계에까지 복음을 전하기 위해서였습니다. 그것은 이스라엘이 메시아를 거부했기 때문에 가능했습니다. 이것이 이 '실수'의 의미입니다.

우리는 예수를 믿고 나서도 고통을 받습니다. 병에 걸립니다. 사업에 실패합니다. "내가 그토록 봉사하고 기도하고 헌금했는데, 왜 하나님은 나에게 이렇게 응답하시는가?"라는 질문을 할 수 있습니다. 그러나 가만히 생각해 보면 그 고통은 저주가 아닙니다. 그 실패는 패배가 아닙니다. 그곳에는 하나님의 섭리가 있습니다. 그런 고난과 역경과 고통을 통해서 하나님은 나의 믿음을 새롭게 하십니다. 이것은 복입니다.

육신의 자녀, 약속의 자녀

> 이스라엘에게서 난 그들이 다 이스라엘이 아니요 또한 아브라함의
> 씨가 다 그의 자녀가 아니라 오직 이삭으로부터 난 자라야 네 씨라
> 불리리라 하셨으니(롬 9:6-7).

이것이 열쇠입니다. 유대인이 모두 예수님을 배척한 것이 아니
라는 말입니다. 유대인 중에는 예수님을 환영한 사람도 있었고 배
척한 사람도 있었습니다.

예수님을 낳은 요셉과 마리아는 유대인입니다. 예수님을 최초
로 영접한 세례 요한도 유대인입니다. 예수님의 열두 제자도 유대
인들입니다. 예수님을 박해하다가 나중에 믿게 된 사도 바울도 유
대인입니다. 초대 교회를 보십시오. 초대 교회의 교인들은 다 유대
인이었습니다.

이렇듯 유대인 전부가 예수님을 배척한 것은 아닙니다. 소수의
유대인들은 예수님을 기쁘게 맞았습니다. 그들은 메시아를 만났
습니다. 하지만 대다수의 유대인들은 예수님을 배척했습니다. 그
렇지만 유대인이라고 해서 다 예수님을 배척한 것은 아니었습니
다. 무슨 뜻입니까?

곧 육신의 자녀가 하나님의 자녀가 아니요 오직 약속의 자녀가 씨

로 여기심을 받느니라(롬 9:8).

　문제를 해결하는 열쇠가 여기에 있습니다. 8절 말씀을 보면 두 자녀가 나타납니다. 세상에는 '육신의 자녀'와 '약속의 자녀'가 있습니다. 육신의 자녀가 모두 하나님의 자녀는 아닙니다. 마찬가지로 이스라엘이라고 다 이스라엘이 아닙니다. 이스라엘 가운데 육신의 자녀가 있고 약속의 자녀가 있습니다.

　'육신의 자녀'는 남자와 여자가 결혼해서 낳은 아이를 말합니다. 다시 말하면 우리는 육신의 자녀들입니다. '약속의 자녀'는 태어나기 전부터 약속되고 예언되고 부름을 받은 자녀를 말합니다. "이러이러한 자녀가 태어날 것이다"라는 약속에 근거하여 태어난 자녀입니다.

　사도 바울은 이 육신의 자녀와 약속의 자녀에 대해 두 가지 예를 들어 설명합니다. 첫 번째 예는 아브라함이요, 두 번째 예는 이삭입니다. 먼저 아브라함의 경우를 보겠습니다. 하나님은 갈대아 우르에 살던 아브라함을 부르셨습니다. 온 우주를 구원할 메시아를 보내기 위하여 한 사람을 택하신 것입니다. 하나님은 그를 믿음의 조상으로 삼기 원하셨습니다.

　창세기 12장 1 - 3절에서 하나님은 아브라함에게 "내가 너로 하여금 큰 민족을 이루게 해 주겠다"고 약속하시며 "내가 너에게 복을 주겠다. 너는 복의 근원이 될 것이다. 너를 축복하는 자에게 내가 복을 주고, 너를 저주하는 자에게 저주를 내리겠다. 네 자손을 하늘의 별처럼 바다의 모래처럼 창대케 해 주겠다"고 말씀하십니다. 또한 "네 몸에서 복의 씨가 날 것이다"라는 약속도 하십니다.

그런데 그 이후로 10년이 지났습니다. 아브라함은 10년 동안은 잘 참았습니다. 하지만 여전히 자식이 없었습니다. 그래서 아브라함은 고민하기 시작했습니다. 사라는 아기를 낳지 못하는 여자의 고통을 겪어야 했습니다. 부부가 함께 "왜 하나님은 아이를 주시지 않을까?"라는 고민을 합니다. 결국 그들은 인간적인 방법을 택합니다. 아브라함은 사라의 몸종인 하갈에게서 아기를 낳았습니다. 그 아이가 이스마엘입니다.

이스마엘은 하나님이 약속을 이루기 위해 주신 아이입니까? 아닙니다. 이스마엘은 아브라함과 사라의 인간적인 생각으로 낳은 아이입니다. 이것이 육신의 자녀입니다. 이스마엘이 태어났을 때, 하나님은 자신이 약속한 아이가 아니라고 하셨습니다.

하나님은 사라의 경수가 끊어져 아이를 낳을 수 없게 되었을 때 약속의 자녀를 주고자 하셨습니다. 남자와 여자가 아이를 낳을 수 있을 때는, 자신들이 낳은 자식이라고 생각할 것이기 때문입니다. 그래서 하나님은 기다리셨습니다. 아브라함과 사라는 25년 동안 기다려야 했고, 하나님의 약속을 믿어야 했습니다. 천국이 있음을 믿습니까? 기다리고 믿어야 합니다. 인내해야 합니다. 이것이 신앙이요 구원입니다.

선택은 사랑이다

사라는 도저히 아이를 가질 수 없는 상태에서 아이를 가졌습니다. 이것이 약속의 자녀입니다.

> 약속의 말씀은 이것이니 명년 이때에 내가 이르리니 사라에게 아들이 있으리라 하심이라(롬 9:9).

이 소리를 듣고 사라는 웃었습니다. "내 나이가 지금 몇인데, 경수가 끊어진 지가 언제인데 어떻게 아이를 낳을 수 있다는 말인가?" 이런 상황에서 태어난 아이가 이삭입니다. 이 아이가 약속의 자녀입니다. 모든 계란이 다 병아리가 되지는 않습니다. 유정란만 병아리가 됩니다. 우리도 그렇습니다. 다 같은 사람처럼 보이지만 약속의 자녀가 아니면 예수 그리스도를 믿을 수 없습니다.

어쩌면 예수님을 믿는다는 것은 코미디인지도 모릅니다. 이스라엘 백성도 아닌 이방인인 우리가, 2천 년 전의 사람이 우리를 위해 죽었다가 살아났다고 믿는 것이 오히려 이상하지 않습니까? 어떻게 그분을 믿을 수 있습니까? 이것처럼 큰 기적이 어디 있습니까? 예수님이 나의 구주요, 하나님이 나의 하나님이요, 나는 천국 백성이라고 믿는 것이 얼마나 놀라운 일입니까? 얼마나 신비스러운 일입니까? 정상적인 이성으로 어떻게 이것을 믿을 수 있습니까? 그런데도 우리는 하나님을 '아바 아버지'라고 부릅니다. 예수님이 나를 위하여 십자가에 못 박혀 돌아가셨다는 것을 믿습니다. 이 얼마나 놀랍습니까?

아브라함의 씨가 다 아브라함의 씨가 아닌 것을 알 수 있습니다. 오직 이삭으로부터 난 자라야 아브라함의 씨입니다(롬 9:7). 이렇게 태어나신 분이 예수 그리스도입니다. 예수님은 인간인 남자와 여자가 낳은 아이가 아닙니다. 석가모니는 남자와 여자 사이에서 태어났습니다. 공자도, 소크라테스도 그렇습니다. 그러나 예수님은 다릅니다. 예수님은 오래전에 예언된 메시아입니다. 예수님은 그냥 태어나시지 않았습니다. 예언되었고 약속되었으며 아브라함 때부터 준비되었던, 모세와 다윗을 거쳐 이 세상에 태어나신 분입니다.

우리는 육신의 자녀입니까, 아니면 약속의 자녀입니까? 우리는 물론 육신의 자녀입니다. 하지만 우리는 또한 분명히 약속의 자녀입니다. 바울은 두 번째 경우에 대해 참으로 기가 막힌 이야기를 합니다.

> 그뿐 아니라 또한 리브가가 우리 조상 이삭 한 사람으로 말미암아 임신하였는데 그 자식들이 아직 나지도 아니하고 무슨 선이나 악을 행하지 아니한 때에 택하심을 따라 되는 하나님의 뜻이 행위로 말미암지 않고 오직 부르시는 이로 말미암아 서게 하려 하사(롬 9:10-11).

아브라함은 사라의 몸종 하갈을 통해 이스마엘을 낳았습니다. 이스마엘은 육신의 자녀입니다. 아브라함은 사라를 통해 하나님이 약속하신 이삭을 낳았습니다. 이것이 약속의 자녀입니다. 그런데 이삭의 경우는 달랐습니다. 이삭은 하나님이 인도해 주셔서 리브가를 만났고 리브가는 쌍둥이를 임신했습니다.

우리는 아브라함의 경우처럼 첩 하갈을 통해 낳은 자녀를 '육신의 자녀'라고 부르고, 본처인 사라를 통해 낳은 자녀를 '약속의 자녀'라고 부르는 것은 이해할 수 있습니다. 그러나 리브가의 경우는 다릅니다. 리브가는 본래 이삭의 아내였고, 그 리브가가 한꺼번에 두 아이를 임신했기 때문입니다. 하나님은 두 아이 중에서 를 택하지 않고 야곱을 택하셨습니다. 이스마엘을 택하지 않고 이삭을 택하신 것은 이해할 수 있습니다. 그러나 같은 배에서 쌍둥이로 태어난 두 아이 중 한 아이만 택하신 것은 이해하기 어렵습니다. 편애를 해도 너무 하셨고 불공평해도 너무 불공평하셨습니다.

따지고 보면 야곱은 사기꾼이요, 도둑입니다. 에서와 야곱을 비교해 보면 에서가 야곱보다 인격적으로 괜찮은 사람 같습니다. 그런데도 하나님은 에서를 택하시지 않고 야곱을 택하셨습니다. 선택은 불공평합니다. 두 여자와 한 남자가 있다고 합시다. 남자가 한 여자를 택하면 다른 한 여자는 비참해지지 않겠습니까? 이처럼 선택에는 불공평한 면이 있습니다.

선택은 사랑입니다. 내가 그를 선택한 것은 사랑하기 때문입니다. 그런 의미에서 하나님이 이스마엘이 아닌 이삭을 택하신 것은 이해할 수 있습니다. 그런데 쌍둥이로 태어난 이들 중에서는 택하지 않고 야곱을 택하신 하나님은 이해할 수 없습니다.

약속의 자녀로서의 특권

그렇다면, 하나님은 왜 사기꾼 같은 우리를 택하셨을까요? 우리는 예수님을 믿을 만한 자격이 없는 사람들입니다. 지성, 도덕, 윤리로 위장해서 그럴듯하지만 사실은 사기꾼이요, 도둑이요, 음란한 사람들입니다.

우리에게 예수님을 믿을 만한 자격이 있습니까? 우리는 하나님의 자녀가 될 만한 자격이 있어서 하나님의 자녀가 되었습니까? 아닙니다. 우리는 다 야곱 같은 사람들입니다. 여기에 하나님의 특별한 섭리와 선택과 사랑이 있습니다. 왜 하나님이 나를 택하셨습니까? 왜 하나님이 야곱을 택하셨습니까? 하나님은 야곱과 에서가 태어나지도 않았을 때 이미 야곱을 택하셨습니다(롬 9:11). 그들이 무슨 선한 일이나 악한 일을 하기도 전에 이미 택하신 것입니다.

예수님을 믿은 지 얼마나 되셨습니까? 우리가 예수님을 믿기 시작할 그때 우리가 선택되는 것이 아닙니다. 하나님은 우리가 태어나기도 전에 이미 우리를 택하셨습니다. 아니, 창세 전부터 하나님은 우리를 사랑하기로 결정하셨습니다. 이것이 하나님의 선택입니다.

'선택'은 한 아버지와 한 어머니에게서 났기 때문에 이루어진 것이 아니요, 철저히 하나님의 결정에 의해 이루어졌습니다. "오직 부르시는 이로 말미암아 서게 하셨다"라고 했습니다(롬 9:11). 하나님의 영원한 목적에 의해 우리는 선택되었습니다. 이것이 약속의 자녀입니다.

어떻게 보면, 이 세상에서 부모처럼 독재하는 사람이 없습니다. 또한 부모처럼 강요하는 사람도 없습니다. 자녀에게 음식을 먹이고 옷을 사 입히고 여기저기 데리고 다닙니다. 부모님들은 자녀가 원하는 대로 하지 않습니다. 자녀가 술을 마시고 싶어 하고 담배를 피우기 원해도, 부모님은 그것을 허락하지 않습니다. 회초리로 종아리를 때리고, 심하게 꾸짖으면서까지 못하게 합니다.

이것을 '독재'라고 할 수 있을까요? '강요'라고 할 수 있습니까? 우리 부모님들의 이런 독재와 강요가 없었다면, 우리가 어떻게 성장할 수 있었겠습니까? 우리는 결혼을 하고 아이를 가진 후에야 부모님의 사랑을 깨닫습니다. 부모님은 어느 정도 일방적으로 우리를 끌고 갑니다. 사랑하기 때문입니다.

이처럼 좋은 주인의 독재는 좋습니다. 하나님은 독재자이십니다. 우리에게 강요하십니다. 하지만 이것은 하나님의 사랑입니다. 하나님은 우리와 의논도 없이 자기의 아들 예수 그리스도를 십자가에 못 박혀 죽게 하셨습니다. 이것은 하나님의 선택이요, 하나님의 사랑입니다. 그 사랑 때문에 우리가 구원받게 되었습니다.

우리가 원하기 전에 하나님은 이미 우리를 택하셨고 약속을 주셨습니다. 우리가 구원받은 것은 불과 몇 년 전 계획이 아니요, 태초부터 하나님이 우리를 구원하기로 계획하시고 약속하셨습니다.

이것이 바로 약속의 자녀입니다. 우리가 약속의 자녀가 아니었던들 어떻게 예수님의 살과 피를 먹고 마실 수 있겠습니까? 육신의 자녀가 어떻게 예수님의 살과 피를 먹고 마실 수 있겠습니까? 육신의 자녀가 어떻게 예수님이 주시는 특권을 소유할 수 있겠습니까? 우리가 약속의 자녀임을 알게 되는 그 순간, 이스라엘이 받았던 여덟 가지 복은 다 우리의 것입니다.

약속의 자녀로서의 특권을 누리기 바랍니다. 하나님은 우리에게 양자가 되는 특권을 주셨고, 영광의 복을 주셨고, 예배, 언약, 약속, 율법, 조상, 메시아의 복을 주셨습니다. 우리는 육신의 자녀가 아니라 약속의 자녀입니다. 이 복이 여러분에게 넘치기를 축원합니다.

3

하나님의 긍휼

로마서 9:14-18

사도 바울은, 메시아를 위해 선택된 이스라엘이 메시아를 거부하고, 배척하고, 죽인 사실에 대해 괴로워했습니다. 이것은 이렇게 비유할 수 있습니다. 어떤 사람이 우상을 숭배하는 가정에서 태어났습니다. 어렸을 때부터 무당을 주위에서 보고, 좋은 것이라고 생각하며 살아왔습니다. 그런데 그 사람이 어느 날 예수님을 만났습니다. 예수님을 알고 보니 자기가 이제껏 살아온 삶이 너무 기가 막혔습니다. 하나님이 기뻐하시지 않는 일들을 온 가족이 한 것을 알았습니다. 그래서 부모님께 이 사실을 말씀드립니다. 그런데 부모님은 이 사람을 미친 사람 취급합니다.

그래서 이 사람은 자기 가족을 볼 때마다 눈물이 납니다. "나는 구원을 받았는데, 나는 예수님을 만났는데, 우리 가족은 어쩌면 좋으냐?"라는 것입니다. 그리스도인에게 우상을 섬기고 세속적인 가족들이 있다면 얼마나 그 고통이 크겠습니까?

하나님의 약속

바로 앞서 우리는 무엇을 살펴보았습니까? 하나님이 이스라엘을 선택하셨는데 이스라엘은 메시아를 죽였습니다. 그래서 제기되는 질문 "하나님은 실패했는가? 하나님의 약속은 잘못되었는가? 그 약속은 폐기되었는가?"에 대해 사도 바울은 "절대 그렇지 않다"고 대답합니다. 하나님은 실패하시지도 않았고, 약속은 폐기되지도 않았으며, 이스라엘은 실패하지 않았다는 것입니다.

사도 바울은 육신의 자녀인지 약속의 자녀인지가 더 중요하다고 말합니다. 이스라엘 중에 약속의 자녀가 있고 육신의 자녀가 있다고 했습니다. 육신의 자녀는 무엇입니까? 인간이 서로 만나서 낳은 아기를 말합니다. 이런 사람들은 삶의 의미를 찾지 못합니다. 왜 사는지를 모릅니다. 인생을 그냥 오다가다 만나는 것이라고 말합니다. 불교에서는 '인연'이라고 말합니다. 하지만 이것은 인생의 의미를 말해 주지 못합니다.

그러면 약속의 자녀는 무엇입니까? 약속으로 태어난 자녀를 말합니다. 예언으로 태어나는 자녀를 가리켜 우리는 '약속의 자녀'라고 말합니다. 하나님은 아브라함에게 '네게 씨를 주겠다'는 약속을 하셨습니다. 약속을 하고 나서 25년이 지났습니다. 그런데도 하나님이 약속하신 자녀는 태어나지 않았습니다. 사라의 경수가 끊어졌습니다. 아브라함도 아기를 낳을 수 있는 나이가 지났습니다. 그러면 하나님의 약속은 폐하여졌습니까?

그렇지 않습니다. 비록 여자가 아기를 가질 수 없다 할지라도, 할머니, 할아버지가 되었다 할지라도 하나님께는 능치 못할 일이 없습니다. 사라는 아이를 갖게 됩니다. 그 아이가 바로 이삭입니다. 이삭은 약속이 있는 아이입니다. 예언되었던 아이입니다.

이삭의 아내 리브가는 쌍둥이를 임신합니다. 큰아들의 이름은 에서이고 작은아들의 이름은 야곱인데, 하나님은 에서가 아니라 야곱을 택하셨습니다. 이것이 아주 놀랍습니다.

우리나라는 이스라엘이 아닙니다. 우리는 선민도 아닙니다. 율법을 받은 백성도 아닙니다. 우리는 하나님의 약속을 받은 백성이 아닙니다. 우리 조상은 모두 우상을 섬겼습니다. 우리는 어렸을 때부터 불교의 영향 아래 살아왔습니다. 우리는 백 년 전만 해도 흑암에 있던 백성들이었습니다.

그럼에도 하나님은 우리를 구원하셨습니다. 예수님을 믿게 해주셨습니다. 이것이 얼마나 놀랍습니까?

구원받을 만한 자격이 있는 사람이 있습니까? 우리는 다 사기꾼이요 다 도둑이 않습니까? 겉으로는 멀쩡하지만 속에는 죄가 가득하지 않습니까? 그런 인간을 하나님이 왜 사랑하십니까? 왜 하나님이 나 같은 인간을 택하셔서 예배를 드릴 수 있게 하십니까?

우리가 약속의 자녀이기 때문입니다. 우리는 우연히 태어난 육신의 자녀가 아니라, 이방인의 나라에서 태어났지만, 하나님이 오래전에 택하시고 부르시고 약속하시고 예언하셔서 예수님을 믿도록 하신 사람들입니다.

그래서 사도 바울은 이렇게 말합니다. "이스라엘에게 하신 하나님의 약속은 절대로 폐하여진 것이 아니다. 이스라엘이라고 다 이스라엘이 아니요, 약속의 자녀만이 이스라엘이다."

하나님은 불의하신가

사도 바울의 두 번째 질문이 다음 말씀에 있습니다.

> 그런즉 우리가 무슨 말을 하리요 하나님께 불의가 있느냐 그럴 수
> 없느니라(롬 9:14).

육신의 자녀가 있고 약속의 자녀가 있다면, 누가 육신의 자녀가
되고 누가 약속의 자녀가 됩니까?

'선택'이라는 말 자체가 불공평합니다. 내가 누구를 '선택했다'
는 것은 특혜이기 때문입니다. '선택을 받았다'는 것 자체가 편애
입니다. 그래서 이렇게 질문하는 것입니다. "그렇다면 하나님이
잘못하시는 것 아닌가? 하나님이 정의롭지 않으신 것이 아닌가?
도대체 이스마엘이 무엇을 잘못했다고 이스마엘을 버리시는가?
하나님은 불의하시지 않은가?"

여기에 우리가 찾아야 할 메시지가 있습니다. 하나님이 불의하
시지 않다면 왜 그렇게 하십니까? 사도 바울은 이것을 설명하기
위해 두 사람의 예를 듭니다. 모세와 바로입니다. 사도 바울은 "하
나님의 약속이 폐하여졌는가?"라는 질문에 대한 답을 아브라함과

이삭의 예를 통해 우리에게 설명했습니다. 마찬가지로 모세와 바로의 예를 들어 선택의 문제, 구원의 문제를 설명합니다.

> 모세에게 이르시되 내가 긍휼히 여길 자를 긍휼히 여기고 불쌍히 여길 자를 불쌍히 여기리라 하셨으니(롬 9:15).

이 말씀을 이해하기 위해서는 배경을 살펴보아야 합니다. 출애굽기 32장과 33장입니다. 하나님은 이스라엘 백성을 애굽에서 구원해 내셨습니다. 젖과 꿀이 흐르는 가나안 땅으로 들어가게 하기 위해 홍해를 가르셨고, 40년 동안 광야에서 훈련시키셨습니다. 먹을 것이 없었기 때문에 만나를 주셨습니다. 마실 물이 없었기 때문에 생수를 주셨습니다.

하나님은 이스라엘 백성에게 큰 복을 주셨습니다. 율법을 주신 것입니다. 모세를 산으로 불러 십계명을 돌판에 새겨 주시고, 40일 동안 이스라엘 백성이 지켜야 할 법을 가르치셨습니다. 그런데 모세가 산에 있는 동안 이스라엘 백성은 모세를 기다리지 못했습니다. "하나님이 우리를 버리신 것이 아닐까?" 하고 의심하기 시작했습니다.

이스라엘 백성은 금을 모아 금송아지를 만들었습니다. 그들은 눈에 보이지 않는 하나님보다 눈에 보이는 우상을 더 중요하게 생각했습니다. 왜 그렇게 생각했을까요? 애굽에서 종살이할 때 그렇게 배운 것입니다. 즉 애굽의 문화로 다시 돌아간 것입니다. 그래서 이스라엘은 하나님을 대신하여 우상을 숭배했습니다.

그때, 모세가 돌판을 들고 산에서 내려왔습니다. 내려오자마자 모세는 사람들이 우상을 숭배하고 하나님을 무시하는 것을 보고 화가 났습니다. 얼마나 모세가 분노했던지, 하나님께 받은 돌판을 깨 버렸습니다. 이것은 이렇게 비유할 수 있습니다. 한 쌍의 남녀가 결혼을 해서 아기를 가졌습니다. 아내가 얼마나 힘이 들겠습니까? 그런데 남편은 외도를 합니다. 아내가 얼마나 화가 나겠습니까? 남편에게 배신감을 느끼지 않겠습니까?

마찬가지입니다. 모세는 산에 올라가 하나님으로부터 율법을 받고 있는데, 이스라엘 백성은 산 밑에서 하나님을 원망하고 불평하며 금송아지를 만들었던 것입니다.

하나님은 화가 나셔서 이스라엘 백성을 죽여 버리겠다고 하셨습니다. 모세도 화가 났지만 하나님께 매달렸습니다. 여기서 하나님이 이스라엘 백성을 죽이시면 이방 사람들이 하나님을 뭐라고 생각하겠느냐고 말합니다. 애굽에서 데리고 나와 광야에서 다 죽였다고 하지 않겠느냐고 했습니다. 모세는 자신의 이름이 생명책에서 지워져도 좋으니 이 백성을 용서해 달라고 했습니다. 이것은 마치 잘못한 아이를 체벌하는 아버지로부터 아이를 보호하고자 하는 어머니의 마음과 같습니다. 결국 하나님은 화를 푸셨습니다. 그러면서 하신 말씀이 15절 말씀입니다. 이것은 출애굽기

33장 19절의 말씀이기도 합니다.

사랑의 하나님 공의의 하나님

이스라엘 백성은 금송아지를 만들고 우상을 섬겼습니다. 이 죄는 사형에 해당합니다. 하나님에게는 '공의'와 '사랑'이 있습니다. 하나님이 '공의'로 이스라엘 백성을 대하셨다면 이스라엘 백성은 모두 죽었을 것입니다. 하지만 하나님이 '사랑'으로 이스라엘 백성을 대하셨기 때문에 그들은 살았습니다.

우리 인간들은 너무 함부로 정의를 말합니다. '정의로워야 한다'는 말을 신중하게 하십시오. 정의와 공의를 말하려면 우리가 먼저 죽어야 합니다. 남을 비판하고 남을 욕하는 사람이 먼저 죽어야 합니다. 사랑이 없는 정의는 죽음뿐입니다.

하나님이 우리를 공의로 대하시길 원합니까, 사랑으로 대하시길 원합니까? 만약에 하나님이 공의로 우리를 대하신다면 살아날 사람은 아무도 없습니다. 따라서 '공의'가 아닌 '사랑'을 선택해야 합니다.

구원은 '공의'가 아닙니다. 구원은 '사랑'입니다. 긍휼이며, 은혜입니다. 하나님이 우리를 긍휼히 여기셨기 때문에 우리가 산 것입니다. 그분의 공의와 정의 앞에서는 살 자가 아무도 없습니다. '공의'를 말한다고 세상이 공의로워지는 것은 아닙니다. 오히려 더욱 사나워집니다. 정치하는 사람들을 보십시오. 정의와 공의를 끊임없이 말합니다. 그런데도 세상은 깨끗해지지 않습니다.

사랑해야 공의가 생깁니다. 용서하고 사랑할 때 정의가 일어납니다. 정의만을 이야기하면 살벌해집니다. 검찰에서 사정을 하면 세상이 깨끗해질까요? 아닙니다. 뒤로 물러날 뿐입니다. 숨을 뿐입니다. 칼이 없어지면 또 나옵니다.

하나님은 죄인을 어떻게 다루십니까? 공의로우신 하나님이 죄인을 보시면 죽여야 할까요, 살려야 할까요? 만약 죄인을 살리면 하나님에게는 공의가 없는 것입니다. 그러나 사랑의 하나님은 죄인을 보시면 살려야 합니다.

이 두 가지를 다 만족시키기 위해, 하나님은 스스로 죽기로 결정하셨습니다. 그것이 예수 그리스도의 죽음입니다. 우리가 죽어야 하는데, 예수님이 대신 십자가에 못 박혀 죽으심으로 말미암아 하나님의 공의를 만족시키셨습니다. 예수님이 십자가에 달려 돌아가심으로 말미암아 하나님은 우리를 살리셨습니다. 그래서 하나님의 사랑을 만족시키셨습니다. 십자가는 우리의 구원입니다. 하나님이 우리를 살리신 것은, 불쌍히 여길 자를 불쌍히 여기시고 긍휼히 여길 자를 긍휼히 여기셨기 때문입니다.

이것이 하나님의 선택입니다. 하나님의 선택은 공의가 아닙니다. 구원받을 수 없는 사람이지만, 에서가 아닌 야곱과 같은 사람이지만, 하나님은 그런 나를 용서하시고 사랑하시고 택하셨습니다.

인간은 누구를 막론하고 모두 죄인입니다. 로마서 3장 23절을 보면 "모든 사람이 죄를 범하였으매 하나님의 영광에 이르지 못하더니"라는 말씀이 있습니다. 에베소서에는 인간을 "본질상 진노의 자식"(엡 2:3)이라고 표현했습니다. 쉽게 말하면 인간은 사형 선고를 받은 존재입니다. 밧줄이 목에 걸려 있는 존재입니다. 이것이 실존주의자들이 본 인간의 모습입니다.

이런 인간이 어떻게 살아날 수 있겠습니까? 살아날 길이 없습니다. 이미 사형 선고가 내려졌고, 사형 집행이 이루어지고 있습니다. 이제 문제는 시간입니다. 언제든지 인간은 죽을 수 있습니다. 죽지 않는 인간은 아무도 없습니다. 이것이 인간의 본질입니다.

그런데 갑자기 왕의 특사가 말을 타고 달려옵니다. "멈추시오. 아무개의 죄는 사해졌소!" 이렇게 해서 살아난 사람들이 우리입니다. 왕의 명령으로 우리 목에 있던 밧줄이 풀어졌습니다! 그런데 옆에서 죽게 된 사람이 "이건 불공평하다. 하나님은 불의하다"라고 말할 수 있겠습니까? 이미 우리는 다 죽은 사람들인데 구원을 받았다면 이것은 은혜요 복입니다.

> 그런즉 원하는 자로 말미암음도 아니요 달음박질하는 자로 말미암음도 아니요 오직 긍휼히 여기시는 하나님으로 말미암음이니라(롬 9:16).

구원이란 무엇입니까? 공의의 하나님으로부터는 구원받을 자가 없습니다. 구원은 내가 원해서 얻어지는 것이 아닙니다. 사형이 집행되는 순간에 죄인이 "나는 사형 받고 싶지 않다. 나는 이렇게 죽을 수 없다"고 말한다 해서 사형을 면할 수 있습니까? 내가 사형을 받기 싫다고 해서 사형이 면해지는 것은 아닙니다. 마찬가지로 구원은 내가 원해서 받는 것이 아닙니다.

또한 구원은 내가 노력해서 얻을 수 있는 것도 아닙니다. 나의 노력으로 사형을 면할 수 없습니다. 그렇다면 어떻게 구원을 받을 수 있습니까? '긍휼히 여기시는 하나님으로 말미암아' 그렇게 할 수 있습니다. "당신은 무죄요!"라는 말 한마디로 사형을 면할 수 있습니다. 구원은 하나님의 은혜입니다. 내가 원한다고 되는 것도 아니요, 내가 노력해서 되는 것도 아닙니다. 구원은 오직 하나님의 은혜입니다.

저는 올림픽 대회의 높이뛰기 경기를 보며 신기해했습니다. 금메달을 받은 사람은 2m가 넘게 뛰었습니다. 사람이 어떻게 그렇게 높이 뛸 수 있는지 놀라웠습니다. 넓이뛰기도 마찬가지입니다. 삼단뛰기를 하면 9m나 뛰었습니다. 하지만 그렇게 뛰어 봤자 하나님 앞에서는 벼룩입니다. 그렇게 높이 뛴들 인간이 창공을 날겠습니까? 수영 선수가 금메달을 아무리 많이 받은들 태평양을 건너겠습니까? 인간의 선(善)이라는 것은, 올림픽 대회 때 높이뛰기하고 수영하는 수준에 불과합니다. 구원받는 것은 태평양을 건너는 것과 같습니다.

다른 사람보다 좋은 일을 하고 다른 사람보다 좀 낫다고 해서, 구원받을 수 있겠습니까? 인간의 노력이나 의지, 선행으로는 구원받을 수 없습니다. 하나님이 인간의 선행을 보시면 아예 없는 것과 마찬가지입니다.

그런데도 인간은 교만해서, 남보다 잘 생기고 남보다 키가 크고 남보다 공부 잘하고 남보다 좀 잘되면 얼마나 과시하는지 모릅니다. 이것이 인간입니다. 저는 우리가 이렇게 교만하지 않기를 바랍니다. 구원은 내가 잘나서 받는 것이 아니요, 내가 뜀박질을 잘한다고 얻어지는 것도 아닙니다. 하나님의 긍휼 때문에 받는 것입니다.

오직 은혜로만

사도 바울은 모세에 이어 바로의 이야기를 합니다.

> 성경이 바로에게 이르시되 내가 이 일을 위하여 너를 세웠으니 곧 너로 말미암아 내 능력을 보이고 내 이름이 온 땅에 전파되게 하려 함이라 하셨으니(롬 9:17).

여기 은혜받는 사람과 대조되는 비극적인 사람이 있습니다. 바로입니다. 바로도 하나님의 일을 위하여 세움을 받은 사람입니다.

그러나 긍정적인 역할을 하지 못하고 부정적인 역할을 하고 말았습니다. 생명의 역할을 하지 못하고 멸망의 역할을 한 불행한 사람입니다. 바로가 모세처럼 하나님의 일을 했으면 얼마나 좋겠습니까? 우리도 부정적 역할을 하는 사람이 되지 않기를 바랍니다.

예수님을 따라다녔지만, 불행했던 사람이 바로 가룟 유다입니다. 차라리 예수님을 따라다니지 않았다면 그런 일은 없었을 것입니다. 가룟 유다는 3년 동안 예수님이 행하시는 기적을 보았고, 함께 먹고 자고 했으면서도 버림받았습니다. 우리가 그렇게 되지 않기를 바랍니다.

바로는 하나님과 상관없는 사람이 아닙니다. 바로가 마음을 강팍하게 하지 않았다면 열 가지 재앙은 내리지 않았을 것입니다. 바로가 강팍했기 때문에 하나님의 능력이 나타났고, 하나님의 능력이 나타났기 때문에 하나님의 이름이 높아졌습니다. 이 모든 것은 바로 때문입니다. 하나님이 바로의 마음을 강팍하게 한 것이 아닙니다. 강팍한 바로의 마음을 막지 않으신 것입니다. 바로는 강팍했지만, 하나님이 바로를 보호하셔서 죽지 않았던 것입니다.

마찬가지로, 하나님이 우리를 돌보아 주지 않으셨다면 우리는 어디로 갈지 모르는 사람들입니다. 우리는 모두 죄인이지만, 하나님이 우리에게 기도하게 하시고, 말씀을 듣게 하시고, 회개하게 하셔서 여기까지 이끌어 주셨습니다.

예수님의 십자가 옆에 있던 두 강도를 생각해 봅시다. 두 강도는 똑같이 예수님을 만났습니다. 상황도 같았습니다. 멀리 있지도 않았습니다. 그런데 한 강도는 예수님을 저주했습니다. 예수님이 곁에 있는데도 예수님의 좋은 점을 보지 못했습니다. 그러나 또 다른 강도는 예수님의 좋은 점을 보았습니다. 그 사람은 구원받았습니다.

이것이 선택입니다. 예수님이 앞에 계셨는데, 한 사람은 구원받고 한 사람은 버림받았습니다. 예수님과 3년을 살았던 두 사람이었습니다. 베드로와 가룟 유다, 둘 다 똑같이 실수도 많이 했습니다. 그러나 베드로는 구원받고 가룟 유다는 자살했습니다. 가룟 유다에게도 회개할 기회는 있었습니다. 그러나 그때 회개하지 않았습니다. 바로에게도 회개할 기회가 10번 이상 있었습니다. 그러나 회개하지 않았습니다.

우리는 어떻습니까? 우리에게 회개할 기회가 있음을 인하여 감사하십시오. 지금 예수님께 돌아오면 약속의 자녀가 됩니다. 회개하면 축복의 자녀가 됩니다.

그런즉 하나님께서 하고자 하시는 자를 긍휼히 여기시고 하고자 하시는 자를 완악하게 하시느니라(롬 9:18).

바로와 모세에 대한 결론이 이 구절에 있습니다. '하나님께서 하고자 하시는 자를 긍휼히 여기시고'라는 말씀은 누구를 말하고 있습니까? 이스라엘과 모세를 말합니다. '하고자 하시는 자를 완악하게 하시느니라'는 누구를 말합니까? 바로를 말합니다.

왜 깨닫지 못할까요? 참으로 가슴을 칠 노릇입니다. 우리 부모님은 왜 예수님을 모를까요? 우리 자녀들은 왜 예수님을 믿지 않을까요? 성령에 예민하시기 바랍니다. 하나님의 음성을 듣는 사람이 되기 바랍니다. 이것이 복입니다.

하나님이 불의하십니까? 그렇지 않습니다. 인간이 불의합니다. 불합리한 인간의 눈에 하나님이 불합리하게 보일 뿐입니다. 하나님은 불합리하시지도 불의하시지도 않습니다. 하나님께 긍휼이 많은 것이 잘못입니까? 하나님이 죽은 사람을 살리신 것이 잘못입니까? 부정적인 사고방식을 갖지 않기를 바랍니다. 다른 사람의 잘못을 꼬집고 비판하는 데 일생을 보내지 않기를 바랍니다. 사랑하고, 용서하고, 격려하고, 축복하는 사람이 되기 바랍니다. 하나님이 우리의 잘못을 매일 기록하신다면 우리가 어떻게 살 수 있겠습니까? 이것이 은혜입니다. 이것이 긍휼입니다.

구원받은 사람은 긍휼히 여김을 받을 뿐입니다. 이유는 알 수 없습니다. 그래서 우리는 가끔 석양에 지는 해를 보면서 눈물을 흘립니다. "하나님, 어쩌자고 나 같은 사람을 구원해 주셨습니까? 어떻게 제가 하나님을 찬양할 수 있습니까? 왜 나 같은 인간에게 영원을 주셔서 그것을 사모하게 하십니까? 하나님, 영광을 받으시옵소서." 이런 복이 우리 모두에게 있기를 축원합니다.

4

하나님의 주권

로마서 9:19-29

우리는 로마서 9장에 들어오면서 왜 선택받은 이스라엘이 메시아를 거부했는가, 왜 메시아를 죽였는가 하는 의문을 갖게 되었습니다. 사도 바울은 네 가지 질문을 통해 이 문제를 하나씩 풀어 가고 있습니다.

첫 번째는 "이스라엘의 실패로 인하여 하나님의 약속은 폐하여졌는가?"라는 질문입니다. 이스라엘은 메시아를 환영하고 영접해야 했음에도 불구하고 메시아를 거부했습니다. 그렇다면 성경에 기록된 모든 약속들은 전부 폐하여진 것입니까?

사도 바울은 결코 그렇지 않다고 말합니다. 비록 이스라엘이 메시아를 거부하고 배척하고 죽였지만, 약속의 자녀들은 메시아를 환영하고 영접하고 그의 신실한 증인으로 거듭났다고 말합니다. 따라서 하나님의 약속은 아직도 신실하게 지켜지고 있다는 것입니다.

두 번째 질문은 이것입니다. "약속의 자녀를 통하여만 약속이 지켜진다면, 이러한 '선택'은 불공평하지 않은가? 하나님이 불의하신 것이 아닌가?" 사도 바울은 이것 역시 결코 그렇지 않다고 말합니다. 왜냐하면 하나님의 선택은 사랑과 공의에 기초를 두고 있기 때문입니다. 죽은 자를 살리고, 구원받지 못할 자를 살린 것을 불의라고 할 수는 없습니다.

네가 누구냐

세 번째 질문은 다음 말씀에 나옵니다.

> 혹 네가 내게 말하기를 그러면 하나님이 어찌하여 허물하시느냐 누
> 가 그 뜻을 대적하느냐 하리니 (롬 9:19).

이 문제에 대해서 사도 바울은 다음 말씀에서 명쾌하게 대답합
니다.

> 이 사람아 네가 누구이기에 감히 하나님께 반문하느냐 지음을 받
> 은 물건이 지은 자에게 어찌 나를 이같이 만들었느냐 말하겠느냐
> (롬 9:20).

바울의 이 대답은 다른 말씀들과 비교할 때 아주 특이합니다. 첫
번째 질문에 대해서는 아브라함과 이삭의 예를 들어가며 논리적
으로 설명했습니다. 두 번째 질문에 대해서도 모세와 바로의 예를
들어가며 설명하던 사도 바울이었습니다. 그러나 세 번째 답은 논
리를 초월합니다. 사도 바울은 '이 사람아'라는 표현으로 질문하

는 사람들에게 직선적으로 말합니다.

사형 선고를 받은 사람이 어떻게 보통 사람과 같겠습니까? 그런데 그 죄인이 지금 하나님께 따지고 있는 것입니다. 그래서 사도 바울은 논리로 설명하기보다 직선적으로 말한 것입니다. 이와 비슷한 상황이 시편 14편 1절에 나옵니다. "어리석은 자는 그의 마음에 이르기를 하나님이 없다 하는도다 그들은 부패하고 그 행실이 가증하니 선을 행하는 자가 없도다."

인간은 피조물입니다. 하나님이 인간을 지으셨습니다. 그런데 인간들은 "과연 하나님이 인간을 지으셨는가?" 논쟁합니다. 하나님이 계시냐, 계시지 않느냐 하는 문제는 어리석은가, 그렇지 않은가의 문제입니다. 인간은 하나님이 만드신 존재인데 어떻게 이런 논쟁을 할 수 있습니까?

이것은 마치 내가 스스로 세상에 태어났느냐, 부모에게서 태어났느냐고 묻는 것과 마찬가지입니다. 부모가 누구인지에 대한 논쟁은 할 수 있습니다. 그러나 나 스스로 태어났는지, 부모에 의해서 태어났는지에 대한 질문은 질문이 아닙니다. 이것은 악한 것입니다.

죄의 속성

이와 비슷한 질문을 한 사람이 있었습니다. 바로 아담입니다. 하나님이 아담을 만드셨습니다. 그리고 혼자 있는 것이 좋지 않게 보여, 하나님은 아담의 갈비뼈로 여자를 만드셨습니다. 아담은 여자를 보고 "내 뼈 중의 뼈요, 살 중의 살이라"(창 2:23)라고 했습니다. 이 둘은 부부가 되었습니다. 그런데 사탄이 여자를 유혹하여 하나님이 먹지 말라고 하신 선악과를 따먹게 했습니다. 여자는 혼자 먹지 않고 아담에게도 갖다 줍니다.

여기서 우리는 죄에 전염성이 있다는 것을 알게 됩니다. 반드시 죄는 남들도 죄를 짓게 만듭니다. 마약이 그렇습니다. 마약에 빠진 사람은 다른 사람에게도 마약을 권합니다. 도둑질도 마찬가지입니다. 자기 주변에 있는 사람에게 도둑질을 시키고야 맙니다. 이것이 죄의 속성입니다. 죄는 자기 혼자 있지 않습니다. 반드시 주변에 있는 사람을 망가뜨립니다.

아담이 선악과를 먹었습니다. 하나님은 아담을 찾으셨습니다. "아담아, 아담아 네가 어디에 있느냐?" 아담이 이렇게 대답했습니다. "내가 벌거벗었으므로 두려워하여 숨었나이다." "누가 너에게 벌거벗었음을 가르쳐 주었느냐? 네가 선악과를 따먹었느냐?"

이때, 만약 아담이 "하나님, 제가 선악과를 따먹었습니다. 잘못했습니다"라고 했다면 역사는 달라졌을 것입니다. 하지만 아담은 이렇게 대답합니다. "당신이 준 그 여자가 선악과를 먹으라고 해서 먹었습니다." 바꿔 말하면 이런 것입니다. "하나님, 제가 죄를 지은 것은 사실입니다. 선악과를 먹은 것도 사실입니다. 하지만 다 여자 때문입니다. 정확히 말하면 여자 때문이 아닙니다. 제가 언제 여자 달라고 했습니까? 하나님이 주신 것 아닙니까? 그러니까 다 하나님 책임입니다."

인간은 죄를 지으면서도 그 책임을 전부 하나님께로 돌립니다. 왜 나를 죄짓도록 만드셨느냐고 말입니다. 이것이 인간입니다.

토기장이와 진흙

사도 바울은 이러한 질문에 '이 사람아'라는 말로 대답을 시작합니다. 이 말을 살펴보면 반박하는 뉘앙스가 담겨 있습니다. "적반하장(賊反荷杖)도 유분수다"라는 의미입니다. 그리고는 세 가지로 설명합니다. 첫째는 토기장이의 비유를 듭니다. "토기장이가 진흙 한 덩이로 하나는 귀히 쓸 그릇을, 하나는 천히 쓸 그릇을 만들 권한이 없느냐"(롬 9:21).

여기서 '토기장이'는 하나님을, '토기'는 인간을 뜻합니다. 인간은 '흙'입니다. 하나님이 흙으로 빚고 코에 생기를 불어넣으셔서 인간을 만드셨습니다. 그래서 우리가 죽으면 육체는 흙으로 돌아갑니다. 토기장이는 진흙을 잘 반죽해서 자신이 원하는 그릇을 만드는데, 그릇을 다 똑같이 만들지 않습니다. 어떤 것은 크게, 어떤 것은 작게 만듭니다. 귀히 쓰이는 그릇, 막 쓰이는 그릇, 밖에서 쓰는 그릇, 안에 들여놓고 쓰는 그릇 등을 만듭니다. 반죽은 같지만 토기장이의 마음과 필요에 따라 그릇들을 만드는 것입니다. 토기장이에게 이렇게 마음대로 만들 권한이 없습니까?

이것은 마치 예술 작품이 예술가에게 "왜 나를 이렇게 만들었느냐?"라고 할 수 없는 것과 마찬가지입니다. 예술 작품이 "왜 내게 이런 색을 칠하느냐?"라고 예술가에게 말할 수 없습니다. 그것은 예술가의 영감이며 창의력입니다.

그렇다면 인간은 무엇입니까? 하나님 마음대로 하는 장난감과 같은 존재입니까? 하나님의 주권은 인간의 인권을 무시합니까? 그렇다면 인간은 불필요한 존재입니까? 소나 돼지, 물건과 같은 존재입니까? 많은 사람들이 "하나님의 주권은 인간의 인권을 무시하는 것 아닙니까?"라고 묻습니다. 그렇지 않습니다. 안심하시기를 바랍니다. 왜냐하면 우리의 토기장이인 하나님은 실수가 없는 분이시기 때문입니다. 그분은 우리를 사랑하셔서 그분의 모든 능력을 우리를 위해 사용하십니다. 절대로 우리에게 해를 끼치거나 실수를 하거나 잘못을 저지르는 분이 아닙니다. 여기에 우리의 구원의 안심이 있습니다.

이것은 마치 나를 도와주는 배경이 든든하면 할수록 더욱 안전한 것과 같습니다. 하나님의 주권이 영원하고 절대적이고 너무나 크기 때문에, 내가 하나님 안에 있을 때 나의 자유와 인간됨과 구원은 완전히 보장됩니다. 하나님의 주권은 나를 불편하게 하지 않습니다. 하나님의 사랑은 나를 제한하지 않습니다. 하나님의 주권에 대해 불안해하는 이유는 죄인이기 때문입니다. 하나님은 죄에 대해서는 여지없이 심판하십니다. 하나님은 죄를 용납하지 않으십니다.

따라서 우리가 하나님의 자녀가 아닐 때는 하나님의 주권이 무섭게 느껴집니다. 그러나 하나님의 자녀가 되면 이 주권은 축복이 됩니다. 이것은 생명이요, 영생입니다.

이것이 '토기장이' 비유입니다. 우리는 토기입니다. 그리고 하나님은 나를 함부로 만드시는 것이 아니라 꼭 필요하게 만드시는 토기장이입니다. 가장 아름답게 나를 만드십니다. 비록 하나님이 나를 '막 그릇'으로 만드셨다 할지라도 그것이 필요해서 만드셨지, 나를 천대해서 만드신 것이 아닙니다.

안심하십시오. 하나님은 우리를 지켜 주십니다. 보호해 주십니다. 우리를 실수로 만들거나 천하게 만들지 않으십니다. 사람들은 실수로 아기를 낳을 수 있습니다. 하지만 하나님은 절대로 우리를 실수로 만들지 않으십니다. 하나님은 우리의 구원을 완전하게 만드십니다.

이방인을 향하여

바울의 두 번째 대답은 다음 말씀에 있습니다.

만일 하나님이 그의 진노를 보이시고 그의 능력을 알게 하고자 하사 멸하기로 준비된 진노의 그릇을 오래 참으심으로 관용하시고 또한 영광받기로 예비하신 바 긍휼의 그릇에 대하여 그 영광의 풍성함을 알게 하고자 하셨을지라도 무슨 말을 하리요(롬 9:22-23).

여기에 재미있는 말들이 나옵니다. '멸하기로 준비된 진노의 그릇'과 '영광받기로 예비하신 바 긍휼의 그릇'이라는 말입니다. 여전히 토기장이와 그릇의 비유를 말하고 있는 것입니다. 이 '그릇'에 대하여 사도 바울은 "이 그릇은 우리니 곧 유대인 중에서뿐 아니라 이방인 중에서도 부르신 자니라"(롬 9:24)라며 명확하게 설명하고 있습니다.

이 그릇은 유대인과 이방인 중에서 부르신 사람들입니다. 이 그릇 중에는 귀히 쓰이는 그릇이 있는가 하면 천히 쓰이는 그릇도 있습니다. 다시 말하면 멸망받기로 되어 있는 사람과 긍휼을 받게 되어 있는 사람이 있습니다. 또 선택받은 유대인도 있고 선택받지 못한 이방인도 있습니다.

그러나 선택받지 못할 사람마저도 하나님이 사랑으로 선택하셨다면 우리가 어떻게 하나님께 허물이 있다고 말할 수 있겠습니까? 하나님의 선택은, 멸망 받을 사람을 멸망하지 않게 하고 긍휼을 입을 사람에게 놀라운 하나님의 영광을 보여 줍니다.

세 번째 설명을 봅시다. 이러한 모든 것은 바울 자신의 생각이 아닌, 구약에 이미 예언된 말씀입니다. 사도 바울은 호세아서와 이사야서의 성경 구절을 인용하고 있습니다. 사도 바울은 먼저 호세아서의 말씀을 인용합니다.

> 호세아의 글에도 이르기를 내가 내 백성 아닌 자를 내 백성이라, 사랑하지 아니한 자를 사랑한 자라 부르리라 너희는 내 백성이 아니라 한 그곳에서 그들이 살아 계신 하나님의 아들이라 일컬음을 받으리라 함과 같으니라(롬 9:25-26).

호세아의 글을 보면 "내 백성이라, 사랑하지 아니한 자를 사랑한 자라 부르리라"고 했습니다. 이것은 이방인에 대한 말씀입니다. 이방인은 하나님이 사랑하신 자가 아닙니다. 그러나 하나님이 사랑하기로 결정하셨습니다. 이 얼마나 놀라운 일입니까? 우리 민족도 하나님과 아무런 상관이 없는 민족입니다. 우리 민족은 율법과 전혀 상관없는 민족인데, 어떻게 내가 예수님을 믿을 수 있었고 그 하나님을 어떻게 믿을 수 있게 되었습니까? 기가 막힌 이야기입니다.

하나님이 우리를 약속의 자녀로, 복된 자녀로 인쳐 주시고 교회에 다니게 하셨습니다. 천국을 소유하게 되었고, 구원받게 되었고, 하나님의 자녀로 인침 받게 된 이 사실을 어떻게 흥분하지 않고 들을 수 있습니까? 우리가 받은 구원이 얼마나 놀라운 것인지 가만히 생각해 보십시오. 기적 중의 기적이요, 복 중의 복입니다.

우리의 구원은 하나님이 창세 전부터 예비하신 것입니다. 따라서 쉽게 흔들리지 않습니다. 마귀가 우리의 구원을 흔들 수 없습니다. 죄를 지었다고 해서 우리의 구원이 쉽게 사라지는 것이 아닙니다. 우리는 예수 그리스도가 피로 사셨기 때문입니다.

우리는 이러한 구원의 복을 누리지 못하고 살 때가 많습니다. 하나님의 복을 겨우 좋은 대학교에 진학하는 정도로만 생각합니다. 하지만 그렇지 않습니다. 우리의 구원을 묵상하면 할수록 영적인 힘과 능력은 상상을 초월합니다. 물 위를 걷고, 산을 옮기고, 귀신을 쫓아내고, 병을 고치고, 죽은 자를 살리고, 상처받은 영혼을 고치는 능력이 있습니다.

저는 어떤 그리스도인들을 보면 안타깝다는 생각을 합니다. 그 귀한 구원의 능력이 있는 데도 쓸 줄을 몰라서, 여기 가서 울고 저기 가서 하소연하는 것을 보면 안타깝습니다.

하나님의 구원은 호세아를 통하여 미리 약속되었습니다. 그러면 호세아는 어떤 사람입니까? 하나님은 호세아에게 간음한 여인과 결혼하라고 하셨습니다. 세상의 많은 여자들 가운데 하필이면 왜 창녀입니까? 그래도 호세아는 하나님 말씀을 따라 창녀와 결혼했습니다. 하지만 이 여자는 자꾸 밖으로 나가 다른 남자와 자고 돌아왔습니다. 하지만 호세아는 끝까지 그 아내를 데리고 살아야 했습니다.

호세아는 세 아이를 낳았습니다. 첫째 아이의 이름은 '이스르엘' 입니다. 그 말은 "하나님이 이스라엘 족속의 나라를 폐하실 것이다"라는 뜻입니다. 둘째 아이는 딸이었는데 이름이 '로루하마'였습니다. "내가 다시는 이스라엘 족속을 긍휼히 여겨서 사하지 않겠다"는 뜻입니다.

셋째 아이는 '로암미'라는 아들입니다. "너희는 내 백성이 아니요 나는 너희 하나님이 되지 아니할 것이다"라는 뜻입니다.

그런 하나님이 마지막에 저주를 복으로 바꾸는 말씀을 하십니다. 25절의 "내가 내 백성 아닌 자를 내 백성이라 부르리라"는 말씀은 '로암미'를 두고 하는 말씀입니다. "사랑하지 아니한 자를 사랑한 자라 부르리라"는 말씀은 '로루하마'를 두고 하는 말씀입니다. 26절의 "너희는 내 백성이 아니라 한 그곳에서 그들이 살아 계신 하나님의 아들이라 일컬음을 받으리라"는 말씀은 '이스르엘'에게 하신 것입니다.

이 말씀들은, 하나님이 이방인을 구원해 주시는 메시지입니다. 내 백성도 아니고, 사랑받지 못하고, 소망이 없었던 자들을 하나님이 모두 구원하셔서 멸망하지 않게 하셨습니다. 요한복음 3장 16절에서 볼 수 있듯이, 하나님의 뜻은 멸망이 아닙니다. 지옥에 보내는 것은 하나님의 뜻이 아닙니다. 하나님은 우리가 죽는 것을 원하시지 않습니다. 하나님은 우리가 그분의 백성이 되기를 원하십니다. 죄용서를 받고 긍휼함을 받고 천국 백성이 되기를 원하십니다.

따라서 절망 가운데 있는 분은 절망하지 않기를 바랍니다. 만약 오늘 절망 가운데 있더라도 하나님 앞에 나와서 하나님의 이름을 부르면, 하나님은 '막판 뒤집기'를 하십니다. 세상에는 소망이 없지만 하나님은 우리에게 은혜를 베풀어 주십니다.

이스라엘과 이방인이 하나 될 때

또 사도 바울은 이사야의 예언을 인용합니다.

> 또 이사야가 이스라엘에 관하여 외치되 이스라엘 자손들의 수가 비록 바다의 모래 같을지라도 남은 자만 구원을 받으리니 주께서 땅 위에서 그 말씀을 이루고 속히 시행하시리라 하셨느니라(롬 9:27-28).

버림받은 이방인은 하나님이 이렇게 구원하셨는데, 선택받은 이스라엘은 어떻게 하십니까? 이스라엘이라고 다 이스라엘입니까? 이스라엘 중에서도 육신의 자녀가 있고 약속의 자녀가 있습니다. 이스라엘이 바다의 모래 같을지라도 남은 자만 구원을 얻습니다. 혈통이 이스라엘이라고 다 구원받는 것은 아닙니다. 하나님을 배반했을 때는 다 멸망당했습니다. 남은 자만 구원을 받습니다. 약속의 씨만 살아남습니다. 그 약속의 씨들이 메시아를 받아들였고, 그 씨들이 지금까지 있는 것입니다.

또한 이사야가 미리 말한 바 만일 만군의 주께서 우리에게 씨를 남겨 두지 아니하셨더라면 우리가 소돔과 같이 되고 고모라와 같았으리로다 함과 같으니라(롬 9:29).

하나님이 이스라엘에게 약속의 씨를 남겨 두시지 않았다면, 소돔과 고모라처럼 유황불에 멸망했을 것입니다. 우리나라는 말할 것도 없습니다. 일본이나 중국도 마찬가지입니다. 모두 하나님과 상관없던 나라였습니다. 전부 소돔과 고모라처럼 심판을 받을 수밖에 없었지만, 놀랍게도 하나님은 우리를 버리지 않으셨습니다. "내 백성이다"라고 말씀하시고 "내가 너를 사랑한다"라고 하십니다. 하나님은 우리를 위하여 예수 그리스도를 보내 주셨고, 우리를 구원해 주셔서 하나님의 자녀가 되게 하셨습니다.

호세아의 예언은 구원받을 수 없는 이방인 가운데 구원받을 자가 있다는 내용입니다. 반대로 이스라엘은 하나님의 선택을 받은 백성입니다. 그렇지만 이스라엘이라고 다 이스라엘이 아닙니다. 이스라엘 가운데서도 약속의 자녀들을 통해 구원의 역사를 이루십니다.

그러면 바울이 전하는 메시지의 요점은 무엇입니까? 하나님이 앞으로 만드실 나라는, 버림받은 이방인 중에서 구원받은 자들과 선택받은 이스라엘 중에서 약속된 자들에 의해 이루어진다는 것입니다. 이방인들과 이스라엘이 하나님께 돌아왔을 때, 하나님의 구원의 드라마가 완성됩니다. 하나님은 구원받을 수 없는 이방인들을 구원하기로 결정하시고, 자기 백성으로 삼으시고, 긍휼을 베풀어 주셨습니다.

사도 바울은 이토록 놀라운 구원의 드라마를 에베소서 2장에서 다음과 같이 요약하고 있습니다.

> 그러므로 생각하라 너희는 그때에 육체로는 이방인이요 손으로 육체에 행한 할례를 받은 무리라 칭하는 자들로부터 할례를 받지 않은 무리라 칭함을 받는 자들이라 그때에 너희는 그리스도 밖에 있었고 이스라엘 나라 밖의 사람이라 약속의 언약들에 대하여는 외인이요 세상에서 소망이 없고 하나님도 없는 자이더니 이제는 전에 멀리 있던 너희가 그리스도 예수 안에서 그리스도의 피로 가까워졌느니라 그는 우리의 화평이신지라 둘로 하나를 만드사 원수 된 것 곧 중간에 막힌 담을 자기 육체로 허시고 법조문으로 된 계명의 율법을 폐하셨으니 이는 이 둘로 자기 안에서 한 새 사람을 지어 화평하게 하시고 또 십자가로 이 둘을 한 몸으로 하나님과 화목하게 하려 하심이라 원수 된 것을 십자가로 소멸하시고 또 오셔서 먼 데 있는 너희에게 평안을 전하시고 가까운 데 있는 자들에게 평안을 전하셨으니 이는 그로 말미암아 우리 둘이 한 성령 안에서 아버지께 나아감을 얻게 하려 하심이라(엡 2:11-18).

이방인과 이스라엘의 막힌 담을 하나님이 허시고 구원을 완성하십니다. 다음 말씀도 보겠습니다.

그러므로 이제부터 너희는 외인도 아니요 나그네도 아니요 오직 성도들과 동일한 시민이요 하나님의 권속이라 너희는 사도들과 선지자들의 터 위에 세우심을 입은 자라 그리스도 예수께서 친히 모퉁잇돌이 되셨느니라 그의 안에서 건물마다 서로 연결하여 주 안에서 성전이 되어 가고 너희도 성령 안에서 하나님이 거하실 처소가 되기 위하여 그리스도 예수 안에서 함께 지어져 가느니라(엡 2:19-22).

이것이 구원입니다. 우리가 받은 구원이 얼마나 깊고 복된 것인가를 생각하십시오. 하나님의 복이 여러분과 함께하기를 바랍니다.

5

이스라엘의 실패

로마서 9:30-33

사도 바울은 로마서 9장에 들어오면서 이스라엘에 대한 네 가지 질문을 던집니다. 그중 세 가지 질문들을 살펴보았습니다.

첫 번째 질문은 "이스라엘의 실패로 말미암아 하나님의 약속은 폐하여졌는가?" 하는 것이었습니다. 대답은 '그렇지 않다'였습니다. 이스라엘이 실패한 것처럼 보이지만 그렇지 않습니다. 육신의 자녀를 통하여 하나님의 역사가 완성되는 것이 아니라 약속의 자녀들을 통하여 구원은 완성됩니다. 그리고 지금도 하나님의 약속은 이루어져 가고 있습니다.

두 번째 질문은 "그렇다면 하나님의 선택은 뭔가 불합리하지 않은가? 누구는 택하고 누구는 택하지 않는 것은 불의하지 않은가?" 입니다. 이에 대한 대답도 역시 '그렇지 않다'입니다. 하나님의 선택은 사랑이기 때문에 사랑에는 불의가 있을 수 없습니다.

세 번째 질문은 "그렇다면 왜 하나님은 이스라엘을 나무라시고 허물하시는가?"입니다. 이것은 하나님의 주권에 해당합니다. 한 나라에도 주권이 있듯이, 하나님 나라에도 주권이 있습니다. 토기장이가 토기를 마음대로 만드는 것이 잘못이 아닌 것과 같습니다.

이방에 미친 구원

그렇다면 이스라엘에 대해서 우리는 어떻게 말할 수 있겠습니까? 다음 말씀이 이에 대한 대답입니다.

> 그런즉 우리가 무슨 말을 하리요 의를 따르지 아니한 이방인들이 의를 얻었으니 곧 믿음에서 난 의요 의의 법을 따라간 이스라엘은 율법에 이르지 못하였으니(롬 9:30-31).

이스라엘에 대한 결론은 상상을 초월한 무척 놀라운 것입니다. 30절을 보면 의를 따르지 아니한 이방인들이 의를 얻었기 때문입니다.

이방인들은 하나님이 없는 백성이요, 율법이나 말씀도 받지 못한 백성입니다. 받은 약속도 없고 할례도 없으며 조상도 없습니다. 하나님과는 무관한 백성입니다. 그런 백성이 어떻게 하나님을 알게 되었고, 구원을 얻게 되었을까요? 이것이 놀라운 것입니다.

사도 바울은 에베소서에서 이방인에 대해 "그러므로 생각하라 너희는 그때에 육체로는 이방인이요 손으로 육체에 행한 할례를 받은 무리라 칭하는 자들로부터 할례를 받지 않은 무리라 칭함을 받는 자들이라 그때에 너희는 그리스도 밖에 있었고 이스라엘 나라 밖의 사람이라 약속의 언약들에 대하여는 외인이요 세상에서 소망이 없고 하나님도 없는 자이더니"(엡 2:11-12)라고 했습니다.

우리는 이방인입니다. 이스라엘 백성은 직접 하나님과 계약도 하고 약속도 하고 예배도 드렸지만, 우리는 말씀을 들어 본 일도 없고 약속을 들어 본 일도, 선지자를 가져 본 일도 없습니다. 할례는 일종의 계약입니다. 사람과 사람 사이에도 계약을 하면 서명을 하지 않습니까? 마찬가지로 하나님과 계약을 한 후에 하나님이 우리 몸에다 서명을 하신 것이 할례입니다. 우리는 그런 서명도 받아 본 적이 없습니다. 하지만 그들은 서명뿐 아니라 십계명도 받고, 율법도 받았습니다. 그들은 성전도 받았습니다.

우리는 예수님 밖에 있었습니다. 예수님은 이스라엘에서 3년 동안이나 돌아다니셨지만, 우리는 예수님을 한 번도 뵙지 못했습니다. 게다가 우리 조상들은 우상을 섬기며 살았습니다. 그런데 그런 이방인들이 구원을 얻은 것입니다. '의를 얻었다'는 말은 '구원받았다'는 말입니다. 의를 얻게 되었고, 구원의 소식을 듣게 되었고, 복을 받게 되었습니다.

성경의 인물들 중 재미있는 인물이 있습니다. 바로 기생 라합입니다. 라합은 율법 교육을 받은 적이 없는 이방인이었습니다. 그런 그녀가 정탐꾼이 왔을 때, 이런 이야기를 합니다. "너희 하나님, 홍해를 가르고 광야에서 기적을 행하신 그 하나님에 대한 소문을 들었는데 그 소문만 듣고도 내 마음이 녹았다. 너희 하나님은 상천하지(上天下地)의 참 하나님이시다." 라합은 소문만 듣고도 하나님을 알았던 것입니다.

부딪칠 돌

이스라엘은 종교적으로 복을 받고 민족적으로 택함을 받아서, 어떤 나라보다 특혜를 받았습니다. 그들은 할례도, 약속도, 선지자도 받았습니다. 더군다나 성전을 통해 그들은 날마다 하나님과 접촉할 수 있었습니다. 이런 복을 이스라엘이 받았습니다.

그런데 그들은 의의 법에 이르지 못했습니다. 이스라엘은 결국 실패하고 만 것입니다. 이런 역설이 어디 있습니까? 하지만 이것은 역설이 아니라, 하나님의 놀라우신 섭리입니다. 다음 말씀을 살펴보면 알 수 있습니다.

> 어찌 그러하냐 이는 그들이 믿음을 의지하지 않고 행위를 의지함이라 부딪칠 돌에 부딪쳤느니라(롬 9:32).

왜 이방인은 구원을 받게 되고 이스라엘은 메시아를 배척하게 되었습니까? 이것은 '그들이 믿음에 의지하지 않고 행위에 의지'했기 때문입니다. 다시 말해서, 이스라엘이 실패한 이유는 구원을 믿음으로 얻지 않고 행위로 얻으려고 했기 때문입니다. 역설적이게도, 구원받을 수 없었던 이방인들이 구원을 받을 수 있었던 것은 그들의 '믿음' 때문이었습니다.

구원이 행함으로 얻어지지 않고 믿음으로 얻어진다고 하는 것은 로마서 전체의 주장입니다. 로마서 1장 17절 말씀이 그것입니다. "복음에는 하나님의 의가 나타나서 믿음으로 믿음에 이르게 하나니 기록된 바 오직 의인은 믿음으로 말미암아 살리라 함과 같으니라."

어떻게 구원을 받습니까? 의로워야 합니다. 그러면 어떻게 의로워질 수 있습니까? 믿음으로 될 수 있습니다. 따라서 의인은 오직 믿음으로 말미암아 삽니다. 이것이 종교개혁을 일으킨 말씀입니다. 이것이 역사를 뒤집은 말씀입니다. 구원은 종교적인 행위로 받는 것이 아니고 오직 믿음으로 받습니다.

이 주제는 3장 28절에서 계속됩니다. 사도 바울은 말합니다. "그러므로 사람이 의롭다 하심을 얻는 것은 율법의 행위에 있지 않고 믿음으로 되는 줄 우리가 인정하노라." 그리고 로마서 4장에서 하나님이 왜 아브라함을 선택했는지 이야기합니다. 아브라함은 믿음이 있는 사람이 아니었습니다. 실수가 많은, 우리와 같은 보통 사람이었습니다. 오해하지 마십시오. 아브라함에게 믿음이 있어서 하나님이 아브라함을 택하신 것이 아닙니다.

마찬가지로 우리에게 믿음이 있어서 하나님이 우리를 택하신 것이 아닙니다. 하나님이 믿음이 없는 우리를 불러 주셔서 믿음의 사람으로 만드시는 것입니다.

그렇다면 왜 우리는 아브라함을 믿음의 조상이라고 부릅니까? 그 이유는 아브라함에게 있지 않습니다. 먼 훗날 인류를 구원하기 위하여 이스라엘 가운데서 메시아가 태어날 터인데, 아브라함이 하나님을 믿는 것이 의가 되었던 것처럼, 모든 사람들이 예수 그리스도를 믿음으로 구원을 얻는다는 진리를 가르치기 위해서였습니다. 이것이, 하나님이 아브라함을 모델로 세우신 이유입니다.

생각해 보십시오. 자신이 노력해서 구원받을 수 있다면 하나님이 왜 필요하겠습니까? 스스로 구원하면 되지 않겠습니까? 그러나 인간에게는 '구원'이라는 말 자체가 없습니다. '영생'도 마찬가지입니다. 만약 인간에게 영생이 있다면 그냥 오래 살면 되지 않겠습니까? 죽지 않고 끝까지 살면 되지 않겠습니까?

이렇듯 진정한 구원은 내가 이룰 수 없습니다. 또한 구원은 사람으로부터 올 수도 없습니다. 모든 사람이 죄인이기 때문입니다. 죄인을 구원할 사람은 죄가 없어야 합니다. 위대한 사람은 많습니다. 하지만 위대한 사람일지라도 구원자가 될 수 없는 것은 그 스스로가 죄인이기 때문입니다.

선물로 받은 구원

구원에는 매우 중요한 두 가지 요구 사항이 있습니다. 첫 번째는 "내 안이 아닌 밖에서 와야 한다"는 것이고, 두 번째는 "인간이 아닌 절대자라야 한다"는 것입니다.

구원은 돈으로 살 수 없습니다. 지식이나 행위로 받을 수 없습니다. 구원은 절대자가 조건 없이 내게 주어야 합니다. 그것이 구원입니다. 사도 바울은 에베소서에서 다음과 같은 유명한 말을 합니다.

> 너희는 그 은혜에 의하여 믿음으로 말미암아 구원을 받았으니 이것
> 은 너희에게서 난 것이 아니요 하나님의 선물이라 행위에서 난 것
> 이 아니니 이는 누구든지 자랑하지 못하게 함이라(엡 2:8-9).

이 말씀을 통해 사도 바울은 구원에 대하여 세 가지를 말하고 있습니다. 첫 번째는 구원의 본질이요, 두 번째는 구원은 어떻게 얻어지는가 하는 것이요, 세 번째는 구원받은 사람은 어떻게 사는가 하는 것입니다.

구원이란 '하나님이 거저 주시는 은혜'입니다. 이것이 본질입니다. 내가 노력해서, 내가 잘나서 받는 것이 아닙니다. 구원은 하나님이 조건 없이 거저 베푸시는 은혜입니다. '은혜'를 다른 말로 하면 '선물'이라고 할 수 있습니다. 어떤 사람이 물에 빠져 죽게 되었습니다. 허우적거립니다. 그런데 지나가던 사람이 그 사람을 구해 주었습니다. 그 사람은 물에 빠진 사람을 구해 줄 수도 있고, 구해 주지 않을 수도 있었습니다. 하지만 구해 주었습니다. 이것이 은혜입니다. 이렇듯 하나님은 우리를 구원하시기 위하여 자신의 독생자 예수 그리스도를 십자가에서 죽게 하셨습니다.

저는 물에 빠져 죽을 뻔한 적이 있습니다. 초등학교 2학년 때라고 기억합니다. 수영을 못했기 때문에 물을 잔뜩 먹고 기절했습니

다. 제 곁에 조그마한 고깃배가 있었는데, 저는 그만 정신을 잃고 그 배 밑으로 들어갔습니다. 마침 그 해변에 조그마한 집이 있었는데, 그 집에 사시는 할머니가 바람을 쐬려고 창문을 여시다가 허우적거리는 소년을 보게 되었습니다. 그런데 사공은 낮잠을 자고 있더랍니다. 소년이 죽어 가니까 어서 구하라고, 이 할머니가 아우성을 쳤답니다. 그렇게 해서 저는 구조되었고, 물을 토하고 나서야 비로소 정신을 차렸습니다.

어쩌면 저는 그때 이미 죽었을 것입니다. 저와는 상관없는 할머니가 허우적거리는 저를 보고 소리를 질러서 살아난 것입니다. 이것이 구원입니다. 제가 살아 보려고 노력한 것이 아닙니다. 저는 이미 기절했었습니다. 그런데 어떤 분이, 죽어 가는 어린 소년을 조건 없이 살려 준 것입니다. 우리는 이렇게 구원을 받았습니다. 우리는 하나님을 모르는 백성입니다. 민족적으로도 구원받을 길이 없는 백성이었습니다. 우리에게는 구원받을 수 있는 어떤 조건도 없습니다.

또한 구원은 믿음으로 받는 것입니다. 물에 빠진 제가 의식이 있을 때 줄이 던져졌다면, "나는 저 사람을 알지도 못하는데 이 줄을 잡아야 하나 말아야 하나"라고 고민했겠습니까? 생각할 것도 없이 줄을 꽉 잡아야 합니다. 이것이 믿음입니다. 은혜를 베풀 때 잡아야 합니다. 잡지 않으면 그것은 나와 아무런 상관이 없는 것이 됩니다.

던져진 줄이 아예 없든지, 그것을 잡지 않든지 하면 구원은 없습니다. 하나님은 나의 뜻과는 상관없이 예수님을 보내셔서 십자가에서 죽게 하셨습니다. 다시 말하면 나를 위한 구원의 줄이 던져진 것입니다. 그렇다면 나는 그것을 잡아야 합니다. 예수님이 나를 위해 돌아가셨다는 사실을 믿어야 합니다. 이렇게 해서 구원받은 나는, 나를 구해 준 사람에게 감사해야 합니다. 만약 감사가 없다면 구원의 감격을 다 잃어버렸기 때문입니다. 우리에게 이 구원의 감격이 날마다 흘러넘치기를 바랍니다.

행위로는 안된다

구원은 선물입니다. 내가 노력해서 얻은 것은 선물이라 할 수 없습니다. 어떤 사람이 나를 사랑해서 준 것이 선물입니다. 선물을 받은 사람은 기분이 매우 좋습니다. 20년 동안 셋방살이를 하던 사람에게 어떤 사람이 15평짜리 아파트를 주었다고 합시다. 그 사람이 그날 밤에 잠을 잘 수 있겠습니까? 벽도 만져 보고, 바닥도 만져 보느라 잠을 못 잘 것입니다.

이것이 구원의 감격입니다. 그런데 하나님은 15평짜리 아파트가 아니라 영원히 살 천국을 우리에게 주셨습니다. 따라서 구원받은 사람은 자랑하지 못합니다. 교만하지 않습니다. 뽐내지도 않습니다. 구원받은 자는 자기주장이 많지 않습니다. 구원받은 사람에게는 눈물이 있습니다.

그런데 이스라엘은 이토록 놀라운 구원을 믿음으로 받으려 하지 않았습니다. 하나님께 많은 복을 받았음에도 불구하고 행위로 얻으려고 했습니다. 사실 이스라엘에게는 하나님께 받은 복이 더 문제였습니다. 이방인들은 오히려 아무것도 받은 것이 없어서 구원을 받았습니다. 율법도 없고, 말씀도 없고, 선지자도 없었기에 이방인들의 마음은 가난했습니다.

무엇이든지 소위 '있다'고 하는 사람들이 더 교만합니다. 하나님은 마음이 가난한 자를 사랑하십니다. 하나님 앞에 내세울 것도 없고 부끄럽기만 한 그런 사람을 사랑하십니다.

이스라엘은 가진 것이 너무 많았습니다. 소유는 사람을 불행하게 합니다. 많은 것을 가졌다고 하더라도 마음은 가난해져야 합니다. 내 것이라고 생각하지 마십시오. 건강도, 지식도, 자녀도, 모든 것이 다 하나님이 주신 것이라는 사실을 인정하십시오. 그럴 때 마음에 평화가 있습니다. 내 것이라고 생각하는 순간, 마음은 불안해지기 시작합니다.

이스라엘은 하나님을 자신들의 전유물이라고 생각했습니다. 이스라엘은 율법과 행위로 구원받으려고 했기 때문에, 그들이 소유한 종교적 혜택과 종교적 전통을 가지고 하나님을 독점하려고 했기 때문에, '참 구원'에 이를 수 없었습니다.

바리새인들은 하나님께 이렇게 기도했습니다. "저는 일주일에 한 번 금식하고, 안식일도 지키고, 헌금도 많이 했습니다." 그들은 소리 내어 기도했으며 기도할 때의 모습도 우아하게 했습니다. 율법을 외우고 그대로 행하면 구원받는 줄로 생각했습니다. 그러나 죄인은 바리새인처럼 기도하지 못했습니다. 너무 부끄러워서 성전 근처에 가까이 가지도 못했습니다. 고개도 못 들고 헌금도 못했습니다.

"오, 하나님, 저는 저 세리와 같지 않습니다"라고 기도하는 바리새인과 "하나님, 저는 죄인입니다. 불쌍히 여겨 주십시오"라고 기도하는 죄인 중, 누가 하나님이 기뻐하시는 사람이겠습니까? 누구에게 구원이 있겠습니까?

32절 끝부분에 '부딪칠 돌'이라는 말이 있습니다. 여러분에게는 돌에 부딪힌 경험이 있습니까? 저는 걸어가다가 책상 모서리나 돌부리에 부딪혀서 무척 아팠던 경험이 많습니다. 율법으로 신앙생활을 하려는 사람은 돌멩이를 차는 사람과 같습니다. 봉사도 하고, 헌금도 합니다. 하지만 마음에 평화가 없습니다. 그러면 더 열심히 종교적인 행위를 합니다. 그런데 종교적인 행위를 하면 할수록 신앙은 없어집니다. 마음이 불안합니다.

우리가 믿음으로 나아가기를 바랍니다. 율법으로 나아가는 것은 돌멩이를 차는 것과 같습니다. 그렇게 되면 신앙생활이 편안할 수가 없습니다. 예수님을 처음 믿을 때는 전부 믿음으로 삽니다. 그런데 한 3년 정도 지나면 모두 율법으로 삽니다. 그래서 신앙생활을 오래 한 사람일수록 관계가 불편한 사람이 많습니다. 마음에 평화가 없고 감격도 없는 것은 율법으로 돌아갔기 때문입니다.

처음으로 돌아가라

기록된 바 보라 내가 걸림돌과 거치는 바위를 시온에 두노니 그를 믿는 자는 부끄러움을 당하지 아니하리라 함과 같으니라 (롬 9:33).

여러분은 이 돌에 걸리지 않기를 바랍니다. 믿음으로 가십시오. 첫 은혜, 첫 감격, 모든 것이 하나님의 은혜였던 때로 돌아가십시오. 우리가 하나님의 은혜를 처음 받을 때에는 다른 사람의 잘못을 보지 않았습니다. 자신이 받은 은혜가 매우 컸기 때문에 다른 사람의 허물이 보이지도 않았을 뿐더러 중요하지도 않았습니다.

그런데 신앙생활을 오래 할수록 은혜는 없어지고 다른 사람의 실수와 허물만 보입니다. 계속 그것만 보니까 은혜가 없습니다. 자기도 모르는 사이에 다른 사람을 욕하고 있습니다. 기쁨의 얼굴이 변해 버린 것입니다. 은혜와 믿음을 잃어버렸기 때문입니다. 이 돌에 걸리지 않기를 축원합니다. 다시 믿음으로 돌아오십시오. 다시 첫 은혜로 돌아오십시오. 여러분이 물에 빠졌던 그때로 돌아오십시오.

33절 마지막 부분에 이런 말씀이 있습니다. "그를 믿는 자는 부끄러움을 당하지 아니하리라." 은혜로, 믿음으로 나아가는 사람은 부끄러움을 당하지 않을 것이고, 율법으로 나아가는 사람은 부끄러움을 당하게 될 것입니다.

부끄러움을 당하지 마십시오. 은혜를 받으십시오. 믿음을 가지십시오. 율법에서 돌아오십시오. 행위에서 돌아오십시오. 종교적인 습관에서 돌아오십시오. 우리가 갖고 있는 종교적 습관을 버리기 위해서는 굉장한 노력이 필요합니다. 일단 한 번 습관이 되면 그것이 편하기 때문입니다. 하지만 그 습관을 버려야 합니다.

이스라엘이 돌아와야 합니다. 종교적인 모든 행위에서 벗어나 믿음으로 돌아올 때, 그 민족은 구원을 받을 것입니다. 하나님의 복이 함께하시기를 바랍니다.

6

구원을 거부한 백성

로마서 10:1-4

사도 바울은 로마서 9장에서, 구원받아야 할 이스라엘은 버림을 받고 버림받아야 할 이방인은 구원받게 된 이유를 설명했습니다. 그는 구원받아야 할 이스라엘이 버림받은 이유를 다음과 같이 지적했습니다. 이스라엘은 믿음으로 구원을 얻으려 하지 않고, 율법과 전통과 행위 등 종교적인 기득권으로 구원을 받으려고 했기 때문이라는 것입니다.

그런데 한 가지 놀라운 사실이 있습니다. 사도 바울은, 이스라엘 백성이 메시아를 영접하지 못한 사실을 날카롭게 지적하고 비판하면서 매우 고통스러워하고 근심하고 괴로워하는데, 그 안에 미움과 분노는 전혀 없다는 것입니다. 이것이 아주 특이합니다.

사랑의 기도

모든 부모는 자기 자식을 사랑하기 마련입니다. 그런데 자식을 징계할 때 보면, 참으로 사랑의 징계를 하는 부모가 있는가 하면, 감정을 추스르지 못하고 징계하는 부모도 있습니다. 자기 감정을 가지고 야단을 치고 때립니다.

사도 바울은 자기 동족 이스라엘 때문에 너무너무 가슴이 아팠습니다. 어떤 때는 호통을 치고 야단도 치는데, 그 내용을 보면 분노나 미움의 감정을 느낄 수 없습니다. 그 안에 담긴 감정은 사랑이었습니다. 사도 바울은 '어떻게 하면 이스라엘을 돌이켜 구원받게 할 수 있을까' 하는 마음뿐이었습니다.

이러한 영적 태도는 모세에게도 있었습니다. 이스라엘 백성이 하나님을 배신하고 우상을 숭배하여 무서운 심판과 멸망을 받게 되었을 때, 모세는 하나님께 간절히 용서를 구했습니다. 너무너무 분노하여 이스라엘 백성 앞에서 십계명을 내던질 때도, 그의 마음 깊은 곳에는 이스라엘, 자기 백성을 향한 따뜻한 사랑이 있었습니다.

이것이 바로 예수님의 마음입니다. 이것이 바로 하나님의 심정입니다. 하나님이 죄인을 심판하시고 야단치시지만, 그 마음은 탕자를 맞이하려는 아버지의 마음과 같습니다. 예수님 앞에는 자신을 십자가에 못 박아 죽인 사람들이 있었습니다. 제자들 중에도 배신자가 있었습니다. 그러나 예수님은 "아버지여 저들의 죄를 용서하여 주시옵소서. 저들은 자기가 하는 짓이 무엇인지 모릅니다"(눅 23:34)라고 기도하셨습니다.

사도 바울의 상한 심정은 로마서 9장과 10장에서 조금씩 다르게 표현되었습니다.

9장에서 사도 바울은 자신에게 너무나 기막힌 고통, 고난, 근심이 있었다고 말합니다(롬 9:1-2). 이런 자신의 상한 심령, 고난의 얘기가 10장에서도 계속되는데 여기서는 이렇게 얘기합니다.

> 형제들아 내 마음에 원하는 바와 하나님께 구하는 바는 이스라엘을 위함이니 곧 그들로 구원을 받게 함이라(롬 10:1).

10장은 기도입니다. 사도 바울은 자기 마음의 원하는 바, 그리고 자신이 하나님께 간절히 구하는 바는 이스라엘의 구원이라고 말하고 있습니다. 9장에서 10장으로 넘어가면서 사도 바울의 고통이 기도로 발전하는 것을 볼 수 있습니다.

사랑하면 기도하게 됩니다. 사랑이냐 미움이냐를 판가름할 때는 기도하느냐 하지 않느냐를 보면 압니다. 우리가 아무리 좋은 소리를 해도 기도하지 않는다면 사랑하지 않는 것입니다. 진심으로 사랑하면 기도합니다. 바울의 상한 심령은 처음에는 고통이었지만, 10장으로 넘어가서는 하나님께 드리는 기도로 변합니다. "하나님 아버지, 이스라엘을 버리지 마십시오. 포기하지 마십시오. 기다려 주십시오. 한 번만 더 기다려 주십시오. 이스라엘은 매를 맞더라도 돌아오게 될 것입니다."

이것이 사도 바울의 마음입니다. 집 나간 자식을 기다리는 부모 마음입니다. 사형 선고를 받아서 오늘 그 인생이 끝나게 되는 자식을 보는 부모 마음입니다. 우리는 여기서 복음을 맛본 자, 복음을 깨달은 자, 복음을 체험하는 자의 영적 태도를 볼 수 있습니다. 참으로 여러분이 복음을 알았다면, 정말 예수님을 알았다면, 사랑의 동기로 한 영혼이라도 구원하고 싶은 그런 열정이 우리 안에 있어야 합니다.

우리 안에 죽어 가는 영혼, 심판받는 영혼, 버림받는 영혼에 대한 안타까운 마음이 있습니까? 우리 안에 이 마음이 있기를 바랍니다. 그 대상이 누구든지 간에 예수님의 마음, 하나님의 마음, 자기 민족을 사랑했던 바울의 마음이 있기를 축원합니다.

열심은 있으나 진리는 없다

이방인이 구원받을수록 이스라엘은 구원받지 못한다는 사실 때문에 사도 바울은 괴로웠습니다. 예수님을 믿고 나서 가장 중요한 것은 예수님을 믿지 않는 사람에 대한 눈물일 것입니다. 예수님을 믿지 않는 영혼에 대한 눈물, 우리 가족에 대한 간절함, 내 주변에 있는 사람에 대한 안타까움이 우리 안에 회복되길 원합니다.

역사를 보면 분명히 이스라엘은 잘못했습니다. 그 잘못의 시작은 하나님에 대한 무지와 오해입니다. 이스라엘 백성은 누구보다도 하나님을 잘 안다고 생각했습니다. 누구보다도 하나님에 대해서 유식하다고 생각했습니다. 하지만 그것이 문제였습니다.

이방인들은 처음부터 하나님에 대해 아는 것이 없었습니다. 하나님에 대해 무식했습니다. 이방인들은 종교적으로, 행위적으로 주장할 만한 것이 아무것도 없었기 때문에, 오히려 가난하고 겸손한 마음 때문에 구원을 받았습니다.

이스라엘 백성은 구원에 대한 생각과는 정반대의 결과를 낳았습니다. 그들은 율법과 종교적인 행위와 전통과 형식으로 구원받는 것을 더 좋아했습니다. 그래야만 자기가 이방인보다 하나님 앞에 가지고 나갈 것이 많기 때문이었습니다. 열심과 열정이 없었던 것은 아닙니다. 오히려 열심과 열정은 누구보다도 많이 있었습니다. 그러나 문제는 그 열정이 잘못된 것이라는 데 있었습니다. 따라서 열정과 열심이 많을수록 하나님과는 점점 더 멀어졌습니다. 그것이 사도 바울을 고통스럽게 했습니다.

> 내가 증언하노니 그들이 하나님께 열심이 있으나 올바른 지식을 따른 것이 아니니라(롬 10:2).

우리는 여기서 열심과 진리의 관계를 봅니다. 모든 열심이 다 진리는 아닙니다. 물론 참 진리에는 언제나 열심과 열정이 있습니다. 대학원에서 박사 논문을 쓰는 어떤 사람이, 몇 년을 공부해도 풀리지 않는 문제가 있었습니다. 아무리 씨름을 해도 답을 찾을 수 없었는데, 어느 날 새벽에 문득 아이디어가 떠올라서 해보았는데 성공했습니다. 얼마나 좋겠습니까? 아마도 펄쩍펄쩍 뛸 것입니다.

이처럼 진리를 발견한 사람은 흥분합니다. 진리를 발견한 사람은 충격을 받습니다. 진리를 발견했는데 그냥 있을 수 있을까요? 진리를 발견하고도 그에게 흥분과 열정이 없다면, 그 진리는 가짜나 모조품일 것입니다.

정말로 진리를 발견했다면, 반드시 그 안에 열심과 열정과 흥분과 감격이 있게 마련입니다. 차디찬 진리는 없습니다. 행동하지 않는 지성은 더 이상 지성일 수 없으며, 뜨거운 마음이 없는 지식은 참 지식이 아닙니다.

참 지식은 열정이 있습니다. 뜨거움이 있습니다. 그러나 열정과 열심이 있다고 그것이 곧 진리라고 말할 수는 없습니다. 진리에는 열정이 있지만, 열정이 있다고 다 진리는 아닙니다.

그 대표적인 예가 공산주의입니다. 공산주의자들이 얼마나 열정적이고 열심이 있습니까? 그렇다고 다 옳은 것은 아닙니다. 제가 듣기로는 북한 주민들은 '김일성', '김정일'이라는 이름만 들어도 눈물을 흘린다고 합니다. 그렇게 눈물을 흘린다고 그것이 진리입니까? 그렇지 않습니다.

바로 이것이 이스라엘의 모습이었습니다. 이스라엘은 하나님에 대한 열정과 열심이 있었지만, 참 진리와 지식에 근거하지 않았습니다. 자기의 전통과 자기의 행위와 자기의 기득권과 자기의 선입견 등이 하나님의 뜻이라고 생각하고 계속 갔기 때문에 결국 이스라엘은 버림을 받게 되었습니다. 얼마나 큰 비극입니까? 이것이 바로 하나님에 대한 무지에서 비롯된 것입니다.

교회에 오래 다닌 것도 중요하고 지난날 열심히 살았던 것도 중요하지만, 그보다 중요한 것은 현재 성령 안에서 사는 것입니다. 날마다 "이것이 정말 하나님의 뜻인가, 하나님의 음성인가, 하나님의 방법인가?" 묻고 기도하는 것이 중요합니다. 하나님을 우리의 뜻에 맞추려 하지 말고, 하나님의 방법과 하나님의 뜻과 하나님의 길을 우리가 찾아가야 합니다. 이것이 성령 받은 사람입니다. 날마다 우리는 새로워져야 합니다. 우리는 날마다 자신을 수정해 가야 합니다.

자기 의를 세우는 죄인

열심은 있었으나 지식에 이르지 못했다는 것이 무슨 말일까요?

> 하나님의 의를 모르고 자기 의를 세우려고 힘써 하나님의 의에 복종하지 아니하였느니라(롬 10:3).

이것이 바로 이스라엘의 모습입니다. 이것 때문에 그들은 구원받도록 예비된 백성이었지만 막상 구원이 왔을 때 구원을 잃어버리고 마는, 기막히고도 불행한 결과를 낳은 것입니다. 그들은 하나님이 자기들에게 무엇을 요구하는지 잘 몰랐습니다. 3절 첫 부분에 보면 이스라엘은 하나님의 의를 모르고 하나님을 오해했습니다.

우리가 혹시 하나님에 대해서 무지하지는 않습니까? 하나님을 우리 마음대로 정의 내리고, 하나님을 우리 마음대로 생각하지는 않습니까? 비극은 여기서부터 싹틉니다. "이분이 하나님일 것이다. 이것이 성경의 뜻일 것이다"라는 식으로, 자기의 작고 제한된 지식 안에서 하나님을 마음대로 결정해 버리는 것입니다.

두 번째로 이스라엘은 '자기의 의를 세우려고' 했습니다. 하나님의 의에 대해서 무지하면 자기 의가 나옵니다. 자기 의로움을 자꾸 주장합니다. 자기주장이 세지고 말이 많습니다. 자기가 옳다는 것입니다.

세 번째, 그렇게 자기 의를 세우려고 하면 어떤 행동을 하게 됩니까? 힘써 하나님의 의에 복종하지 않습니다. 자꾸 반항하고 비판합니다. 우리는 어떤 일에 대해서 모를 수도 있고, 알 수도 있습니다. 그때 우리가 할 일은, 내가 옳다고 생각하는 대로 반항하고 비판하는 것이 아닙니다. 기도하는 것입니다. 나도 잘못할 수 있기 때문에 계속 기도해야 합니다. 무릎 꿇고 겸손하게 "하나님의 뜻을 가르쳐 주십시오. 성령의 인도를 받기 원합니다"라고 기도하는 것이 바로 그리스도인입니다.

그러나 이스라엘 백성은 그렇게 하지 않았습니다. 오히려 그런 것들을 지적당했을 때 그들은 자존심 상해 하면서, 더 크게 반발하고 자기 의를 세우고 자기가 옳다고 주장하고 메시아를 죽였습니다. 얼마나 무서운 결과입니까! 이 모든 것은 하나님을 오해했기 때문입니다. 하나님의 의에 대해서 자기들 마음대로, 종교적으로, 전통적으로 해석했기 때문입니다.

하나님의 의란 무엇입니까? 그것은 하나님의 공의입니다. 하나님에게는 사랑도 있고, 공의도 있습니다. 사랑과 공의는 별개의 것이 아닙니다. 사랑 안에 공의가 있고, 공의 안에 사랑이 있습니다.

인간 안에 무슨 정의가 있겠습니까? 인간 안에 무슨 의가 있겠습니까? 어떻게 인간의 의로 하나님의 의를 생각할 수 있습니까? '의'란 죄가 없는 상태입니다. 하나님께는 '의'가 있지만, 인간에게는 '죄'가 있습니다. 죄는 의를 알아볼 수 없습니다. 성경은 이렇게 말합니다. "의인은 없나니 하나도 없으며 깨닫는 자도 없고 하나님을 찾는 자도 없고 다 치우쳐 함께 무익하게 되고 선을 행하는 자는 없나니 하나도 없도다"(롬 3:10-12).

인간의 의는 더러운 걸레와 같습니다. 그럼에도 인간은 자꾸 자기 논리, 자기 의를 가지고 얘기하려고 합니다. 그러면 결정적인 착각과 잘못된 결과를 낳게 됩니다. 사도 바울은 자기 민족 이스라엘에게 이 점을 지적합니다. 저는 바울의 이런 지적이 이스라엘을 향한 것이 아니라, 예수님을 오래 믿고 잘 믿고 있다는 우리를 향한 하나님의 지적이 아닌가 생각했습니다. '참으로 우리는 하나님의 의를 아는가? 우리는 성경의 의, 하나님에 대해서 유식한가? 옛날에 들은 설교 몇 편을 가지고 하나님을 평가하지는 않나?' 하는 생각이 들었습니다. 이스라엘은 이런 실수를 했습니다.

인간에게는 하나님의 의를 인정하지 않으려 하고, 인간의 의를 내세우려 하고, 하나님의 의에 복종하지 않으려는 오만한 영적 태도가 있습니다. 믿음으로 하지 않고 율법으로 하려고 하기 때문입니다. 이스라엘뿐만 아니라, 예수님을 믿는 우리도 똑같이 저지를 수 있는 실수입니다.

예수님을 처음 믿을 때는 은혜롭습니다. 그런데 몇 년 지나면 은혜가 기득권으로 변해 버립니다. 자기 의로 변합니다. 내가 얼마나 많이 봉사했나, 헌금을 얼마나 많이 했나, 내가 교회를 얼마나 오래 다녔나 등을 내세우면서 목소리가 커지기 시작합니다. 자기주장이 강해지기 시작합니다. 그러나 정말 은혜받은 사람들은 아무리 헌금을 많이 했더라도, 아무리 봉사를 많이 했더라도, 아무리 주님을 오래 섬겼다 할지라도, 그것을 오히려 부끄럽게 여깁니다. 하나님께 내놓을 만한 것으로 여기지 않습니다.

그러나 은혜가 율법으로 돌아서면 자기 것을 주장하게 됩니다. 자기 의를 내세웁니다. 호령하기 시작합니다. 남을 심판하고, 정죄하고, 비판하기 시작합니다. 율법적인 인간으로 돌아갔기 때문입니다. 결국 문제는 '은혜냐 율법이냐'입니다. 영적 전쟁에 있어서 패배는, 내가 얼마나 잘못을 했고 도덕적인 실수를 했느냐에 있지 않습니다. 나의 삶이 은혜의 삶이냐 아니면 율법적인 삶이냐가 승리인지 패배인지를 결정합니다.

사람들은 대부분 '그 사람이 도덕적으로 옳으냐 그르냐, 실수를 했느냐 안 했느냐'를 따집니다. 하지만 제일 무서운 영적 실수는 율법으로 돌아가는 것입니다. 오만하고 교만하여, 하나님을 믿으면서도 겸손이 없고 은혜가 없고 기도가 없는 것이 제일 무섭습니다. 이것이 마귀가 제일 사용하기 쉬운 영적 시험입니다.

로마서를 보십시오. 사도 바울이 처음부터 끝까지 주장하는 것은 하나입니다. "율법으로 돌아가지 마라! 네가 은혜로 구원받지 않았느냐? 죄인이었는데 하나님의 자녀가 되지 않았느냐? 감사해라! 기도해라! 감격해라! 순종해라! 겸손해라! 이것을 통해서 하나님의 나라와 의를 이루는 것이다!"

결국, 우리 신앙인은 두 가지의 싸움 앞에 서게 됩니다. 하나님의 의냐, 내 의냐 하는 것입니다. 자기 의를 주장하느냐, 하나님의 의에 순종하느냐 하는 싸움에 부딪히게 됩니다. 이 두 가지는 언제나 싸웁니다. 하나님 중심의, 하나님 사랑의 원리에 서 있는 사람은 구원을 얻게 될 것이요 영생을 얻게 될 것입니다. 반대로 자기중심의, 자기 사랑의 원리에 서 있는 사람은 얻었던 구원도 잃어버리게 됩니다. 여러분은 어떤 선택을 하겠습니까? 바로 이것 때문에, 사도 바울은 자기 민족의 운명 앞에서 심장을 찢는 고통스러운 절규를 했던 것입니다.

모든 인류는 예수 그리스도에게로

그럼 하나님의 의를 어떻게 얻을 수 있습니까? 하나님의 의는 어디서 발견될 수 있습니까? 이 두 가지 질문에 대한 해답은 모두 다 예수 그리스도입니다.

> 그리스도는 모든 믿는 자에게 의를 이루기 위하여 율법의 마침이 되시니라(롬 10:4).

사도 바울은 '그리스도는 모든 믿는 자에게, 유대인이나 이방인이나, 선택받은 이스라엘이나 선택받지 못한 어떤 백성이나, 모든 믿는 자에게 하나님의 의를 주시기 위한 율법의 마침이다'라는 설명으로 우리에게 해답을 준 것입니다.

빌립보서는 "그는 근본 하나님의 본체시나 하나님과 동등됨을 취할 것으로 여기지 아니하시고 오히려 자기를 비워 종의 형체를 가지사 사람들과 같이 되셨고 사람의 모양으로 나타나사 자기를 낮추시고 죽기까지 복종하셨으니 곧 십자가에 죽으심이라"(빌 2:6-8)라고 말씀합니다. 하나님의 의는 예수 그리스도 안에 나타났습니다. 예수 그리스도는 누구십니까? 하나님의 의를 보여 주시는 분입니다. 따라서 하나님의 의의 핵심에는 예수 그리스도가 계십니다.

누구든지 예수 그리스도를 만나는 자는 하나님의 의를 보게 될 것입니다. 누구든지 예수 그리스도를 믿는 자는 하나님의 의의 옷을 입게 될 것입니다. 이분이 예수 그리스도이십니다. 우리는 죄인이지만 예수님은 죄인이 아니시기에 우리를 구원하실 수 있습니다. 내 의는 더러운 걸레 같지만, 예수 그리스도의 의는 곧 하나님의 의이며 나에게 그 의의 옷을 입혀 주십니다.

예수 그리스도를 바라보십시오. 의의 면류관이 우리에게 주어질 것입니다. 예수 그리스도 앞에 가까이 가십시오. 의를 가까이에서 볼 수 있습니다. 예수 그리스도의 몸 안으로 들어가십시오. 예수 그리스도의 의의 옷으로 우리의 더러운 모든 죄가 씻어지는 것을 경험하게 될 것입니다.

따라서 모든 인류는 예수 그리스도에게로 와야 합니다. 유대인이든지, 이방인이든지, 한국 백성이든지, 아프리카 백성이든지, 중국 백성이든지 간에 다 예수 그리스도 앞으로 와야 합니다. 그러나 이스라엘은 이 놀라운 예수 그리스도의 의의 진리 앞에서 반항했습니다. 그들은 자신들이 믿는 전통, 율법, 할례, 조상, 약속 등이 자신들을 구원한다고 생각했습니다. 메시아가 올 것이라고 생각했습니다. 그래서 그들은 구원을 잃어버리게 되었습니다.

예수 그리스도가 오시기 전에 하나님은 우리에게 미리 하나님의 의를 보여 주시기 위하여 모세에게 율법을 주셨습니다. 모든 사람이 율법을 지키며 살도록 기준을 주셨습니다. 율법만 주신 것이 아니라, 율법에 실패한 사람들에게 용서를 주시기 위하여 하나님은 성막도 주셨습니다. 성막은 예수 그리스도의 은혜입니다. 율법으로 좌절한 사람이 구원받을 수 있는 것이 성막 제도였습니다.

그들은 율법을 작은 가죽 상자에 넣어 이마에 매달았습니다. 그 율법 상자를 손목에도 달고 문설주에도 달았습니다. 누워서 천정을 보면 율법이 보이게 했습니다. 이렇게 하나님의 율법을 몸에 지니고 살았습니다. 그러나 이 율법을 지킬 수 있는 사람은 없습니다. 우리가 죄인이기 때문입니다. 율법은 좋은 것이지만 우리를 넘어뜨립니다. 율법은 거룩하지만 우리를 좌절시킵니다. 그래서 죄를 지으면 염소나 양을 한 마리 잡아 번제단에 갖고 가서, 내 죄를 용서받는 제사를 드려야 했습니다.

예수님이 오실 때까지 이스라엘 백성은 그렇게 했습니다. 예수님은 우리를 위하여 십자가에서 못 박혀 돌아가셨습니다. 율법을 지킨 자는 이 세상에 한 사람도 없었지만, 예수 그리스도는 죄 없는 하나님의 아들이시기 때문에 율법을 완전하게 지키셨습니다. 따라서 예수 그리스도를 내가 영접하면, 율법을 완전히 지키시고 완성하시고 마치신 그분이 내 안에 들어와서 내가 율법을 다 지킨 것처럼 하나님의 의로 옷을 입혀 주십니다.

이제는 양의 피를 흘려서 내 죄를 용서받는 것이 아닙니다. 예수님의 보혈의 피를 믿으면 누구든지 즉시 용서해 주십니다. 이분이 예수 그리스도이십니다. 예수님은 율법의 모든 요구를 완성하신 분입니다. 예수님은 율법의 모든 목표를 다 이루신 분입니다. 예수님은 율법의 마침이요 끝입니다.

따라서 4절을 통하여 우리에게 주시는 말씀은, 그리스도는 유대인이나 이방인이나, 과거의 사람이나 현재의 사람이나 미래의 사람이나, 구원받고자 하는 모든 사람이 의를 이루기 위한 율법의 마침이라는 것입니다. 이스라엘도 예수님께로 돌아와야 합니다. 이방인도 예수님께 돌아와야 합니다. 우리도 예수님께 돌아와야 합니다. 왜냐하면 그분은 율법의 완성이요 율법의 마침이시기 때문입니다.

그분의 이름을 찬양하십시오. 그분의 이름을 높이십시오. 그분 안에 거하십시오. 그때 우리 안에 온전한 하나님의 구원이 완성될 것입니다.

7

이미 주어진 선물

로마서 10:5-13

예수님을 믿고 구원을 받는 것은, 어떻게 보면 쉬운 일이요 어떻게 보면 어려운 일이라고 할 수 있습니다. 어떤 사람은 굉장히 쉽게 예수님을 믿습니다. 예수님을 믿기로 결정한 뒤 한순간에 모든 삶이 바뀌는 사람도 있습니다. 하지만 어떤 사람은 굉장히 어렵게 예수님을 믿습니다. 예수님을 믿은 지 20년, 30년이 되어도 예수님을 믿는지 믿지 않는지 알 수 없는 사람도 있습니다.

본문 말씀은 "예수님을 믿는 일이 결코 어려운 길이 아니요 결코 멀리 있는 것이 아니다"라는 것을 우리에게 가르쳐 주고 있습니다.

예수님을 믿고 구원받는 일이, 하늘에서 별을 따고 바다에서 진주를 캐는 일과 같다면 누가 예수님을 믿을 수 있겠습니까? 어떤 특별한 사람, 즉 종교적인 열심이 있거나 소신 있는 몇몇 사람만 구원을 받지 않겠습니까?

저는 어느 유명한 스님의 삶을 참으로 고귀하게 생각합니다. 그러나 그분처럼 속세를 떠나 산에 올라가서 야인의 옷을 입고 살아야 구원받을 수 있다면, 저는 아마도 구원받지 못할 것입니다. 그분이 앉아서 잠을 잔다는 이야기를 듣고 얼마나 놀랐는지요. 그런 경지에 이르렀었지만 돌아가실 때에 "나는 구원의 진리에 이르렀다"라고 분명하게 말씀하지 못한 채 구름 속으로 사라지듯 생을 마감했습니다.

그렇게 도를 닦아도 구원이 분명하지 않다면 우린들 어찌 구원을 받을 수 있겠습니까? 구원이라는 것은 어떤 특별한 사람 그러니까 종교적인 사람, 도통한 사람에게 주어지는 것이 아닙니다. 어떤 특수한 계층이나 민족, 사람에게 주어지는 것이 아닙니다. 구원은 누구에게나, 모든 민족에게나 주어지는 하나님의 선물입니다.

율법의 사람, 믿음의 사람

모세가 기록하되 율법으로 말미암는 의를 행하는 사람은 그 의로 살리라 하였거니와(롬 10:5).

두 종류의 사람이 있습니다. 첫 번째 종류의 사람은 모세의 율법으로 말미암아 의를 행하면서 의를 얻으려는 사람입니다. 이것이 바로 이스라엘의 모습이었습니다. 이것이 바로 모든 종교적인 사람들의 모습입니다. 그들은 모세의 율법을 지키려고 최선을 다했습니다. 모든 종교적인 절기와 행위, 율법이 가르치는 도덕을 행하기 위해서 노력했습니다. 이런 사람이 우리 주변에도 많이 있습니다. 사실, 누구든지 하나님의 율법대로만 살 수 있다면 구원을 받을 것입니다. 의롭게도 될 것입니다.

그러나 지구상에 존재하는 인간 중에는 이 율법을 지킬 만한 사람이 없다는 데 문제가 있습니다. 이 얼마나 기가 막힌 모순입니까! 하나님의 율법대로 살면 구원받을 수 있지만, 그 율법을 지킬 수 있는 사람이 한 사람도 없는 것입니다. 율법으로 구원을 얻으려고 하는 사람은, 가면 갈수록 멀어지고 하면 할수록 어려워집니다. 이것이 바로 모세의 율법을 지킴으로써 구원을 얻으려고 하는 종교적인 사람들의 모습입니다.

또 한 종류의 사람이 있습니다.

믿음으로 말미암는 의는 이같이 말하되 네 마음에 누가 하늘에 올라가겠느냐 하지 말라 하니 올라가겠느냐 함은 그리스도를 모셔 내리려는 것이요(롬 10:6).

이 사람은 믿음으로 구원을 얻으려는 사람입니다. 율법으로 받는 구원은 가면 갈수록 멀고 하면 할수록 고통스러운 것이지만, 예수 그리스도를 믿음으로 구원을 얻는 것은 이것처럼 쉽고, 이것처럼 가깝고, 이것처럼 확실한 것이 없습니다. 그 예를 6절에서 말하고 있는 것입니다.

가까이 있는 '말씀'

6절 말씀만 보면 그 뜻을 이해하기가 어렵습니다. 그래서 보충 설명이 필요합니다. 다음의 신명기 말씀을 보면, 6절 말씀을 쉽게 이해할 수 있습니다.

> 내가 오늘 네게 명령한 이 명령은 네게 어려운 것도 아니요 먼 것도 아니라 하늘에 있는 것이 아니니 네가 이르기를 누가 우리를 위하여 하늘에 올라가 그의 명령을 우리에게로 가지고 와서 우리에게 들려 행하게 하랴 할 것이 아니요 이것이 바다 밖에 있는 것이 아니니 네가 이르기를 누가 우리를 위하여 바다를 건너가서 그의 명령을 우리에게로 가지고 와서 우리에게 들려 행하게 하랴 할 것도 아니라 오직 그 말씀이 네게 매우 가까워서 네 입에 있으며 네 마음에 있은즉 네가 이를 행할 수 있느니라(신 30:11-14).

하나님이 주신 명령은 어려운 것도 아니고 먼 것도 아닙니다. 이 명령은 우리가 쉽게 지킬 수 있습니다. 신명기 30장 11절에서 14절은 하나님의 말씀을 지킬 수 있다고 분명하게 말하고 있습니다. 하나님의 말씀은 하늘에 있지 않습니다. 말씀이 하늘에 있어서 그것을 하늘로부터 가지고 와서 지켜야 한다면, 누가 그것을 지킬 수 있겠습니까? 하지만 하나님의 말씀은 무척 가까운 곳, 우리 입과 마음에 있으므로 이를 지킬 수 있다고 말합니다.

이 말씀을 사도 바울이 그대로 가지고 왔습니다. 믿음으로 구원 받는 사람, 믿음으로 의롭다 하심을 얻는 사람은 그것이 어렵지 않다는 것입니다. 매우 쉽습니다. 우리가 예수님을 믿기 위해 하늘에 올라가서 예수님을 모셔 와야 하는 것이 아닙니다. 그렇게 어렵지 않습니다. 이것이 6절의 뜻입니다.

혹은 누가 무저갱에 내려가겠느냐 하지 말라 하니 내려가겠느냐 함은 그리스도를 죽은 자 가운데서 모셔 올리려는 것이라(롬 10:7)

신명기에서는 "바다를 건너가서 말씀을 가져와야 하는 것이 아니다. 그렇게 어려운 것이 아니다"라고 말했습니다. 마찬가지로 7절 말씀은 우리가 지옥에 가서 예수 그리스도를 모시고 와서 믿어야 하는 것이 아니라고 말합니다.

사람들은 이상하게도 쉬운 것은 하지 않으려고 합니다. 싼 물건보다는 비싼 물건을 더 좋아합니다. 어려워야 진리가 있는 줄 압니다. 그렇지 않습니다. 진리는 아주 쉽습니다. 태양은 아침에 떴다가 저녁이 되면 집니다. 이것이 진리입니다. 우주 만물의 진리는 매우 단순합니다. 진짜 진리는 돈이 들지 않습니다. 공기를 돈 주고 사는 사람이 있습니까? 만약 누군가에게 돈을 주고 공기를 사야 한다면 그 사람은 굉장한 부자가 될 것입니다.

정말 좋은 것은 모두 공짜입니다. 오늘날에는 사랑의 위기가 있습니다. 사랑은 공짜입니다. 하지만 요즘에는 사랑을 돈 주고 사려고 합니다. 진리도 돈을 주고 사려고 합니다. 이것은 큰 잘못입니다. 진리는, 즉 구원은 그렇게 복잡하고 어렵지 않습니다. 그렇다면 구원은 무엇입니까?

> 그러면 무엇을 말하느냐 말씀이 네게 가까워 네 입에 있으며 네 마음에 있다 하였으니 곧 우리가 전파하는 믿음의 말씀이라(롬 10:8).

여기서 우리는 '말씀이 네게 가까워 네 입에 있으며 네 마음에 있다'는 구절에 주의를 기울여야 합니다. 구원은 하늘에 가서 별을 따오거나 바다에 가서 진주를 캐오는, 그런 노력으로 얻어지는 것이 아닙니다. 구원은 정말 가까운 곳에 있습니다. 우리 입에 있고 마음에 있다고 했습니다. 이것이 구원입니다.

제가 설교를 할 때, 예배드리는 이들 중에는 제 설교에 동의하는 분이 있을 것입니다. 그렇다면 그분에게 제 설교는 어디에 있는 것입니까? 그분의 마음에 있습니다. 제 설교가 마음에 들었다면 누군가와 설교에 대해 이야기하실 것입니다. 그러면 제 설교가 어디에 있는 것입니까? 입에 있습니다. 마찬가지입니다. 제 설교뿐만 아니라 우리가 혼자서 성경을 읽다가 마음이 열리면 말씀이 내 마음으로 들어옵니다. 은혜받은 말씀을 친구와 함께 나누면 말씀이 입에 있는 것입니다.

이것이 구원입니다. 말씀이 우리 머리에 있고, 마음에 있고, 입술에 있듯이 구원도 그렇습니다. 어떤 사람은 매우 기뻐서 찬양을 합니다. 또 어떤 사람은 기쁨을 이기지 못하고 다른 사람에게 전합니다. 여러분, 사랑하는 사람 곁에 있고 싶지 않습니까? 괜히 옆에 가서 서 있지 않았습니까? 사랑하는 사람과 함께 있고 싶어서 결혼도 하는 것이 아닙니까? 교회가 좋으면 교회 옆으로 이사를 오지 않습니까? 그 사람이 좋으면 자꾸만 무슨 말이든 하고 싶어집니다. 사랑하기 때문에 그렇습니다.

예수님이 좋기 때문에 그분과 이야기하는 것이 바로 '기도'입니다. 예수님이 좋으니까 계속 찬양하는 것이 아니겠습니까? 구원은 이미 우리 입안에 있습니다. 구원은 이미 우리의 마음 안에 있습니다. 삼키기만 하면 됩니다. 이처럼 구원은 매우 가까이 있고 쉬운 것입니다. 그러나 사람들은 이것을 너무너무 어렵게 만들어 놓았습니다.

저는 우리 중에 구원을 어렵게 느끼는 사람이 없기를 바랍니다. 구원이 우리 안에 있기를 축원합니다.

입으로 시인하라

구원은 아주 가까이 있습니다. 그렇다고 해도 구원은 마음의 결정에 달려 있습니다. 마음이 어떻게 결정하느냐에 따라 구원을 받을 수 있느냐 없느냐가 결정됩니다. 마치 다음 이야기의 내용과 같습니다.

옛날에 어떤 왕이 한 사람을 죽이려고 마음먹었습니다. 그래서 그 사람을 데려다 놓고 이렇게 묻습니다. "지금 내 손에는 새 한 마리가 있다. 이 새가 살겠느냐 죽겠느냐? 알아맞히면 너를 살려주겠다." 아주 고약한 왕이었습니다. 이 사람이 "새는 살 것입니다"라고 하면 왕은 새를 죽일 것이요, "새는 죽을 것입니다"라고 하면 살려 줄 것이 뻔했습니다. 그래서 이 사람이 이렇게 대답합니다. "그것은 전하 마음입니다."

구원은 이미 우리 입안에 있습니다. 삼키든지 뱉든지 그것은 우리의 마음입니다. 구원을 받는 것은 그렇게 어려운 일이 아닙니다. 그런데도 사람들은 '구원받으려면 성경을 한 번은 읽어야 한다, 구원받으려면 새벽 기도회에 가야 한다' 등등 원칙을 자꾸 만듭니다. 그렇지 않습니다. 구원받으려면 술, 담배를 끊어야 합니까? 아닙니다. 다 하십시오. 먼저 예수님을 믿으십시오. 그러면 자연스럽게 술과 담배가 싫어집니다.

나쁜 습관을 가진 채로 그냥 교회에 오십시오. 그것을 고치고 교회에 오려고 하지 마십시오. 자기 힘으로는 결코 고칠 수 없습니다. 예수님을 믿으십시오. 그러면 고쳐집니다. 죄를 회개하고 교회에 오려고 하지 마십시오. 우리는 스스로 회개할 수 있을 만큼 위대한 사람들이 아닙니다. 그냥 믿으십시오. 그러면 회개하게 됩니다. 이것이 구원입니다.

왜 우리의 구원이 어렵습니까? 회개해야 하고, 술과 담배를 끊어야 하고, 성경을 다 읽어야 하기 때문입니다. 아프면 아픈 대로 그냥 오십시오. 어떻게 건강해질 때까지 기다리겠습니까? 예수님을 믿으면 건강해집니다. 믿으면 구원이 이루어집니다.

그렇다면, 내 입술에 있고 내 마음에 있는 구원을 어떻게 구체적으로 얻을 수 있습니까? 9절에 두 가지 대답이 있습니다.

네가 만일 네 입으로 예수를 주로 시인하며 또 하나님께서 그를 죽은 자 가운데서 살리신 것을 네 마음에 믿으면 구원을 받으리라(롬 10:9).

첫째, 입으로 예수님을 주로 시인하면 구원이 온다고 했습니다. 우리의 입술로 예수님을 주로 시인하시기 바랍니다. 얼마나 쉽습니까! 무거운 물건을 들라는 것도 아니요, 밤새도록 손을 들고 서 있으라는 것도 아닙니다. 단지 입으로 예수님을 주로 시인하면 됩니다.

입으로 하는 말은 어떻게 나오는 것입니까? 내 마음에 가득한 것이 나옵니다. 그래서 마음과 상관없는 말을 하는 사람을 가리켜 '정신없는 말을 하는 사람'이라고 합니다. 또, "마음에 없는 말을 한다"라고도 합니다. 이런 표현들은, 말이 마음과 정신에 연결되어 있어서 지적인 활동과 의지적인 결정과 감정이 인격적으로 결정되어 말로 나온다는 것을 가르쳐 줍니다.

그냥 지나가는 말로 하는 것이 아니라, 우리의 마음에서 생각하는 것이 입술로 나오게 해야 합니다. "예수 그리스도는 나의 주인이십니다"라고 입술로 시인하십시오.

부활을 믿으라

두 번째, 입술로 시인하기 전에 마음으로 결정해야 합니다. 마음으로는 무엇을 해야 합니까? 믿어야 합니다. 하나님이 예수 그리스도를 죽은 자 가운데서 살리신 것을 믿어야 한다는 말입니다. 이것을 가리켜 '부활'이라고 합니다. 즉, 예수님의 부활을 마음으로 믿는 것입니다.

결론은 간단합니다. 구원이란, 마음으로는 예수님의 부활을 믿고, 입으로는 예수님을 구주로 시인하는 것입니다. 마음으로 믿고, 입으로 시인하십시오.

> 사람이 마음으로 믿어 의에 이르고 입으로 시인하여 구원에 이르느니라(롬 10:10).

구원은 마음으로 믿고 입으로 시인하는 것입니다. 입을 다물고 계시지 말고 말하시기 바랍니다. "나는 하나님을 사랑합니다!"라고 말하십시오. "나는 주님을 사랑합니다!"라고 말하십시오. 입을 열어 기도하십시오. 찬양하십시오.

한번은 저희 교회 장로님이 한동대학교에 가셨다가, 김영길 총장님과 하룻밤을 지내셨나 봅니다. 그런데 그분이 놀라서 저에게 말씀하셨습니다. "목사님, 목사님. 총장님은 아침에 일어나시면 이 방 저 방 다니시면서 큰소리로 찬송을 부르세요. 그리고는 안방에서 손을 들고 큰소리로 기도하세요."

저도 그 장면을 몇 번 보았습니다. 당시 상황이 정말 힘들었는데도, 기도를 하시고 찬송을 부르셨습니다. 하루하루 살기가 죽는 것처럼 어렵고 원수가 세 겹 네 겹으로 둘러싼다 할지라도, 예수님을 믿는 사람의 입에서는 찬송이 나오고 기도가 나오는 줄로 믿습니다. 목젖이 보이도록 크게 찬송을 부르십시오. 손을 들고 춤을 추며 찬양하십시오. 참 신앙을 가지고 있는 사람은 그렇게 되는 것입니다.

구원받는 일은 얼마나 쉬운 일입니까? 마음으로 믿고 입술로 시인하면 구원이 옵니다. 구원은 산을 넘고 바다를 건너는 것과 같은 행위에 있는 것이 아닙니다. 구원은 이미 우리의 입술에 있습니다. 구원은 우리의 마음에 있습니다. 두려워하지 말고, 걱정하지 마십시오. 마음으로 믿어 의에 이르고, 입으로 시인하여 구원에 이르기를 축원합니다.

예수님이 오시면 우리 안에 평안을 주실 것입니다. 소망을 주실 것입니다. 이상하게도 미움이 사랑으로 변합니다. 얼마나 놀라운 일입니까! 예전에 경험해 보지 못했던 알 수 없는 기쁨이 차오릅니다. 이 기쁨 때문에 어쩔 줄 몰라 합니다. 강물처럼 기쁨이 흐릅니다. 이 기쁨을 경험할 수 있기를 바랍니다.

부끄러움을 당하지 않는 성도

성경에 이르되 누구든지 그를 믿는 자는 부끄러움을 당하지 아니하리라 하니 유대인이나 헬라인이나 차별이 없음이라 한 분이신 주께서 모든 사람의 주가 되사 그를 부르는 모든 사람에게 부요하시도다(롬 10:11-12).

구원은 유대인이나 헬라인이나 차별이 없습니다. 구원은 특정한 혈통이나 인종이나 민족에게 주어지는 특권이 아닙니다. 하나님은 모든 인종에게 구원을 베풀어 주십니다. 종교적인 습관이나 전통이나 노력으로 구원을 얻는 것이 아니라, 누구든지 예수 그리스도를 믿으면 얻게 됩니다. 어제까지 불교를 믿고, 이슬람을 믿고, 무당을 불러 굿을 했다 할지라도, 예수 그리스도를 믿고 주로 시인하면 구원을 받습니다. 주님은 모든 사람의 주님이십니다. 단 조건이 하나 있습니다. '마음으로 믿고 입으로 시인하는 것'입니다.

11절을 보면 하나님이 주시는 복이 있습니다. 부끄러움을 당하지 않는 복입니다. 이 말처럼 좋은 말이 어디 있습니까? 하나님 나라에 가서도 우리는 부끄러움을 당하지 않을 것입니다. 사람에게 부끄러움을 당하지 않을 것입니다. 걱정하지 마십시오.

저는 1997년 한 해 동안 이것을 깊이 경험했습니다. 비도 만나고 폭풍우도 만났습니다. 비가 오면 맞아야 하더군요. "비야 오지 마라!" 한다고 비가 안 오는 것도 아니지만, 그렇다고 영원히 비가 오는 것도 아닙니다. 언젠가 진리는 드러납니다. 우리는 부끄러움을 당하지 않을 것입니다.

12절에 또 한 가지 복이 있습니다. '부요'입니다. 하나님이 우리에게 영적인 부요함을 주실 것입니다. 삶의 부요함을 주실 것입니다. 물질적인 부요함을 주실 것입니다. 육체적인 부요함을 주실 것입니다.

누구든지 주의 이름을 부르는 자는 구원을 받으리라(롬 10:13).

원시인이나 현대인이나 야만인이나 지식인이나, 그 삶이 무너지고 깨져서 비참한 중에 있다 할지라도, 누구든지 주의 이름을 부르는 자는 구원을 얻을 것입니다. 하나님의 복이 우리에게 함께하기를 축원합니다.

8

복음에 빚진 자들

로마서 10:14-21

앞 장에서 우리는 로마서에 나타난 가장 위대한 성경 구절 중 하나를 보았습니다. 굉장히 중요하고 좋은 말씀이므로 다시 한번 보겠습니다. "누구든지 주의 이름을 부르는 자는 구원을 받으리라"(롬 10:13).

이것은 얼마나 놀라운 진리인지 모릅니다. 누구든지 입으로 시인하고 마음으로 믿으면 구원을 받습니다. 유대인이나 이방인이나 차별이 없습니다. 구원을 얻기 위해 하늘에 올라가서 그리스도를 내려오게 하실 필요가 없습니다. 무저갱에 가서 예수 그리스도를 다시 부활시킬 필요도 없습니다. 예수 그리스도는 우리 안에 계십니다. 입술 안에 계시고 마음 안에 계십니다.

따라서 구원은 굉장히 어렵고 멀고 힘든 것처럼 느껴지지만, 우리가 눈을 뜨고 성경을 읽으면 그렇게 어렵거나 복잡한 것이 아닙니다. 구원은 쉽고 분명한 것인데, 내 노력으로 얻어지지는 않습니다. 그저 하나님이 주신 것을 받으면 됩니다.

네 가지 질문

구원이 이렇게 쉽고 분명하고 간단한 것인데도, 왜 많은 사람들이 구원의 길로 들어서지 못하고 방황할까요? 사도 바울은 14-15절에서 네 가지 질문을 던지는 형식으로 답하고 있습니다. 먼저 14절 첫 부분을 보겠습니다. "그런즉 그들이 믿지 아니하는 이를 어찌 부르리요."

누구든지 예수 그리스도의 이름을 부르는 자는 구원을 받으리라고 했습니다. 하지만 믿지 않는다면 어찌 부를 수 있겠습니까? 예수 그리스도의 이름을 부르기 위해서는 먼저 믿음이 필요합니다. 예수님이 나를 위하여 십자가에 못 박혀 죽으시고 사흘 만에 다시 살아났다는 사실을 믿을 때 그분의 이름을 부를 수 있습니다. 믿지 않는 사람은 예수님을 부를 수 없습니다. 예수님의 이름을 부르고 또 예수님을 입으로 시인한다고 하는 것은, 그가 예수님을 믿는다는 것을 의미합니다.

두 번째 질문은 14절 가운데 부분에 있습니다. "듣지도 못한 이를 어찌 믿으리요." 이 말은 "들어 본 일이 없는데 어떻게 믿겠는가?"라는 뜻입니다. 예수님이 '나의 주 나의 하나님'이라는 사실을 믿으려면 최소한 예수님에 대한 소식을 들어야 합니다. 소식을 들어야 믿을 수 있고, 믿어야 이름을 부를 수 있습니다.

세 번째 질문은 14절 마지막 부분에 기록되어 있습니다. "전파하는 자가 없이 어찌 들으리요." 예수 그리스도의 말씀을 들으려면 누군가 그 말씀을 전해야 합니다. 우리는 이런 사람을 가리켜 '메신저'라고 합니다. 소식을 전하는 사람, 메신저가 있어야 메시지가 있습니다. 전해 주는 사람이 있어야 누구든 말씀을 듣게 되고, 말씀을 들어야 믿음이 생기며, 믿음이 생겨야 예수님의 이름을 부르게 되는 것입니다. 예수님의 이름을 부르게 될 때 구원을 얻습니다.

네 번째 질문은 15절 처음 부분에 있습니다. "보내심을 받지 아니하였으면 어찌 전파하리요." 메신저가 메시지를 전한다고 가정해 봅시다. 그 메신저는 스스로 가서 이야기하는 사람이 아니라 누군가에 의해서 보냄을 받은 사람입니다. 마치 우리나라에서 대사를 세계 여러 나라로 파송하듯이 하나님이 우리를 보내시는 것입니다.

보냄을 받지 않았는데, 파송을 받지 않았는데 누가 갈 수 있겠습니까? 메시지를 전하지 않았는데 누가 들을 수 있겠습니까? 듣지 못했는데 누가 믿을 수 있겠습니까? 믿지 못하는데 어떻게 부를 수 있겠습니까?

복음 들고 산을 넘는 사람들

그러면 14절과 15절에서 우리는 중요한 결론을 하나 얻게 됩니다. 구원을 얻으려면 예수 그리스도의 이름을 불러야 하는데, 예수 그리스도의 이름을 부르기 위해서는 파송이 필요하다는 것입니다. 보내는 일이 없으면 구원도 없습니다.

구원은 산에 가서 혼자 도 닦고 깨달아 받는 것이 아닙니다. 누군가 하나님의 말씀을 전해 줘야 합니다. 그 말씀을 전해 줄 때 그 말씀을 듣고 믿음이 생깁니다. 믿음이 생길 때 예수님을 찾고, 구하고, 두드리고, 부르게 됩니다.

그렇다면 교회의 최대 임무는 무엇이겠습니까? 파송하는 것입니다. '사도(apostle)'라는 단어는 '아포스텔로(Apostelo)'라는 말에서 나왔는데, 이것은 "내가 너희를 보낸다. 내가 너희를 세상에 보낸다"는 뜻입니다.

마태복음 28장 19 - 20절에 "너희는 가서 모든 민족을 제자로 삼아 아버지와 아들과 성령의 이름으로 세례를 베풀고 … 가르쳐 지키게 하라"는 말씀이 있습니다. 예수님이 우리를 위하여 십자가에 못 박혀 죽으셨고, 우리를 위하여 부활하셨고, 우리의 죄를 용서하셨고, 우리를 하나님의 아들로 인치셨고, 구원받게 해 주셨고, 부활하신 후 우리와 함께 계신다는, 이 기쁜 소식을 전하러 가는 자의 발걸음은 어떻겠습니까? 신이 날 것입니다. 사형 선고를 면했다는 소식을 전하는 사람은 얼마나 기쁘겠습니까? 전달하는 것만으로도 너무 기뻐서 발걸음이 빨라질 것입니다. 반면, 사형장에 끌려가는 발은 어떻겠습니까? 아주 무겁고 고통스러울 것입니다.

예수 그리스도의 이름을 부르려면 믿어야 합니다. 믿으려면 들어야 합니다. 들으려면 누군가 전해야 합니다. 전하는 사람이 있으려면 누군가 보내야 합니다. 따라서 이 소식을 전하러 가는 사람의 발은 복된 발입니다. 이 이야기가 15절 중간 부분에 있습니다. "기록된 바 아름답도다 좋은 소식을 전하는 자들의 발이여."

우리의 발이 이런 복된 발이 되기를 바랍니다. 우리의 발이 돌멩이를 차는 발이 아니라, 신경질을 내면서 다른 사람의 엉덩이를 차는 발이 아니라, 죄악을 저지르는 곳으로 달려가는 발이 아니라, 기쁜 소식을 전해 주는 데 사용되기를 바랍니다. 이는 원래 "좋은 소식을 전하며 평화를 공포하며 복된 좋은 소식을 가져오며 구원을 공포하며 시온을 향하여 이르기를 네 하나님이 통치하신다 하는 자의 산을 넘는 발이 어찌 그리 아름다운가 네 파수꾼들의 소리로다 그들이 소리를 높여 일제히 노래하니 이는 여호와께서 시온으로 돌아오실 때에 그들의 눈이 마주 보리로다"(사 52:7-8)라는 이사야서의 말씀입니다.

우리나라에 통일의 소식이 들렸으면 좋겠습니다. 가정이 회복되고 여러분의 사업이 부흥하는 그런 소식이 들렸으면 좋겠습니다.

복음에 빚진 자

위험과 고통과 외로움과 가난함을 무릅쓰고 다른 언어, 다른 문화권, 다른 종족에게 복음을 전하기 위해 세계 곳곳으로 떠난 분들이 있습니다. 조국을 떠나, 일가친척을 떠나, 사랑하는 고향을 떠나, 직장을 떠나, 예수 그리스도의 복음을 들고 이방인들 속으로 뛰어간 분들입니다. 이분들을 우리는 '선교사'라고 부릅니다. 거기에는 평신도 선교사도 있고 성직자 선교사도 있습니다.

저는 이재환 선교사님을 늘 생각합니다. 그분이 보낸 편지의 내용을 잊지 못하기 때문입니다. 발에서 고름이 나 짜 보니 벌레가 나오더라는 이야기, 먼지가 하도 많아서 청소를 하나마나라는 이야기, 그래서 이불 속에 가만히 들어갔다 살짝 빠져 나와서 하루를 시작한다는 이야기, 부인이 임신했을 때 먹을 것이 없어서 안타까웠던 이야기 등등을 기억합니다. 왜 그런 고생을 하면서 그곳에 살겠습니까?

강원희 선교사님도 만났습니다. 그분은 네팔에서 일하시는데 60세도 더 되셨습니다. 외과 의사이신데, 저는 그분 이야기를 듣다가 울고 말았습니다. 하루는 어떤 여자 환자를 수술하게 되었는데 수혈할 피가 없었다고 합니다. 그런데 마침 자신과 혈액형이 같더랍니다. 그래서 자기 피를 뽑아 그 여자에게 수혈해 주었답니다. 그 얘기를 듣고 깜짝 놀랐습니다. 그분은 국내에서 훌륭한 외과 의사였습니다. 돈도 잘 벌었습니다. 그런데 5년 동안 고민하며 기도하다가 선교사가 되기로 결심하고, 40세에 선교지로 떠났습니다. 지금까지 20년 동안 그는 스리랑카, 네팔 등의 지역을 돌아다니면서 의료 선교를 해 왔습니다. 어떤 때는 20시간을 걸어서, 산을 넘고 또 넘어서 130여 명의 환자들을 돌봐 주고 다시 20시간이 넘는 거리를 걷고 또 걸어서 내려오기를 반복한다고 합니다.

왜, 무엇 때문에 이 사람이 이런 일을 하겠습니까? 이 사람의 발은 '아름답다'는 말을 붙이기에 합당한 발이라고 생각됩니다. 교회는 끊임없이 복음을 전하는 자들을 파송해야 합니다. 우리가 그들의 생활을 뒷바라지해 주어야 합니다. 이것이 선교입니다. 어떤 사람은 한 달에 3백 불, 어떤 사람은 5백 불을 후원하고, 어떤 곳에는 병원을 세워 주고, 어떤 곳에는 농장을 세워 주고, 학교를 세워 주고, 유치원을 세워 주는 것입니다.

얼마나 아름답습니까! 우리는 직접 가지 못하고 여기서 후원하고 기도하지만, 그들은 우리를 대신해서 복음을 전하는 것입니다.

믿음의 씨앗

그러나 그들이 다 복음을 순종하지 아니하였도다 이사야가 이르되 주여 우리가 전한 것을 누가 믿었나이까 하였으니(롬 10:16).

복음을 전했지만 모든 사람들이 복음에 순종한 것은 아니었습니다. 어떤 사람은 순종했지만 어떤 사람은 순종하지 않았습니다. 그 사람들이 이스라엘입니다.

그들은 복음에 반응하지 않았습니다. 복음을 들을 수 없었던 이방인들은 복음을 받아들였지만, 복음을 받아들였어야 했던 이스라엘은 복음을 거절하고 거부하고 예수님을 십자가에 못 박아 죽였습니다. 왜 그들은 복음을 거부했을까요? 복음을 듣지 못해서 거부했을까요? 아니면 복음을 알아듣지 못해서 거부했을까요? 성경은 말씀합니다.

> 그러므로 믿음은 들음에서 나며 들음은 그리스도의 말씀으로 말미암았느니라(롬 10:17).

'믿음'은 들음에서 나고, '들음'은 그리스도의 말씀에서 나는데, 그들은 이 복음을 거부하고 복음에 대해서 반응하지 않았으며 오히려 메시아를 죽였습니다. 그 이유가 무엇입니까?

> 그러나 내가 말하노니 그들이 듣지 아니하였느냐 그렇지 아니하니 그 소리가 온 땅에 퍼졌고 그 말씀이 땅 끝까지 이르렀도다 하였느니라(롬 10:18).

18절을 보면 그들이 듣지 않았기 때문에 복음을 거부한 것이 아닙니다. 그들은 누구보다도 복음을 먼저 알았고 먼저 들었습니다. 그럼에도 이스라엘 백성은 그 복음을 듣지 않고 거부했던 것입니다. 듣고도 믿지 않는 사람들이 바로 이들입니다.

믿음을 어떻게 자라게 할 수 있습니까? 많은 사람들이 "목사님, 저는 믿음이 없어요"라고 말합니다. 정말 믿음이 생기기를 원합니까? 큰 믿음을 갖기 원합니까? 본문 말씀은, 믿음을 갖고 자라게 하는 비밀을 가르쳐 주고 있습니다. 믿음은 예수 그리스도의 말씀을 들으면 생깁니다. 말씀은 믿음의 씨입니다. 믿음이 잘 자라게 하기 위해서는 비료도 중요하고, 햇빛도 중요하고, 공기도 중요하고, 물도 중요하지만 제일 중요한 것은 씨입니다. 교회도 열심히 나오고, 십일조도 열심히 하고, 봉사도 열심히 하고, 기도도 많이 하고, 금식도 하는데 믿음이 자라지 않는 이유를 아십니까? 씨가 없기 때문입니다.

교회에 아무리 들락날락해도 씨가 없으면 믿음은 자라지 않습니다. '씨'는 '말씀'입니다. 예수 그리스도의 말씀을 들어야만 믿음이 생깁니다. 교회에는 나오는데 말씀 들을 때만 빠지는 사람이 있습니다. 말씀 들을 때만 졸고 있습니다. 이런 사람은 아무리 해도 믿음이 안 생깁니다. 씨가 있어야 자라지 않겠습니까?

믿음을 갖고 싶으면 말씀을 들으십시오. 성경을 읽으십시오. 성경을 읽고, 외우고, 듣고, 묵상하십시오. 그것이 믿음입니다. 말씀이 있어야만 믿음이 생깁니다.

묵은 땅을 기경하라

믿음이 생기는 두 번째 비결은 '좋은 땅'이 되는 것입니다. 좋은 땅이 되려면, 돌멩이도 없어야 하고 햇볕도 잘 내리쬐어야 하고 비도

적당히 와야 합니다. 마찬가지로 말씀이 잘 자라게 하려면, 내 마음을 옥토로 만들고 순종하고 말씀대로 행동하고 기도해야 합니다. 그러면 30배, 60배, 100배의 열매를 맺게 됩니다.

저는 우리의 믿음이 쑥쑥 자라기를 바랍니다. 그러나 성경을 읽지 않는 사람, 말씀을 듣지 않는 사람은 어떤 방법으로든지 믿음을 가질 수 없습니다. 어느 교회에는 성경을 자기 손으로 쓰는 프로그램이 있더군요. 좋은 생각 같습니다. 성경을 읽고, 쓰고, 묵상하고, 듣고, 그렇게 하면 믿음이 쑥쑥 자라게 되어 있습니다. 그러나 이스라엘 백성은 말씀을 들었음에도 말씀을 받지 않았습니다. 그들은 말씀을 거부했습니다. 그것이 바로 18절의 말씀입니다.

저는 교회에 오래 다닌 분들에게 드리고 싶은 말씀이 있습니다. 교회에 오래 다녀서 예배도 익숙하고, 설교도 익숙하고, 성경에 대해서도 익숙하지만 변화되지 않는 사람이 있습니다. 그것은 본인이 제일 잘 압니다. 만일 땅이 굳어 있으면 굴삭기로 밀어 버리기 바랍니다. 마음을 바꾸십시오. 예전에 받았던 은혜만 붙들고 거지같이 살지 마십시오. 우리 안에 믿음의 씨가 새로 심겨지길 바랍니다. 믿음이 자라게 하십시오. 열매를 맺으십시오. 능력 있는 삶을 살기를 바랍니다.

다음 말씀에서 바울은 두 사람을 예로 듭니다.

그러나 내가 말하노니 이스라엘이 알지 못하였느냐 먼저 모세가 이르되 내가 백성 아닌 자로써 너희를 시기하게 하며 미련한 백성으로써 너희를 노엽게 하리라 하였고 이사야는 매우 담대하여 내가 나를 찾지 아니한 자들에게 찾은 바 되고 내게 묻지 아니한 자들에게 나타났노라 말하였고(롬 10:19-20).

첫째는 모세요, 둘째는 이사야입니다. 모세는 율법을 대표하는 사람이고 이사야는 선지자를 대표하는 사람입니다. 사도 바울은 모세의 율법과 이사야의 예언을 인용하면서 말합니다. "너희들이 정말 몰라서 그러는 것이냐? 너희들이 듣지 못해서 그러는 것이냐?"

결코 이스라엘이 듣지 못해서, 몰라서 메시아를 거부한 것이 아니었습니다. 이스라엘은 메시아에 대한 이야기를 들었고, 메시아에 대해서 알았습니다. 메시아가 언제, 어디서, 어떻게 태어날지, 메시아가 처녀에게 잉태될 것도 알았습니다. 탄생 장소도 다 말씀해 주셨습니다. 하지만 이스라엘은 교만하고 완고했기 때문에 메시아를 거부했습니다.

우리가 설교도 듣고 성경 공부도 하지만, 신앙생활이 고장 날 수 있습니다. 그러면 답답하고 기쁨이 없습니다. 예수님을 믿는 것이 습관이 됩니다. 무기력해집니다. 그리고 자꾸만 죄를 짓습니다. 몰라서 죄를 짓는 것이 아니라 알면서도 자꾸 죄를 짓습니다. 하나님보다도 세상을 좋아하게 됩니다. 자기 영혼이 감옥에 갇힌 것 같은 그런 느낌이 들 때가 있습니다.

이스라엘이 바로 이런 경우입니다. 그들은 하나님을 알았습니다. 율법도, 할례도, 약속도 알았습니다. 그들에게는 믿음의 조상도 있었습니다. 그랬지만 그들의 마음은 강퍅해졌습니다. 교회에 오래 다니면서도 강퍅해질 수 있습니다. 이럴 때 사람들은 변명합니다. 죄인은 자신의 허물을 볼 수 없습니다. 다른 사람의 실수, 허물은 잘 비판하면서, 자기 허물에 대해서는 굉장히 관대합니다. 이런 사람일수록 변명과 핑계가 많습니다. 신앙생활에 대해 변명하고 핑계 대고 있음을 발견하면, 빨간 경고등이 깜빡거리는 것임을 깨닫기 바랍니다.

자기 허물을 보는 사람은 남의 허물에 대해서 야단치지 않습니다. 자기 허물이 보이지 않기 때문에 남의 허물에 대해서 야단치는 것입니다. 이때 돌이키시기 바랍니다. 자기 자신을 돌이켜 볼 수 있게 되기를 바랍니다. 이스라엘은 자기 허물을 보는 눈이 없었습니다. 자기의 강퍅함을 보는 눈, 자기의 오만함을 보는 눈이 없었습니다. 그래서 복음을 거부하고 메시아를 십자가에 못 박고 말았던 것입니다.

기다리시는 하나님

하나님은 이런 이스라엘에 대해서 어떤 태도를 취하고 계십니까?

이스라엘에 대하여 이르되 순종하지 아니하고 거슬러 말하는 백성에게 내가 종일 내 손을 벌렸노라 하였느니라(롬 10:21).

이 말씀을 보면 도살장에 끌려가는 양의 모습이 생각납니다. 털 깎는 자 앞에서 잠잠한 양과 같이, 인류의 모든 죄 앞에서 예수님은 십자가를 지고 침묵하셨습니다. 우리 하나님은 하루 종일 팔을 벌리신 채, 순종하지 않는 사람들, 거슬러 말하는 사람들에 대해 참고 기다리시며 돌아오기를 원하셨습니다.

부모의 마음을 매우 고통스럽게 한 자식이 있었습니다. 부모의 눈에서 피눈물이 흐르게 했습니다. 시간이 흘러, 그 자녀가 성인이 되어 결혼을 하고 아이도 낳아 키우게 되었습니다. 그런데 어떻게 된 일인지, 자기가 낳은 자식이 과거의 자기보다 몇 배나 더 속을 상하게 하는 것이었습니다. 때리고 야단을 쳐도 소용이 없었습니다. 그러던 어느 날, 돌아가신 아버지가 생각납니다. 아버지 사진 앞에서 그는 이렇게 말합니다. "아버지, 아버지도 저 때문에 지금 저처럼 속 많이 썩으셨지요." 그때야 그는 자기 아버지가 자기 때문에 얼마나 속이 상했을지 알게 된 것입니다.

이처럼 하나님 아버지도 이스라엘 때문에 얼마나 큰 고통을 당하셨는지 모릅니다. 온종일 뙤약볕 아래서 자식이 회개하고 돌아오기를 기다리는 아버지처럼, 팔을 벌리시고 나를 기다리십니다.

혹시 우리 중에 이스라엘처럼 예수는 오래 믿었지만, 실족하고 상처 입어 하나님께 순종하지 못하고 거슬러 말하는 사람들이 있습니까? 온종일 팔 벌리고 기다리시는 하나님을 떠올리길 바랍니다. 그분께로 다시 돌아오십시오. 남의 허물을 보지 말고 자기 허물을 보기 시작하십시오. 남의 실수를 보지 말고 자기 실수를 보기 바랍니다. 그때 팔을 벌리시고 기다리시는 아버지가 보일 것입니다.

9

결코 버리지 않는 분

로마서 11:1-10

로마서 11장의 첫 번째 주제는 "하나님은 과연 이스라엘을 버리셨는가? 하나님은 과연 자기 백성을 버리셨는가?"입니다. 사도 바울은 힘주어 이렇게 대답합니다. "결코 그렇지 않다." 이것이 이번 장 본문의 주제입니다.

구원에는 차별이 없습니다. 유대인이나 헬라인이나 차별이 없습니다. 누구든지 주의 이름을 부르는 자는 구원을 얻을 것입니다. 주를 믿는 자는 부끄러움을 당하지 않게 하실 것입니다.

선택받은 백성의 선택

이 놀랍고 감격적인 복음을 하나님이 우리에게 주셨습니다. 그러나 이토록 놀라운 구원의 복음을 가장 먼저 믿었어야 했던 이스라엘은 복음을 거부하고 말았습니다. 그들은 구원의 복음을 이미 들었고 충분히 이해했습니다. 그럼에도 복음을 거부하고 구원에서 점점 멀어졌던 것입니다. 이방인들이라면 듣지 못해서, 들을 기회가 없어서, 믿지 못할 수 있습니다. 구원의 복음을 이해할 수 없어서 믿지 못할 수도 있습니다.

그러나 이스라엘은 그렇지 않습니다. 다 듣고 알고 있으면서도 하나님의 심판을 받게 되는 그런 비극을 선택했습니다. 그들은 선택받은 백성이라는 그 교만 때문에, 불순종 때문에 메시아를 거부하고 말았습니다(롬 10:21). 이방인들은 새 신자 같고 이스라엘은 오래 믿은 신자 같다고 앞서 말한 바 있습니다. 예수님을 처음 믿을 때는, 눈물과 감격 속에서 어린아이 같은 순수한 마음으로 하나님을 섬기고 교회를 섬깁니다. 그러다가 예수님을 오래 믿게 되면 기득권이 생깁니다. 종교적인 업적을 쌓으려 합니다. 그래서 믿음보다는 행함을 중요하게 생각하고 계급을 가지려고 합니다. 또한 하나님께 불순종하게 되고, 배우기보다는 가르치려 합니다. 이스라엘은 이러한 영적 교만과 불순종 때문에 그들의 믿음을 다 잃어버리고 구원까지도 잃어버리는 비극을 겪었습니다.

그렇다면 이스라엘은 구원받을 수 없습니까? 하나님은 이스라엘을 포기하셨습니까?

그러므로 내가 말하노니 하나님이 자기 백성을 버리셨느냐 그럴 수 없느니라 나도 이스라엘인이요 아브라함의 씨에서 난 자요 베냐민 지파라(롬 11:1).

사도 바울은 '그렇지 않다'고 강하게 대답하고 있습니다. 사도 바울은, 아무리 이스라엘 백성이 하나님을 거역했고 불순종했고 하나님의 뜻을 이해하지 못했을지라도 하나님은 이스라엘을 결코 버리시지 않는다고 대답합니다. 그리고 이에 대한 두 가지 증거를 제시합니다. 첫 번째 증거는 바울 자신의 간증이요, 두 번째 증거는 구약 시대 엘리야의 예입니다.

바울은 1절 마지막 부분에서 이런 간증을 합니다. "나도 이스라엘인이요 아브라함의 씨에서 난 자요 베냐민 지파라." 사도 바울은 자신이 순수한 혈통에서 난 이스라엘인이라고 말합니다. 그런 자신이 예수 믿는 사람을 죽였고 그들을 박해했지만, 하나님은 자신을 버리지 않으셨다고 이야기하는 것입니다. 다시 말하면 "과거에 예수를 박해했던 나를 하나님이 붙드셔서 지금은 하나님의 도구로 쓰시지 않느냐?" 하는 뜻입니다. 참으로 흉악한 사도 바울을 하나님이 불러서 도구로 쓰셨다면 이스라엘도 그렇게 하실 것이라는 말씀입니다.

내가 구원받았다면 다른 사람도 구원받을 수 있습니다. 내가 구원받았다면 내 가정도 구원받을 수 있습니다. 우리 민족도 구원받을 수 있습니다. 통일도 할 수 있습니다. 믿으십시오.

로뎀나무 아래서

두 번째 증거는 구약 성경에 있습니다.

하나님이 그 미리 아신 자기 백성을 버리지 아니하셨나니 너희가

성경이 엘리야를 가리켜 말한 것을 알지 못하느냐 그가 이스라엘을
하나님께 고발하되(롬 11:2).

하나님은 미리 아신 자기 백성을 버리지 않으십니다. 육신의 부
모도, 자식이 아무리 흉악한 범죄를 저질렀다 해도 자기 자식을 버
리지 않습니다. 하물며 하늘에 계신 하나님이 자식을 버리시겠습
니까?

사도 바울은 엘리야의 예를 듭니다. 구약에서 가장 어두웠던 시절
은 아합왕 때였습니다. 왕이 어두우면 그 시대도 어둡습니다. 아합
왕은 우상을 숭배하는 이세벨이 시키는 대로 나라를 다스렸습니다.
하나님의 사람들을 잡아 죽였고, 제단을 허물었습니다. 이때의 선지
자가 엘리야였습니다. 갈멜산에서 엘리야는 우상을 섬기는 제사장
들과 대결합니다. 엘리야는 혼자였고 바알 선지자들은 450명이었
습니다. 그들은 자기들의 신을 부르고 방언을 하고 춤을 추고 주문
을 외웠지만 하늘에서 불이 내려오지 않았습니다. 그러나 엘리야가
하나님께 기도하자 불이 내려와 제단을 불사르고 말았습니다. 그때
450명의 바알 선지자들은 깊은 계곡에서 몰살당하고 맙니다.

또 이스라엘에 3년 반 동안 비가 오지 않았었습니다. 그러나 엘
리야가 기도하자 비가 오기 시작했습니다. 엘리야는 그런 능력의
선지자였습니다. 하나님의 사람이었습니다. 그러나 그것 때문에
이세벨에게 미움을 받았습니다. 당시에 하나님을 섬기는 사람들은

모두 죽었습니다. 제단도 허물어졌습니다. 엘리야만 살아남았습니다. 그는 도망갔는데 가다가 너무 지치고 말았습니다. 너무 힘들어 로뎀나무 아래서 죽기를 구합니다. 다음 말씀이 그 내용입니다.

주여 그들이 주의 선지자들을 죽였으며 주의 제단들을 헐어 버렸고 나만 남았는데 내 목숨도 찾나이다 하니(롬 11:3).

엘리야에게 죽음의 그림자가 다가오고 있는데, 더 이상 도망갈 곳이 없었습니다. 엘리야는 "하나님, 차라리 날 죽여 주십시오"라고 기도했습니다. 그렇게 고독과 외로움 앞에 서 있을 때 하나님의 음성이 들립니다.

그에게 하신 대답이 무엇이냐 내가 나를 위하여 바알에게 무릎을 꿇지 아니한 사람 칠천 명을 남겨 두었다 하셨으니(롬 1:4).

쉽게 말하면 "엘리야야, 엘리야야, 두려워 말라. 너는 혼자가 아니다. 네가 알고 있는 사람은 다 죽었지만, 내가 칠천 명을 숨겨 놓았다"는 뜻입니다. 이 소식을 듣고 엘리야는 너무 기뻐서 기절했을 것입니다.

우리는 결코 외롭지 않습니다. 우리가 정말 기도하는 사람이라면, 정말 의로운 사람이라면, 정말 옳은 일을 하고 있다면, 자신이 혼자인 것처럼 느껴질 때가 있습니다. 사방으로 욱여쌈을 당하고 답답한 일을 당하고 죽음의 그림자가 내 곁에서 어슬렁거리는 것 같을 때, 하나님은 뭐라고 말씀하십니까? 혼자가 아니라고 하십니다.

이것이 하나님의 계획입니다. 이것이 하나님의 방법입니다. 우리가 혼자인 것 같지만 결정적인 순간에 알지 못하는 사람이 와서 돕습니다. 숨어 있던 사람들이 나타납니다. 놀라지 마십시오. 우리는 망하지 않습니다. 믿음으로 나아가십시오. 죽기로 결정하십시오. 그러면 하나님의 음성이 들립니다. "나를 위하여 칠천 명의 사람들을 숨겨 놓았는데 그들이 너를 도울 것이다."

결국은 믿음의 싸움입니다. 이것이 기독교의 역사입니다. 망하는 것 같으나 망하지 않고, 넘어지는 것 같으나 넘어지지 않고, 없어지는 것 같으나 없어지지 않고, 꿋꿋이 오늘날까지 교회는 이어져 왔습니다. 마귀는 사람들을 집어삼키려고 우는 사자처럼 찾아다닙니다. 지난 역사를 보면, 권력을 동원하고 물질을 동원하고 세상 온갖 것 다 동원해서 하나님의 사람을 죽이려고 했지만, 결코 전부를 죽일 수는 없었습니다. 무슨 말입니까? 하나님은 우리가 알지 못하는 소망과 승리의 카드를 가지고 계신다는 뜻입니다.

하나님은 내가 모르는 승리의 카드를 갖고 계시다가 결정적인 순간에 보여 주십니다. 이것을 가리켜 '은혜'요 '복'이라고 합니다. 우리에게 하나님의 은혜가 임하기를 바랍니다. 이 복이 우리에게 나타나기를 축원합니다.

남은 자가 있다

> 그런즉 이와 같이 지금도 은혜로 택하심을 따라 남은 자가 있느니
> 라(롬 11:5).

엘리야 시대에, 바알에게 무릎 꿇지 않은 칠천 명의 사람들을 통해 하나님이 도우셨던 것처럼, 지금도 택하심을 따라 남은 자가 있습니다.

'남은 자가 있다'는 말이 무슨 뜻일까요? 이스라엘은 결코 망하지 않는다, 이스라엘은 결코 버림받지 않는다는 뜻입니다. 이스라엘은 수천 년 동안 전 세계에 흩어져 나그네로 살아왔고 6백만 명이 학살을 당했습니다. 그러나 신기하게도 망하지 않았습니다.

우리를 위해서도, 은혜로 택하심을 입은 의인 칠천 명, 즉 하나님이 숨겨 놓으신 카드가 준비되어 있음을 믿으십시오. 저는 우리 민족에게 이런 복이 있음을 믿습니다. 제가 믿는 것 중의 하나는, 북한에도 의인 칠천 명이 있다는 것입니다. 토굴에서, 골방에서, 사형을 당하면서까지 신앙을 지켜 내는 하나님의 사람들이 있음을 믿습니다.

그렇다면 어떻게 이스라엘이 구원받을 수 있습니까? 누가 이스라엘을 구원할 수 있습니까?

우리에게 복음을 전해 준 사람은 유대인이었습니다. 사도 바울

이 유대인이지 않습니까? 유대인이 죽음을 무릅쓰고 매를 맞으면서도 이방인에게 복음을 전했습니다. 이방인들은 유대인들로부터 복음을 받은 것입니다.

이방인은 구원받기로 결정된 사람들이 아닙니다. 그런데 이스라엘이 불순종하고 교만해서 복음을 받아들이지 않자 복음이 이방인에게 온 것입니다. 우리나라는 기독교와는 무관한 나라였습니다. 우리는 불교와 유교 문화권에서 살아온 민족입니다. 그런데 하나님이 기적적으로 이 땅에 선교사를 보내 주셨고, 학교와 교회와 병원을 만들게 하셔서 부흥이 일어나게 하셨습니다.

우리나라에서는 예수님을 오래 믿었다고 해도 3-4대입니다. 그 세대 동안 세계 역사상 유래 없는 부흥을 경험한 것입니다. 이것이 믿어집니까? 지금은 주객이 전도되었습니다. 이스라엘은 예수님을 믿지 않습니다. 그래서 우리가 이스라엘처럼 보입니다. 오히려 이스라엘이 이방인처럼 느껴집니다.

오늘날 예루살렘에는 교회가 없습니다. 복음도 없습니다. 예수님이 태어난 곳에 예수님이 없는 것입니다. 그저 관광지일 뿐입니다. 우리가 이스라엘로 가는 목적은 성지 순례가 아닙니다. 그것은 부차적인 목적이고 가장 중요한 목적은 이스라엘을 구원하기 위함입니다. 기도하러 가는 것입니다. 구원받은 이방인들이 이스라엘을 구원해야 합니다. 우리가 '남은 자들'입니다. 우리는 구원을 받았습니다. 교회도 많고 사람들도 많습니다. 하지만 이스라엘은 영양실조 상태 같습니다. 우리가 가서 수혈해 주어야 합니다. 사람을 보내야 합니다. 헌금도 보내야 합니다. 가서 섬겨야 합니다.

하지만 문제가 있습니다. 유대인과 기독교인 사이에 갈등이 심하다는 것입니다. 유대인들은 기독교인의 말을 저주스럽게 생각합니다. 그들은 '기독교인'이라는 말을 쓰지 않고, '예수를 메시아로 믿는 사람들'이라는 뜻으로 '메시아닉 쥬(Messianic Jew)'라는 말을 씁니다.

유대인들은 자신들을 학살한 사람들이 기독교인이라고 생각합니다. 오늘날까지도 자신들을 박해한 사람들이 기독교인이라고 생각하기 때문에 감정적으로 접근하기가 어렵습니다. 특히 서양인에게는 감정이 많습니다. 따라서 동양인인 우리가 가서 발을 씻겨 주어야 합니다. 그리고 예수님을 전해야 합니다. 그때 이스라엘이 회복될 줄로 믿습니다.

예루살렘에 예수의 깃발을

왜 이스라엘이 회복되어야 합니까? 하나님이 버리시지 않기 때문입니다. 하나님은 이스라엘을 반드시 회복시켜 주십니다. 우리가 세계 선교를 아무리 해도, 이스라엘이 구원받아 회복되지 않으면 구원의 완성은 없습니다. 이방인이 얼마나 많습니까? 우리가 복음을 전해야 할 사람들이 얼마나 많습니까? 그러나 이스라엘을 제외

한 선교는 선교 허무주의에 빠질 수 있습니다. 선교의 완성지인 예루살렘에 예수의 깃발을 꽂아야 합니다. 이방인 선교와 이스라엘 선교가 하나 될 때, 주님이 오십니다. 역사가 완성되는 것입니다.

이런 의미에서 우리는 이스라엘을 위해서 기도해야 합니다. 그곳에 선교사를 보내야 합니다. 그렇게 할 때 이스라엘을 버리시지 않는 하나님이 기뻐하실 것입니다. 이것은 이렇게 비유할 수 있습니다. 어떤 사람에게 못된 자녀가 있습니다. 그 자녀가 나쁜 짓을 해서 감옥에 갔습니다. 그런데 그곳에 있는 사람이 감옥에 있는 자기 자녀에게 잘해 줍니다. 그러면 부모의 마음이 어떻겠습니까? 비록 못된 짓을 해서 감옥에 간 자녀이지만, 그 자녀에게 잘해 주는 사람을 축복해 주고 싶지 않겠습니까? 마찬가지입니다. 우리가 이스라엘의 회복을 위해 기도하면 하나님이 복을 주십니다. 이스라엘이 잘못했지만, 하나님이 택하신 백성이기 때문입니다. 그들이 구원받도록 도와주면 하나님이 우리에게 복을 주십니다.

> 만일 은혜로 된 것이면 행위로 말미암지 않음이니 그렇지 않으면 은혜가 은혜 되지 못하느니라(롬 11:6).

구원은 은혜로 된 것입니다. 행위나 율법으로 된 것이 아닙니다. 이스라엘이 구원받지 못한 이유가 여기 있습니다.

그런데 요즘 우리가 그렇습니다. 은혜로 구원을 받았는데 교회가 부흥했다고 해서 율법으로만 가려고 합니다. 교만해진 것입니다. 이스라엘도 율법과 행위로 구원받으려고 했을 때 하나님이 가차 없이 자르셨는데, 하물며 우리 이방인들에게는 어떻게 하시겠습니까? 우리는 처음도 은혜요 나중도 은혜여야 합니다. 우리는 이스라엘의 남은 자가 되어서 그들을 도와야 합니다. 마치 엘리야가 혼자 남아서 죽게 된 것처럼 그들은 죽게 되었습니다. 하나님은 우리를 쓰기 원하십니다.

하나님은 우리 이방인들이 구원받기를 원하시지만 동시에 이스라엘도 구원받기를 원하십니다. 이방인의 구원과 이스라엘의 구원이 합해져서 구원은 완성되는 것입니다. 이스라엘에 대해서 감정적으로 가까운 마음이 없지만, 성경의 약속대로 이스라엘을 위해 기도하십시오. 이스라엘을 도우십시오. 이스라엘과 함께 이방인 선교가 이루어질 때, 하나님이 우리에게 복 주시고 구원을 완성하실 줄로 믿습니다.

들을 귀 있는 자여

그런즉 어떠하냐 이스라엘이 구하는 그것을 얻지 못하고 오직 택하심을 입은 자가 얻었고 그 남은 자들은 우둔하여졌느니라(롬 11:7).

구원의 아이러니입니다. 이스라엘은 구한 것을 얻지 못하고 택하심을 입은 자가 얻게 된 것입니다. 여기서 제외된 사람은 다 우둔해졌습니다. 참으로 이해하기 힘든 부분입니다. 구원을 구한 사람은 구원을 받지 못하고, 구원을 받지 못하게 되었던 사람들은 도리어 받았습니다. 우리는 구원받을 수 없는 민족으로 태어난 사람들입니다. 그런데 하나님이 우리를 건져 주시고, 살려 주시고, 자녀로 삼아 주셨습니다.

> 기록된 바 하나님이 오늘까지 그들에게 혼미한 심령과 보지 못할 눈과 듣지 못할 귀를 주셨다 함과 같으니라(롬 11:8).

다윗의 기록을 인용하여, 왜 이스라엘이 메시아를 받아들이지 못했는가를 설명하고 있습니다.

첫 번째 이유는 혼미한 정신 때문입니다. 두 번째는 보지 못하는 눈 때문이고, 세 번째는 듣지 못하는 귀 때문입니다. 보여 주어도 보지 못하고, 들려주어도 듣지 못하고, 그토록 하소연했건만 마음을 열지 않은 것입니다. 예수를 오래 믿었지만 은혜받지 못한 사람은, 설교를 들으면 들을수록 마음이 강퍅해집니다. 이스라엘은 메시아를 죽이기까지 강퍅해지지 않았습니까?

우리 중에 혼미한 정신에 빠진 사람이 없기를 바랍니다. 보는 눈이 있기를 바랍니다. 보여 주어도 보지 못하는 사람은 어떻게 할 수가 없습니다. 들려주어도 듣지 않는다면 할 수 없는 것입니다. 이것이 '기득권'입니다. 이스라엘은 기득권을 주장했기 때문에 은혜가 없어지고 사랑이 없어졌습니다.

> 또 다윗이 이르되 그들의 밥상이 올무와 덫과 거치는 것과 보응이 되게 하시옵고 그들의 눈은 흐려 보지 못하고 그들의 등은 항상 굽게 하옵소서 하였느니라(롬 11:9-10).

우리는 하루 세 끼 밥상을 받습니다. 그렇게 먹으면 건강해집니다. 영양을 공급받아서 힘이 솟습니다. 그런데 보여 주어도 보지 못하는 사람, 들려주어도 듣지 못하는 사람, 정신이 혼미한 사람은 밥을 먹을수록 건강이 나빠집니다. 종교적인 형식에 얽매여 있는 사람, 교회만 들락날락하는 사람은, 밥상이 오히려 올무가 되고 덫이 되고 보응이 됩니다.

우리 중에 이런 사람이 없기를 바랍니다. 밥을 먹으면 힘이 나서, 뛰고 걷고 찬송하고 창공을 향하여 독수리처럼 날아가게 되기를 축원합니다.

10

실패가 구원으로

로마서 11:11-16

구원의 절정

성경의 가장 신비로운 주제 중 하나가 바로 '이스라엘'입니다. 왜 이스라엘의 실패가 모든 이방인의 구원이 되었을까요? 무척 신비 스럽습니다. 또 한 가지 신기한 것은, 유대인들이 2천 년 동안 예수님을 메시아로 받아들이지 않았다는 것입니다. 유대인들은 인류 역사상 가장 큰 고난을 겪은 민족입니다. 6백만 명이 학살을 당했고 나라 없이 전 세계를 방황하며 살아왔습니다. 그러나 그 민족은 아직까지 없어지지 않았고 오히려 전 세계에 엄청난 영향을 주고 있습니다.

신비로운 일입니다. 마귀는 우리들의 눈을 가려서, 이스라엘을 성경적인 관점으로 보지 못하게 하고 정치, 군사, 문화, 역사적인 관점으로 보게 만듭니다. 그래서 이스라엘을 여느 나라와 같은 나라로 만들어 버리고 말았습니다. 그래서인지 이스라엘 선교를 말하는 교회가 별로 없습니다. 중국이나 동남아시아 선교는 많이 이야기하지만, 이스라엘을 위해 기도하고 이스라엘을 위한 비전을 가진 교회는 극히 드뭅니다. 이스라엘을 영적으로 보지 못하게 되었기 때문입니다.

사도 바울은 로마서 11장에서 이스라엘의 구원을 '구원의 절정'

으로 말합니다. 로마서는 구원에 관한 책입니다. 로마서 1장부터 8장까지는 우리가 무척 좋아하는 주제입니다. 왜냐하면 모든 이방인의 구원, 자연인의 구원, 개인의 구원을 말하기 때문입니다. 반면 9장부터 11장은 로마서 중에서 가장 배척받는 장입니다. 왜냐하면 나와 아무 상관이 없는 것 같은 이스라엘의 구원을 말하기 때문입니다.

그러나 구원의 절정이 여기에 있습니다. 1장부터 8장까지는 개인의 구원을, 9장부터 11장까지는 온 인류의 구원을 말하고 있습니다. 이스라엘의 구원은 온 인류의 구원입니다. 따라서 이방인의 구원과 이스라엘의 구원, 이 두 가지가 들어맞아야 역사의 마지막 때가 옵니다. 구원의 완성이 옵니다.

저희 교회에서는 2천 명 선교사를 1만 2천 종족에게 보내려고 합니다. 하지만 이방인들을 어떻게 다 전도할 수 있겠습니까? 1만 2천 종족, 22억 인구가 아직 복음을 듣지 못하고 있고, 중국만 해도 12억의 인구가 있습니다. 그리고 전도하는 동안 인구는 계속 증가합니다. 그렇다면 몇 백 년, 몇 천 년이 간다 해도 구원은 완성되지 않을 것입니다. 이렇듯 이스라엘에 대한 성경적 관점이 없으면, 선교의 '허무주의'에 빠질 수 있습니다. 이스라엘 선교가 '끝'입니다. 끝을 맡아 놓으면 과정이 단축됩니다. 이것이 이스라엘에 대한 하나님의 계획입니다.

이스라엘은 우리와 민족적으로, 문화적으로, 역사적으로, 지리적으로 매우 멀기 때문에, 또 그 영토가 강원도 정도 크기에 불과하기 때문에, 별로 중요하지 않다고 생각할 수 있습니다. 그러나 영적으로 보면 전 인류, 모든 이방인과 똑같은 가치가 있습니다.

저는 여러분에게 분명히 말씀드립니다. 이스라엘의 회복과 이스라엘의 구원을 위해 남은 자로서 일하는 자는 복을 받을 것입니다. 이것은 하나님의 약속입니다. 그런 민족과 교회와 개인은 하나님이 주시는 복을 받을 것입니다.

자물쇠와 열쇠

특별히 로마서 11장에는 구원의 절정, 대단원이 기록되어 있습니다. 11장 첫머리에서 "이스라엘의 실패로 말미암아 하나님이 자기 백성을 버리셨느냐?"라는 질문에 사도 바울이 '결코 그렇지 않다'고 대답하는 것을 보았습니다. 이스라엘의 실패는 영원한 실패가 아니며, 그래서 이스라엘은 여기서 끝나는 것이 아니라는 말입니다. 그래서 아직도 중동의 한 모퉁이가 세계 뉴스의 초점이 되는 것입니다.

이스라엘! 참으로 신비스러운 이름입니다. 하나님은 이스라엘을 멸망시키지 않으십니다. 마지막 때 하나님은 이스라엘을 다시 회복시키시고 찾으실 것입니다. 영적으로, 선교적으로 이스라엘과 우리는 기가 막힌 관계에 있습니다. 이방인을 자물쇠로 본다면 이스라엘은 열쇠입니다. 자물쇠는 열쇠가 열어야 합니다.

절대로 이스라엘의 구원 없이 이방인만 구원받지 못합니다. 이것은 하나님의 뜻입니다. 하나님은 이방인을 구원하시기 위하여 이스라엘을 실족하게 하셨고 실패하게 하셨습니다. 그래서 이방인이 구원을 얻었습니다. 그렇다면 그 실족하고 실패한 이스라엘을 하나님이 버리시겠습니까? 아닙니다. 반드시 다시 찾으실 것입니다. 예수님을 십자가에 못 박은 이후 지금까지도 이스라엘은 예수님을 배척합니다. 이스라엘은 예수님이 태어나시고, 자라시고, 기적을 베푸시고, 돌아가시고, 부활하시고, 승천하신 땅입니다. 그러나 지금 그 땅에는 예수님을 믿는 사람이 거의 없습니다. 그들은 지금까지도 메시아를 배척합니다. 그토록 메시아를 배척하는 이스라엘은 멸망해야 할까요? 아닙니다. 하나님은 결코 이스라엘을 버리시지 않습니다.

이것은 하나님이 우리를 버리시지 않는 것과 똑같습니다. 택한 사람은 반드시 구원하시는 것처럼, 아무리 잘못하고 실수를 했어도 이스라엘을 다시 찾으시고 부르시고 회복하실 것입니다. 그래서 '인류 역사의 완성'이라는 대단원의 막을 내리게 하실 것입니다.

그렇다면 이스라엘은 어떻게 구원을 받을 수 있습니까? 엘리야 시대에 하나님은 바알에게 무릎 꿇지 않는 자 칠천 명을 남겨 두셔서 역사를 완성하셨습니다. 이것처럼, 지금 유대인들이 예수님을 믿지 않고 예수님을 거부하고 있지만, 하나님은 이방인의 남은 자들 즉 성령 받은 우리를 통해서 이스라엘을 구원하고 회복시키실 것입니다.

그러므로 내가 말하노니 그들이 넘어지기까지 실족하였느냐 그럴 수 없느니라 그들이 넘어짐으로 구원이 이방인에게 이르러 이스라엘로 시기나게 함이니라(롬 11:11).

이스라엘이 실족한 것은 사실입니다. 그들은 종교적인 기득권, 불신앙, 불순종, 오만 때문에 메시아를 죽이고 말았습니다. 메시아를 환영하지도, 영접하지도 않았습니다. 실패했습니다. 실족했습니다.

그런데 "그들이 넘어지기까지 실족하였느냐"라고 합니다. 실패하긴 했지만 그 실패가 멸망이냐, 끝이냐, 패배냐는 것입니다. 사도 바울은 '아니다'라고 말합니다. 실족한 것은 분명하지만 망하기까지 실족한 것은 아니라는 말입니다.

우리의 실패는 하나님을 떠나고 구원을 잃어버리는 실패가 아니라고 믿습니다. 예수님을 믿다 보면 실패하고, 실족하고, 탕자가 될 때가 참 많습니다. 그러나 그것 때문에 망하지는 않습니다. 죄가 하나님의 사랑보다 크지 않습니다. 우리가 아무리 진홍 같은 죄를 지었다 할지라도 그것이 하나님의 사랑을 능가할 수는 없습니다. 하나님의 사랑은 우리를 구원하고 말 것입니다.

이스라엘은 발을 잘못 디뎠습니다. 넘어졌습니다. 그러나 넘어진 것이 망한 것입니까? 하나님이 버린 것입니까? 아닙니다. 이것은 도미노 현상과 같은 것입니다. 하나가 넘어지면 줄줄이 다 무너지는 것을 도미노 현상이라고 하지 않습니까? 이스라엘이 실족해 넘어지면서 이방인이라는 도미노를 친 것입니다. 망하는 쪽으로 넘어진 것이 아니라 이방인 쪽으로 넘어진 것입니다. 그래서 이방인들이 구원을 받게 된 것입니다. 이스라엘의 실패가 없었더라면 이방인의 구원도 없었습니다. 이 얘기가 11절 중간에 나옵니다.

도미노 현상처럼, 이스라엘의 실패로 말미암아 복음이 이방인에게 급속도로 전해졌습니다. 예루살렘과 유대와 사마리아와 소아시아로 복음이 퍼져 나갔습니다. 바울의 1차, 2차, 3차 전도 여행을 통해서 복음은 중앙아시아뿐만 아니라 터키를 지나 지중해를 건너 빌립보로 갔습니다. 그리고 다시 학문과 철학의 도시 아덴으로, 상업의 중심인 고린도로, 종교와 예술의 도시 에베소로, 그리고 당시 세계의 중심인 로마까지 복음이 침투해 들어갔던 것입니다.

로마가 기독교를 국교로 선포하자 온 유럽이 복음화되었습니다. 이것은 어떤 개인이 잘나서가 아니라 하나님의 성령이 모든 이방인에게 2천 년 동안 바람처럼 불어왔기 때문입니다. 그 바람이 한국까지 온 것입니다. 놀랍지 않습니까? 무엇 때문에 이런 일이 생겼습니까? 이스라엘의 실패 때문입니다. 이것이 신비스러운 것입니다. 놀라운 것입니다.

유대인에서 이방인에게로

한국에 복음을 전해 준 사람은 미국인이지만 사실은 유대인이 복음을 전해 준 것입니다. 이방인에게 최초로 복음을 전해 준 사람이 누구입니까? 유대인입니다. 바울이 유대인입니다. 베드로가, 스데반이, 빌립이 유대인이었습니다. 열두 제자가 그렇습니다. 그들이 창에 찔리고, 높은 성전 꼭대기에서 밀어뜨림을 당하고, 거꾸로 십자가에 매달리고, 돌에 맞고, 그렇게 죽어 가면서 우리에게 복음을 전해 주었습니다. 이것이 이스라엘이요, 유대인입니다.

사도행전을 보면 잘 설명되어 있습니다. 사도행전 13장부터 28장까지 보면, 사도 바울은 유대인이었으며 예수님을 믿는 사람을 잡아다 옥에 가두는 종교적 열심이 있는 사람이었습니다. 그는 숨어 있던 그리스도인들까지 잡아 온 사람이었습니다. 이렇게 예수 믿는 사람을 박해하던 사도 바울은 다메섹 도상에서 예수님을 만났습니다. 예수님을 만난 순간, 바울은 그분이 메시아라는 사실을 알게 되었습니다. 자기들이 십자가에 못 박은 그 사람이 메시아라는 사실을 알게 된 것입니다.

그 순간 사도 바울은 충격을 받았습니다. 사도 바울은 지적인 사람이었습니다. 요즘의 지성과 학문에 비교할 수 없는, 실력이 뛰어난 사람이었습니다. 이런 사람이 자기 직업과 학문을 다 포기합니다. 자기의 모든 과거를 다 배설물로 여기게 된 그는 고독하고 외로운 전도자가 됩니다. 그리고 1차, 2차, 3차 전도 여행을 통해서 예수님이 메시아라는 사실을 전하기 시작합니다.

사도행전을 보면 재미있는 사실이 하나 있는데, 사도 바울이 처음부터 이방인 전도를 한 것이 아니라는 사실입니다. 그는 가는 곳마다 먼저 유대인 회당을 찾아갔습니다. 유대인들을 모아 놓고 예수가 메시아라는 사실을 말했습니다. 그러나 유대인들은 과거의 사울처럼 화를 내면서 사도 바울을 돌로 쳐 죽이려고 했습니다. 성전 밖으로 쫓아내려 하고, 성전 꼭대기에서 떠밀려고 하고, 바울을 죽이기 전에는 자지도 않고 먹지도 않겠다는 청년들이 결사대를 만들기까지 했습니다.

유대인 회당에서 유대인들에게 복음을 전했는데, 유대인들은 귀를 막고 눈을 감고 믿지 않았습니다. 그래서 복음은 할 수 없이 옆에서 구경하고 있던 이방인들에게 간 것입니다. 그런데 이방인들은 스펀지가 물을 빨아들이듯이 정신없이 복음을 받아들인 것입니다. 이것을 사도 바울은 "바울과 바나바가 담대히 말하여 이르되 하나님의 말씀을 마땅히 먼저 너희에게 전할 것이로되 너희가 그것을 버리고 영생을 얻기에 합당하지 않은 자로 자처하기로 우리가 이방인에게로 향하노라"(행 13:46)라고 표현했습니다.

이스라엘의 실패는 이방인에게 복음을 전하는 계기가 된 것입니다. 이것이 이스라엘이 실패한 이유입니다. 이방인들이 어떻게 복음을 받아들였는지에 대해 "이방인들이 듣고 기뻐하여 하나님의 말씀을 찬송하며 영생을 주시기로 작정된 자는 다 믿더라"(행 13:48)라고 설명합니다. 이것이 이스라엘이 실패한 이유입니다. 저는 여러분의 실패가 여러분 가정이 복음화되는 계기가 되기를 바랍니다. 어떤 사람은 병에 걸릴 수도 있고, 사업이 망할 수도 있고, 직장에서 쫓겨날 수도 있습니다. 그러나 하나님 없는 실패는 영원한 실패요 하나님이 함께하시는 실패는 복이 되는 줄로 믿습니다.

이스라엘의 실패는 잘못된 것입니다. 그들은 오만과 불순종과 불신앙과 종교적인 기득권 때문에 매 맞긴 했지만, 그 덕분에 이방인인 우리가 구원받을 수 있었습니다.

풍성함이 된 실패

그들의 넘어짐이 세상의 풍성함이 되며 그들의 실패가 이방인의 풍성함이 되거든 하물며 그들의 충만함이리요(롬 11:12).

이스라엘의 넘어짐이 세상의 풍성함이 되고 이스라엘의 실패가 이방인의 풍성함이 되었다고 한다면, 이스라엘의 충만함은 어떤 결과를 낳겠느냐는 것입니다. 이스라엘의 실패가 이방인에게 이런 복을 주었다면 이스라엘의 충만함은 어떤 결과를 낳겠습니까? 이것이 하나님의 계획입니다.

물론 이스라엘은 잘못했습니다. 그럼에도 하나님은 이스라엘을 사랑하십니다. 하나님은 나를 구원하기 위하여 이스라엘을 희생시키셨습니다. 하나님이 나를 구원하기 위해 자기 아들을 희생시키신 것처럼, 온 인류를 구원하기 위해 이스라엘을 희생시키신 것입니다.

이스라엘의 영적인 수준은 형편없습니다. 영적으로 사막 같은 이스라엘을 위해 눈물을 흘리고, 헌금하고, 기도해 주고, 교회를 세우고, 도와주면 하나님이 얼마나 기뻐하시겠습니까? 이스라엘을 돕는 자에게 하나님이 복을 주십니다. 이스라엘의 실패로 이방인이 구원받는 정도라면, 그들의 충만함은 어떻겠습니까? 역사의 마지막 때에 그들이 일어날 것입니다. 역사를 완성하기 위하여 이스라엘은 반드시 회복되게 되어 있습니다. 이것이 로마서 11장의 결론이고 구원의 결론입니다.

구멍 뚫린 병에 물을 가득 채우려면 제일 먼저 무슨 일을 해야 할까요? 구멍을 막아야 합니다. 이것이 이스라엘입니다. 이것을 막아 놓으면 이방인들이 걷잡을 수 없이 돌아오게 되어 있습니다. 지금 하는 전도 방법으로는 10년, 20년 해야 겨우 몇 사람 전도합니다. 이것이 아닙니다. 하나님의 바람이 불어야 합니다. 그래서 주님 오실 때가 가까워지면, 구원받은 이방인의 충만한 숫자가 다 돌아오게 되어 있습니다. 이것이 본문의 메시지입니다.

시기하는 이스라엘

내가 이방인인 너희에게 말하노라 내가 이방인의 사도인 만큼 내

직분을 영광스럽게 여기노니 이는 혹 내 골육을 아무쪼록 시기하게 하여 그들 중에서 얼마를 구원하려 함이라(롬 11:13-14).

사도 바울은 이방인의 사도입니다. 이방인이 이스라엘을 생각하는 것과 선택된 백성인 이스라엘이 이방인을 생각하는 것은 하늘과 땅만큼 차이가 납니다. 우리가 이스라엘을 생각할 때는 별로 큰 갈등이 없습니다. 그러나 선택받은 사람이 이방인을 위해서 자기를 희생하고 죽는다는 것은, 엄청난 갈등과 고민을 해야 하는 일입니다.

그럼에도 사도 바울은 자신이 이방인들을 위해 사도가 되었고, 이것을 수치가 아닌 영광으로 생각한다고 말했습니다. 그러면서 "내가 예수 믿고 구원받은 너희 모든 이방인들과 교회에 부탁하고 싶은 것이 있다"고 했습니다. "하나님의 계획 때문에 희생당하고 실패한 이스라엘은 한 사람도 복음을 믿지 않는다. 나는 내 민족, 내 골육 때문에 이렇게 속이 상한다. 이방인들을 내가 섬기지만 이스라엘을 위해 기도해 달라"는 것입니다. 망한 내 민족, 복음을 받아들이지 않는 강퍅한 내 민족을 위해 기도하고 헌금하고 도와 달라는 말입니다. 이스라엘이 시기하게 만들어서, 그들 중 몇 사람이라도 구원받게 해 달라는 것입니다.

이방인들은 이렇게 많이 예수님을 믿지 않습니까? 이렇게 많은 교회가 있지 않습니까? 그러나 예루살렘에 가 보면 아무것도 없다는 것입니다. 예수님을 믿는 사람이 없다는 것입니다. 이것이 하나님의 마음이요 사도 바울의 마음입니다. 브리야트족, 베다족, 이반족, 투르크족, 아제르족, 하니족, 위구르족 등의 미전도 종족을 위해서 기도할 때, 또 북한을 위해서 기도할 때, 우리의 그 기도 속에 이스라엘이 빠지지 않기를 바랍니다. 다음 말씀을 보십시오.

> 그들을 버리는 것이 세상의 화목이 되거든 그 받아들이는 것이 죽은 자 가운데서 살아나는 것이 아니면 무엇이리요(롬 11:15).

그들을 버리는 것이 세상의 화목이 되었다면, 그들을 받아들이는 것은 부활의 축복이 아니냐는 말입니다. 우리의 개인적인 실패가 하나님이 주시는 복의 통로가 되기를 축원합니다. 개인적인 실수와 실패 때문에 좌절하지 마십시오. 이스라엘의 실패가 이방인에게 구원이 되었다면, 우리의 실패와 좌절도 하나님에게는 복을 주시는 기회가 될 수도 있는 것입니다.

대학 입학 시험에 떨어진 것이 신학교에 가는 계기가 될 줄 누가 알겠습니까? 모르는 일입니다. 하나님의 복이 우리 삶에 넘치기를 바랍니다. 이스라엘을 위해 기도하십시오. 이스라엘의 회복을 위해 기도하십시오. 그때 하나님은 우리의 삶에 풍성한 복을 더하여 주실 줄로 믿습니다.

11

뿌리와 가지

로마서 11:17-24

로마서 1장부터 8장까지가 개인의 구원, 이방인의 구원에 관한 것이라면 9장부터 11장까지는 이스라엘의 구원, 곧 인류의 구원에 대한 말씀입니다. 이스라엘은 강원도 정도 크기의 땅에 인구도 얼마 안 되는 작은 나라입니다. 사람들은 그 나라를 정치적으로만, 군사적으로만 보려고 합니다. 교회도 중국이나 스리랑카에 선교사를 보내는 것처럼, 그저 이스라엘을 선교 대상 국가 중 하나로 봅니다.

성경의 견해는 그렇지 않습니다. 성경은 모든 이방 세계를 하나로 보고 이스라엘을 다른 하나로 봅니다. 모든 이방 세계가 구원받고, 이스라엘의 회복과 구원을 통하여 하나님의 영원한 계획이 완성되는 것, 이것이 성경적인 구원론입니다. 그러나 이스라엘의 구원이 인류의 구원이요 구원의 완성이라고 교회는 이야기하지 못합니다. 왜냐하면 그렇게 말하지 못하도록 눈을 가리고 귀를 막았기 때문입니다. 여기에 이스라엘의 놀라운 비밀이 있습니다.

구원의 뿌리

먼저 구원의 뿌리에 대해서 잠깐 생각해 보겠습니다. 요한복음은 "너희가 나를 택한 것이 아니요 내가 너희를 택하여 세웠나니 이는 너희로 가서 열매를 맺게 하고 또 너희 열매가 항상 있게 하여 내 이름으로 아버지께 무엇을 구하든지 다 받게 하려 함이라"(요 15:16)라고 말씀합니다.

구원은 나에게서 오는 것이 아닙니다. 내가 하나님을 택한 것이 아닙니다. 내가 하나님을 믿고 택한 것처럼 보이지만 사실은 하나님이 먼저 나를 택하셨습니다. 내가 하나님을 사랑하고 믿은 것 같지만, 사실은 그 전에 하나님이 먼저 나를 사랑하여 주셨습니다. 내가 세상에 태어나기 전에 이미 예수님은 나를 위해 십자가에서 피 흘려 돌아가심으로써 구원받게 하셨습니다.

이런 의미에서 구원에는 감격과 감사가 있습니다. 내가 노력해서, 내가 원해서 얻은 것이 아니라, 내가 아무것도 하지 않았을 때, 내가 받을 자격이 없었을 때 하나님이 나를 구원해 주셨기 때문입니다. 우리가 구원받을 만한 자격이 있어서 구원을 받았다면 할 말이 있을 것입니다. 그러나 우리는 아무런 자격이 없습니다. 심판받아야 할 우리를 하나님의 자녀로 삼아 주시고 천국 백성으로 만들어 주셨다는 이 사실이 얼마나 감격스럽습니까? 따라서 예수님을 믿는 사람은 누구든지 이 감격으로, 이 감사로 시작합니다. 그러나 이스라엘은 감격과 감사 대신에 원망, 불평, 불순종, 교만, 종교적 기득권을 주장했습니다. 때문에 선택받은 백성의 축복을 잃어버리고 실패했던 것입니다.

모든 이방인의 구원의 뿌리는 이스라엘입니다. 만일 이스라엘이 실패하지 않았다면 우리는 구원받지 못했을 것입니다. 따라서 모든 이방인은 하나님께 받은 구원에 감격하고, 구원의 뿌리를 생각하면서 자만해서는 안 됩니다. 요즘 우리 그리스도인들의 문제는 무엇입니까? 교회도 많아지고 믿는 사람도 많아지니까, 우리가 이스라엘인 것처럼 착각하고 있습니다. 오히려 유대인들이 이방인처럼 느껴져서 우리는 영적으로 자만해진 것입니다.

여기에 대해서 하나님은 "이방인은 결코 자랑할 수 없다. 결코 교만해서는 안 된다. 너희의 축복의 뿌리가 어디인지 잘 살펴보아라"라고 경고하십니다. 사도 바울은 우리가 이해하기 쉽도록 비유로 설명합니다.

> 제사하는 처음 익은 곡식 가루가 거룩한즉 떡 덩이도 그러하고 뿌리가 거룩한즉 가지도 그러하니라(롬 11:16).

떡 덩이가 거룩해서 가루가 거룩한 것이 아니라, 첫 열매 즉 가루가 거룩하기 때문에 떡 덩이가 거룩한 것입니다. 다시 말하면, 이스라엘이 거룩하기 때문에 이방인이 거룩한 것입니다.

꺾인 가지, 접붙인 가지

좀 더 구체적인 비유가 17절에 나옵니다.

또한 가지 얼마가 꺾이었는데 돌감람나무인 네가 그들 중에 접붙임이 되어 참감람나무 뿌리의 진액을 함께 받는 자가 되었은즉(롬 11:17).

이 비유는 돌감람나무와 참감람나무의 비유입니다. 참감람나무의 가지가 꺾여서 돌감람나무가 접붙임을 받게 되었다는 말입니다. 이스라엘의 꺾임이 이방인의 접붙임이 된 것입니다. 따라서 이스라엘이 꺾이지 않았다면 이방인의 접붙임은 없었을 것입니다.

그럼에도 많은 이방인들은 시간이 갈수록 자신들이 잘났기 때문에 구원을 받았다고 생각하게 되었습니다. 예수님을 믿는 사람들이 대부분 그렇습니다. 처음에는 은혜로 믿습니다. 하지만 3년 정도 지나면 율법으로 돌아가고 맙니다. 처음 믿었을 때는 감사와 기쁨이 있지만, 오래 지나면 이스라엘처럼 강퍅해집니다. 교만해지고 감격을 잃어버립니다.

17절은 돌감람나무가 참감람나무에 접붙임을 받아서 참감람나무의 진액을 받게 되었다고 말하고 있습니다. 그러면 돌감람나무의 뿌리는 어디입니까? 바로 참감람나무입니다. 이것이 복음의 뿌리입니다. 참감람나무가 부러지지 않았다면 어떻게 돌감람나무가 은혜를 받을 수 있었겠습니까? 따라서 참감람나무가 꺾인 것이, 돌감람나무에게는 은혜의 기회가 되었습니다. 따라서 오만하거나 교만해서는 결코 안 된다고 말하는 것입니다. 사도 바울은 계속해서 가지의 비유를 듭니다.

> 그 가지들을 향하여 자랑하지 말라 자랑할지라도 네가 뿌리를 보전
> 하는 것이 아니요 뿌리가 너를 보전하는 것이니라(롬 11:18).

가지가 우선이 아닙니다. 뿌리가 우선입니다. 뿌리가 있기 때문
에 가지가 있고, 가지가 있기 때문에 열매가 있는 것입니다. 가지
가 거룩하기 때문에 뿌리가 거룩한 것이 아닙니다. 뿌리가 거룩하
기 때문에 가지가 거룩한 것입니다.

여기서 '뿌리'는 이스라엘을 말합니다. 그리고 '가지'는 이스라엘
의 실패로 말미암아 구원을 받게 된 모든 이방인들을 의미합니다.

어떤 사람이 구원을 받았는지는 그 사람의 영적 태도를 보면 알
수 있습니다. 영적 태도에 구원에 대한 감격과 감사와 기쁨이 배어
있다면 그 사람은 분명 하나님으로부터 구원을 받은 것입니다. 그
러나 구원받았다고 하면서 오만하고 방자하고 겸손이 없고 기쁨
도 없다면, 그것은 구원받지 못한 것입니다. 자신이 구원받은 것을
자랑한다면 이 사람이 받은 구원은 의심해 볼 필요가 있습니다. 참
으로 구원받은 사람은 항상 겸손하고, 눈물이 있고, 온유하며, 감
격이 있습니다. 이 감격은 조국을 떠나 다른 나라로 가서 말씀을
전할 정도입니다.

이방인 사도의 가슴앓이

로마서 11장에서 사도 바울은 자기 민족을 향해 눈물을 흘립니다. 사도 바울은 이방인의 사도로 부름을 받았지만 사실 처음부터 그런 것은 아니었습니다. 그는 예수님을 믿는 사람들을 박해하다가 예수님을 알게 되었고, 그 후 유대인에게 복음을 전했습니다.

그런데 유대인들은 복음을 거부했습니다. 사도 바울을 돌로 쳐죽이려고 했습니다. 그래서 할 수 없이 복음은 이방인에게로 가게 되었습니다. 그때 사도 바울은 깨달았습니다. '아, 하나님은 유대인으로 하여금 복음을 거부하게 하시고 나를 이방인의 사도로 불러 주셨구나!' 그는 이방인들의 사도로 일하게 됩니다. 그러면서도 항상 복음을 부인한 자기 동족을 생각했습니다. '가슴앓이' 하는 바울의 이 마음이 곧 하나님의 마음이었습니다.

이방인들이 구원받은 것은 기쁜 일이지만, 하나님은 이스라엘을 생각하고 계십니다. 예수님이 "이스라엘아, 이스라엘아" 부르셨던 그 마음을, 하나님은 우리와 함께 나누기 원하십니다. 지난 2천 년 동안의 기독교 역사를 생각해 보십시오. 모든 이방인들이 구원받는 역사입니다. 이스라엘이 복음을 거부함으로 말미암아 복음이 이방인에게로 넘어갔습니다. 빌립보로, 아덴으로, 고린도로, 에베소로, 그리고 당시 세계의 중심이었던 로마로 가게 되었습니다. 그리고 소수의 그리스도인들은 로마를 뒤집어 버렸습니다. 아주 놀라운 이야기입니다.

로마가 어떻게 기독교 국가가 될 수 있었겠습니까? 이것이 복음의 능력입니다. 로마는 전 유럽에 복음을 전했습니다. 그러나 복음은 유럽만의 것이 아니었습니다. 복음은 우주적인 것이고 전 인류가 받아야 하는 것이기 때문입니다. 일단의 유럽 청교도들이 핍박과 학살을 피해 하나님을 신실하게 믿으려는 목적으로 미국으로 건너갔습니다. 그리고 유래 없는 축복을 받았습니다. 미국은 그 후로 강대국이 되었습니다. 그 열쇠가 무엇일까요? 바로 하나님을 잘 섬기고 싶었던 그들의 믿음이었습니다.

전 세계의 복음화가 어떻게 일어났습니까? 미국이 복음을 받고 나서부터입니다. 미국을 통하여 전 세계로 복음이 전해지기 시작했습니다. 아프리카로, 남미로, 아시아로 복음이 들어갔습니다. 그러다가 백 년 전에 우리나라도 복음을 받게 된 것입니다.

이미 여러 번 말씀드렸지만, 우리나라가 이스라엘과 무슨 상관이 있습니까? 성경과 무슨 관계가 있습니까? 우리는 무당의 자식이요, 역사적으로 단군을 믿고 산 민족이 아닙니까? 그러나 하나님이 선교사를 보내셔서 이 땅의 눈을 뜨게 하셨고, 세계에서 유래 없는 기독교 강국으로 만드셨습니다. 이 짧은 시간 동안 하나님이 놀라운 복을 주셔서 기독교 지성인들이 세워졌고, 세계를 변화시킬 수 있는 제사장 나라로 만들어졌습니다. 이 얼마나 놀라운 일인지 모릅니다.

이렇게 사도행전 1장 8절 말씀 이후로 전 세계가 복을 받았지만,

이 축복의 발상지였던 이스라엘은 지금까지 메시아를 거부하고 영적 빈곤 상태에 있습니다. 이방인들은 구원을 받고 복을 받았습니다. 전 유럽, 전 미국, 아프리카, 남미, 아시아 모두 복음을 받았고, 이제는 기독교가 전 세계를 지배하게 되었습니다. AD와 BC를 쓸 만큼, 역사는 기독교 중심으로, 예수님 중심으로 된 것입니다. 이 모든 것은 이스라엘의 실패 때문이었습니다.

예언의 성취

그렇다면 하나님은 이스라엘을 버리셨습니까? 절대로 그렇지 않습니다. 다음 말씀을 보십시오.

> 그러면 네 말이 가지들이 꺾인 것은 나로 접붙임을 받게 하려 함이라 하리니(롬 11:19).

우리는 여기에서 그리스도인들이 놓치기 쉬운 메시지를 접하게 됩니다. 그것은 "가지들이 꺾인 것은 나로 접붙임을 받게 하려 함이다"라는 것입니다.

우리는 로마서 9장과 10장에서 이스라엘이 실패한 이유를 살펴보았습니다. 그것은 이스라엘의 교만 때문이었습니다. 하나님 앞에 은혜와 믿음으로 나가지 않고 행위와 율법으로 나가면서 기득권을 주장함으로 말미암아, 하나님이 이스라엘을 여지없이 쳐 버리고 만 것입니다. 그것이 이스라엘의 실패 원인입니다.

하지만 이스라엘의 실패가 전적으로 이스라엘의 잘못 때문입니까? 아닙니다. 영적, 구원론적인 의미는 19절에 있습니다. 이스라엘이 잘못한 것은 사실입니다. 하지만 그들은 이방인들이 구원을 얻게 하기 위하여 희생된 것입니다. 이런 의미에서 이스라엘은 온 인류의 구원의 희생양이 되었습니다. 예수님이 온 인류를 구원하기 위해 희생양이 된 것처럼, 이방인이 구원받기 위해 이스라엘이 희생된 것입니다.

따라서 이방인들은 "이스라엘이 학살을 당하고 전 세계에서 방황하게 된 것은 그들이 메시아를 죽였기 때문이다"라고 말해서는 안 됩니다. 그렇게 오만하고 자랑하면 안 됩니다. 그 말은 이스라엘이 회개할 때 쓰는 말입니다. 우리는 "우리 때문에 이스라엘이 희생당했다"라고 말해야 합니다. 그들은 아직도 메시아를 기다립니다. 왜 그런 줄 아십니까? 이방인의 숫자가 충만히 차지 않았기 때문입니다. 이방인의 숫자가 충만히 차기까지 그들은 기다리고 있는 것입니다.

이방인이 돌아오고 이스라엘이 돌아오면 역사가 완성됩니다. 이방인의 충만한 숫자가 돌아오기까지, 이스라엘은 우리를 대신하여 고통을 겪으면서 기다리고 있습니다. 이것이 이스라엘입니다. 이스라엘을 많은 국가들 중 하나로 보지 않기 바랍니다. 영적으로 이스라엘을 이해해야 합니다. 이스라엘은 인류의 구원을 위하여 하나님이 남겨 두신 마지막 카드가 될 것입니다.

이스라엘이 실패함으로 이방인이 구원을 받았다면, 이스라엘이 회복되어서 충만하게 되면 이 세상이 얼마나 많은 복을 받겠습니까? 그래서 우리는 이스라엘을 위하여 기도해야 합니다. 이스라엘은 감정적으로, 민족적으로 굉장히 먼 나라입니다. 하지만 하나님 때문에 우리는 이스라엘을 사랑해야 합니다.

유대인들은 예수님을 믿을 수 없습니다. 그런데 어떻게 믿게 되었을까요? 고난 때문입니다. 우리나라도 이렇게 복을 받을 수 있었던 것은 일제 강점기와 6·25전쟁, 보릿고개를 겪었기 때문이라고 생각합니다. 잘살면 예수님을 믿을 필요가 있겠습니까? 국민소득이 1만 불이 넘고 민주화가 되면, 사람들은 하나님보다 인권에 더 관심이 갑니다. 쾌락을 중요하게 생각하고 여가를 더 중요하게 생각하지 하나님을 중요하게 생각하지 않습니다.

이런 의미에서 우리나라는 신앙의 위기를 맞고 있습니다. 먹고 살기 어려울 때, 그때 한국 교회는 부흥했습니다. 고통은 우리를 순수하게 만듭니다. 이스라엘은 그 고통 가운데서 마음의 문을 열고 메시아를 받아들이기 시작했습니다. 어떤 통계를 보니까 구 소련에서 돌아오는 유대인들의 50%가 예수님에 대해 긍정적인 생각을 갖고 있다고 합니다. 저는 그 수치를 보고 깜짝 놀랐습니다. 이것이 바로 에스겔과 예레미야와 이사야가 예언한 것들입니다.

이것이 지금 이루어지고 있는 것입니다.

그러나 여전히 예루살렘은 황무지입니다. 누가 그들을 도와야 합니까? 바알에게 무릎 꿇지 않은 칠천 명을 남겨 두셨듯이, 하나님은 이방인 그리스도인들을 통하여 이스라엘을 구원하기 원하시는 것입니다. 그들이 이스라엘을 위하여 기도하게 하시는 것입니다. 이렇게 하여 하나님은 이스라엘을 회복시키실 것입니다.

옳도다 그들은 믿지 아니하므로 꺾이고 너는 믿으므로 섰느니라 높은 마음을 품지 말고 도리어 두려워하라(롬 11:20).

이방인 그리스도인들에게 가장 필요한 것은 '겸손'입니다. 신앙생활에서 가장 중요한 것도 겸손입니다. 당연히 해야 할 일을 했을 뿐이라고 말해야 합니다.

하나님이 원 가지들도 아끼지 아니하셨은즉 너도 아끼지 아니하시리라(롬 11:21).

무엇을 더 아끼신다는 말씀입니까? 원 가지를 더 아끼신다는 말씀입니다. 바울은 이방인을 위한 사도입니다. 이방인을 위하여 평생을 산 사람입니다. 그러나 바울의 마음 한구석에는 이스라엘을 향한 뜨거운 사랑이 있습니다. "내가 저주를 받을지라도 이스라엘이 구원받기를 원하노라"고 말할 정도였습니다. 이것이 하나님의 마음입니다.

이방인을 구원하기 위해 이스라엘을 희생시키셨습니다. 희생시켰기 때문에 하나님은 이스라엘을 볼 때마다 마음이 아프십니다. 따라서 이스라엘이 회복되기를 원하십시오. 이스라엘은 자체 힘으로는 회복할 수 없습니다. 이방인이 스스로의 힘으로 구원받을 수 없었기 때문에 유대인을 통하여 구원을 얻었듯이, 이스라엘은 우리를 통하여 구원받을 것입니다.

이스라엘이 접붙여질 때

> 그러므로 하나님의 인자하심과 준엄하심을 보라 넘어지는 자들에게는 준엄하심이 있으니 너희가 만일 하나님의 인자하심에 머물러 있으면 그 인자가 너희에게 있으리라 그렇지 않으면 너도 찍히는 바 되리라(롬 11:22).

하나님에게는 두 가지 속성이 있습니다. '사랑'과 '정의'입니다. 하나님은 사랑이십니다. 동시에 하나님은 정의이십니다. 이것을 여기서는 '인자하심과 준엄하심'이라고 표현했습니다. 여기 한 죄인이 있습니다. '사랑'으로 죄인을 대하면 그 죄인은 용서를 받습니다. 그러나 하나님이 '공의'로 나가면 이 죄인은 살길이 없습니다. 하나님 앞에 우리는 사랑과 용서로 나아가야 합니다. 그래야 삽니다.

만약 하나님이 정의로 판단하시면 하나님 앞에서 살 사람이 누가 있겠습니까? 하나님이 사랑으로 나를 대해 주시기 때문에 사는 것입니다. 따라서 '정의'라는 말을 함부로 쓰지 마십시오. 자신이 정의롭지 못한데 어떻게 남에게 정의를 요구할 수 있겠습니까? 정의를 부르짖는 것은 기독교의 본질이 아닙니다. 정의로 대하면 다 죽습니다.

그들도 믿지 아니하는 데 머무르지 아니하면 접붙임을 받으리니 이는 그들을 접붙이실 능력이 하나님께 있음이라(롬 11:23).

이것이 핵심적인 말씀입니다. 이스라엘이 다시 믿으면 접붙임을 얻을 것입니다. 하나님이 이스라엘을 다시 회복시키실 줄로 믿습니다. 이 마지막 때에 하나님은 이스라엘을 다시 건져 주실 줄로 믿습니다. 전 세계에서 하나님의 백성을 다 불러 모으시고, 그들에게 복음의 계절이 올 것을 믿습니다.

그 일을 우리가 도와야 합니다. 이스라엘을 위하여 기도하는 것은, 나의 구원과 밀접한 관련이 있습니다. 이스라엘을 위하여 기도하는 자는 복을 받을 것입니다. 이스라엘의 평안을 비는 자에게 하나님이 복을 주실 것입니다. 이스라엘의 회복 없이 역사의 완성은 없습니다. 예레미야서는 "이방들이여 너희는 여호와의 말씀을 듣고 먼 섬에 전파하여 이르기를 이스라엘을 흩으신 자가 그를 모으시고 목자가 그 양 떼에게 행함 같이 그를 지키시리로다"(렘 31:10)라고 말씀합니다.

하나님이 이스라엘을 흩으셨습니다. 하지만 마지막 시대에 그들을 다시 모으십니다. 하나님이 그들을 지키신다고 되어 있습니다. 이것이 성경의 예언입니다. 역사는 성경의 예언대로 이루어질 것입니다.

> 네가 원 돌감람나무에서 찍힘을 받고 본성을 거슬러 좋은 감람나무에 접붙임을 받았으니 원 가지인 이 사람들이야 얼마나 더 자기 감람나무에 접붙이심을 받으랴(롬 11:24).

진정한 구원은 개인의 구원에서 시작되어 민족 구원을 넘어 온 인류의 구원으로 대단원의 막을 내립니다. 이방인의 구원은 이스라엘을 통해서, 이스라엘의 구원은 이방인을 통해서 얻게 하십니다. 이것이 온 인류를 구원하고자 하시는 하나님의 놀라운 계획입니다. 하나님의 복이 여러분과 함께하시기를 바랍니다.

12

구원의 마지막 조각

로마서 11:25-32

본문 말씀은 개인 구원의 차원을 넘어서서 온 인류의 구원을 완성한다는 메시지입니다. 로마서에서 말하는 구원의 결론이라고 해도 좋은 말씀입니다.

여기, 구원의 마지막 조각이 있습니다. 하나님은 인류를 구원하시기 위해 자기 아들 예수 그리스도를 세상에 보내셔서 피 흘리게 하시고 살을 찢기게 하셨습니다. 우리는 그렇게 구원받았습니다.

그러나 구원은 결코 개인적인 데서 끝나지 않습니다. 개인적 구원으로부터 시작되지만 우주적인 구원으로 완성됩니다. 마지막 조각이 들어갈 때 구원은 완성되는 것입니다. 이 마지막 조각이 이스라엘의 회복입니다.

구원의 완성

하나님은 지난 2천 년 동안 온 이방인을 구원하셨습니다. 예루살렘에서 시작된 이 복음은, 유대와 사마리아와 땅끝까지 뻗어 나갔습니다. 이 마지막 때에 하나님이 우리에게 한 비밀을 보여 주셨는데, 바로 구원의 완성, 즉 예루살렘의 회복입니다. 하나님은 이스라엘을 회복시키심으로 말미암아 모든 이방인들을 구원하시고 구원을 완성하시는 것입니다.

우리가 '구원'에 대하여 이야기할 때 갈증을 느끼는 이유 중의 하나는, 구원을 너무나 평면적이고 단순하게 생각하기 때문입니다. 구원받을 때는 영적인 구원만 받는 것이 아닙니다. 육적인 구원도 받습니다. 또한 우리가 세상을 살아나가는 정신적인 모든 부분에도 하나님의 구원이 있습니다. 구원은 이처럼 총체적이고 전인격적입니다. 따라서 우리가 구원의 한 부분만을 이야기하는 것은, 틀린 말은 아니지만 맞는 말도 아닙니다.

우리는 예수 그리스도로 말미암아 이미 구원을 받은 사람들입니다. 그러면 그것으로 다 끝난 것입니까? 그렇지 않습니다. 우리에게 주신 이 놀라운 구원은 현재 이루어지고 있습니다. 그 구원은 내 삶을 통하여 성취되고 있습니다. 그러나 거기서 끝나는 것이 아닙니다. 어느 날, 그 구원은 완성될 것입니다.

구원에는 과거와 현재와 미래가 있습니다. 또한 영과 혼과 육의 구원이 있습니다. 개인적인 구원도 있고, 온 인류의 구원, 우주적인 구원도 있습니다. 이 구원의 전체적인 드라마를 이해할 때 부분적인 내 삶의 구원이 살아나기 시작합니다. 목적이 생기고 방향이 생깁니다. 사도 바울은 개인의 구원을 이야기할 뿐만 아니라 온 인류의 구원을 이야기합니다. 온 인류의 구원의 핵심에는 이스라엘이 있습니다. 하나님은 이스라엘을 다시 찾으실 것입니다. 하나님은 이스라엘을 다시 회복시키실 것입니다.

비밀이 된 이름

형제들아 너희가 스스로 지혜 있다 하면서 이 신비를 너희가 모르기를 내가 원하지 아니하노니 이 신비는 이방인의 충만한 수가 들어오기까지 이스라엘의 더러는 우둔하게 된 것이라(롬 11:25).

구원은 비밀스럽습니다. 모든 사람이 다 알면 비밀이 아닙니다. 대부분의 사람들이 잘 모릅니다. 비밀을 아는 사람과 알지 못하는 사람 간에는 큰 차이가 있습니다. 비밀을 아는 사람은 입가에 미소가 있습니다. 만약 어떤 사람에게 사랑의 고백을 받았다고 합시다. 하루 종일 미소 짓고 있을 것입니다. 사랑의 고백을 받았기 때문입니다. 이것이 비밀입니다.

하나님은 우리에게 구원의 비밀을 주셨습니다. 예수 그리스도입니다. 예수 그리스도를 아는 자는 천국의 비밀을 깨달은 자입니다. 천국을 소유한 사람입니다. 우리는 죄인이었지만, 예수 그리스도로 말미암아 천국 백성이 되고 하나님의 자녀가 되는 구원을 얻었습니다. 그러나 사도 바울은 고민이 있었습니다. 모든 이방인들은 예수 그리스도를 믿고 비밀을 알게 되는데, 그가 사랑하는 민족과 골육 친척 이스라엘은 복음을 거부했기 때문입니다. 그들은 복음을 믿지 않았습니다. 예수님을 십자가에 못 박아 죽였습니다. 그리고 기독교를 핍박했습니다. 그래서 사도 바울은 말할 수 없이 고통스러웠습니다.

그러는 가운데 그는 성경 전체를 통하여 하나님의 계시를 깨닫습니다. '이스라엘의 완악함과 실패는 엄청난 비밀이다! 이 비밀을 깨닫는 것이 구원의 완성이다!' 그럼 '형제들아 너희가 스스로 지혜 있다 하면서'라는 말은 무슨 뜻입니까? 이는 "여러분은 자칫 잘못하면 어리석은 자가 되기 쉽습니다. 여러분이 지금 다 아는 것 같고 다 얻은 것 같지만, 구원의 비밀을 깨닫지 못하면 실제로는 아무것도 얻은 것이 없습니다. 참 지혜는 비밀을 깨닫는 것입니다"라는 뜻입니다.

열린 문을 찾으라

그러면 이 비밀은 무엇입니까? '이방인의 충만한 수가 들어오기까지 이스라엘의 더러는 우둔하게 된 것'입니다. 우리가 어떻게 구원을 받았습니까? 우리는 구원받을 수 없는 사람들입니다. 우리에게는 아브라함이나 이삭이나 야곱과 같은 조상도 없습니다. 우리는 율법을 받은 적도 없습니다. 우리는 하나님의 이름을 불러 본 적도 없습니다.

우리는 귀신의 이름만 불렀던 이방인들입니다. 우리는 하나님을 몰랐습니다. 성경도 없고, 선지자도 없었습니다. 약속도 없는, 캄캄한 동굴에 살고 있는 이방인들에게 복음의 빛이 비쳤습니다.

이 복음의 빛이 어떻게 들어왔습니까? 이것이 25절에 나타난 비밀입니다. 이스라엘이 더러는 우둔해졌기 때문입니다.

인생을 살다 보면 사업이 잘 안 될 때도 있습니다. 어떤 사람은 결혼하고 싶은 사람과 결혼하지 못하기도 합니다. 하고 싶은 대로 되지 않는 것이 인생입니다. 우리는 이렇게 문이 닫히는 것 같은 경험을 합니다. 하지만 이 말은 "어딘가에 문이 열렸다"라는 말과 통합니다. 닫힌 것만 보는 사람은 절망하고 좌절합니다. 열린 문을 봐야 합니다. 그곳에 하나님의 뜻이 있고 축복이 있습니다.

하나님은 이방인들에게 복음을 주기 위하여 문을 열어 놓으셨고, 이방인들을 향한 문을 열기 위해 이스라엘의 문을 닫으셨습니다. 그래서 이스라엘은 복음을 거부했고 메시아를 십자가에 못 박아 죽였습니다. 뿐만 아닙니다. 그들은 2천 년이 지난 지금까지 예수님을 거부합니다. 왜 그렇습니까? 이방인들을 구원하기 위해서입니다. 지렛대로 물건을 들기 위해서는 지렛대 아래 무언가가 있어야 합니다. 이스라엘이 그 역할을 한 것입니다. 이방인을 움직이기 위해서 이스라엘이 그 역할을 했습니다.

이방인들이 예수님을 믿게 되는 것을 보면 참 재미있습니다. 어떤 선교사가 전도를 하면 전도한 것만큼 열매를 맺지 못합니다. 그렇지만 하나를 심고 시간이 흐르면 삼십 배, 육십 배, 백 배의 열매가 나타납니다. 이것이 선교입니다.

선교는 사람이 하는 것이 아닙니다. 선교는 선교사가 순종해야 합니다. 부름받은 그 땅에 가서 뼈를 묻습니다. 전도도 몇 사람 못합니다. 그렇지만 하나님은 그것을 축복하셔서 수천, 수만, 수백만 명이 예수님을 믿게 하십니다. 이것이 선교의 역사입니다. 2천 년 동안 복음은 이렇게 유럽과 미국과 전 세계로 퍼져가게 되었습니다.

두 가지 섭리

25절을 보면 두 가지를 생각할 수 있습니다. 첫째, 하나님은 이방인을 구원하신다는 것입니다. 하나님은 이방인을 버리지 않으시고, 선택받은 이스라엘만 구원받게 하지도 않으시며 모든 열방을 구원하기 원하십니다. 지금도 하나님은 우리뿐만 아니라 우리의 가족까지도 구원하기를 원하십니다.

전도하지 않는 사람은 하나님의 마음을 모릅니다. 잃어버린 영혼을 찾지 않는 사람은 하나님의 마음을 알지 못합니다. 아무리 교회에 오래 다녀도 하나님의 마음을 모릅니다. 하나님은 잃어버린 탕자를 찾으십니다. 타락한 자녀를 회복시키기 원하시는 것이 하나님의 마음입니다. 하나님은 이방인의 충만한 숫자가 돌아오기를 원하고 계십니다. 하나님의 마음은 이방인을 찾으십니다. 그런데 정하신 숫자가 있습니다. 우리는 모릅니다. 하지만 하나님이 기대하시는 숫자가 있습니다. 지금까지 2천 년 동안 찾으셨습니다.

북한을 생각합니다. 중국을 생각합니다. 무슬림을 생각합니다.

하나님은 이 모든 종족을 다 찾기 원하십니다. 이것이 하나님의 마음입니다. 우리가 이 하나님의 마음을 깨닫기 원합니다. 하나님의 마음을 아는 사람이 복을 받습니다. 하나님의 마음을 느끼는 사람이 하나님을 사랑합니다. 우리의 마음이 하나님의 마음과 똑같아지기를 바랍니다.

두 번째로 우리는 어떤 것을 발견합니까? 이방인의 충만한 숫자가 돌아오기까지 이스라엘이 희생양처럼 희생을 당했다는 것입니다. 이것이 이스라엘의 실패입니다. 만약 이스라엘이 실패하지 않았다면 우리는 구원받지 못했을 것입니다. 따라서 이스라엘의 실패는 나의 구원과 깊은 관계가 있습니다. 이스라엘이 우리를 위하여 희생했다면 이제는 우리가 이스라엘을 위하여 희생할 차례입니다. 이스라엘을 위하여 기도하십시오. 이스라엘을 정치적으로 보지 말고 성경적으로 보아야 합니다. 이스라엘에는 영적인 의미가 있습니다. 여기에 하나님의 마음이 있습니다.

저는 우리 교회가 복을 받은 이유가 두 가지 있다고 생각합니다. 하나는 죽을힘을 다해서 선교했기 때문이고, 다른 하나는 이스라엘을 위해서 기도했기 때문이라고 생각합니다.

구원을 얻으리라

그러면 하나님은 이방인의 구원을 위하여 이스라엘을 영원히 희생시키실까요? 그렇지 않습니다. 하나님은 이스라엘을 반드시 다시 찾으시고 회복하십니다.

> 그리하여 온 이스라엘이 구원을 받으리라 기록된 바 구원자가 시온에서 오사 야곱에게서 경건하지 않은 것을 돌이키시겠고 내가 그들의 죄를 없이 할 때에 그들에게 이루어질 내 언약이 이것이라 함과 같으니라(롬 11:26-27).

이스라엘은 이방인을 위하여 희생당했지만, 하나님은 이스라엘을 버리지 않으십니다. 이방인을 구원하신 하나님이 왜 이스라엘을 구원하지 않으시겠습니까? 이방인도 사랑하시는데 이스라엘을 왜 사랑하지 않으시겠습니까? 사랑은 희생입니다. 희생이 없는 사랑은 없는 것입니다. 여러분이 누군가를 진정으로 사랑한다면 희생해야 합니다. 용서하고 기다려 줘야 합니다. 따지고 대가를 받는 것은 사랑이 아닙니다.

하나님은 우리를 무척 사랑하셔서 독생자 예수 그리스도를 희생시키셨고, 이방인을 구원하기 위하여 이스라엘을 희생시키셨습니다. 그러나 결국 하나님은 온 이스라엘을 구원하실 것입니다. 저는 이스라엘이 반드시 구원될 것을 믿습니다. 그런데 중요한 것이 있습니다. 바로 지금이 그때라는 것입니다. 이스라엘은 지난 2천년 동안 큰 바위처럼 움직이지 않았습니다. 메시아를 거부했습니다. 그런데 최근에 성령이 임하기 시작했습니다. 이스라엘 유대인들이 성령을 받기 시작한 것입니다. 이것은 우리가 주목해야 할 사건입니다. 그런 일들이 도처에서 이루어지고 있습니다. 성경의 예언들이 일어나고 있는 것입니다.

26-27절에서 사도 바울은 이사야와 예레미야와 에스겔이 했던 예언을 기록하고 있습니다. 하나님은 이스라엘에게 회개하는 마음을 주셔서, 돌같이 딱딱한 그들의 마음을 녹여 주실 것입니다. 모든 이방인들이 돌아오고 이스라엘이 돌아오면 구원은 끝납니다. 역사가 완성되는 것입니다. 주님이 재림하실 것입니다. 이것이 구원의 대 드라마입니다. 얼마나 놀라운지 말로 다 할 수 없습니다.

유대인들은 메시아를 죽였고 복음을 거부했습니다. 복음으로 말하자면 원수였습니다. 그렇지만 하나님은 이스라엘을 버리지 않으셨습니다. 그 내용이 다음 말씀에 있습니다.

> 복음으로 하면 그들이 너희로 말미암아 원수 된 자요 택하심으로 하면 조상들로 말미암아 사랑을 입은 자라(롬 11:28).

그들이 비록 복음을 거부했고 복음을 죽였으며 복음과 원수 된 관계에 있었지만, 그렇다고 하나님이 그들을 포기하신 것은 아닙니다. 하나님은 그들을 끝까지 사랑하시고 그들이 회복하기를 원하십니다.

이 부분을 통해서 우리는 위로를 받습니다. 우리가 얼렁뚱땅 예수를 믿어도 하나님은 우리를 포기하지 않으시기 때문입니다. 우리는 끝까지 하나님을 이길 수 없습니다. 하나님이 우리를 이기십니다. 반드시 우리를 구원하실 것입니다. 매 맞지 말고 점잖게 하나님께로 돌아오기 바랍니다. 하나님은 우리를 포기하시지 않습니다. 반드시 구원하십니다. 기도로 자란 아이는 절대로 하나님 곁을 떠날 수 없습니다. 부모의 기도는 땅에 떨어지는 법이 없습니다. 반드시 돌아옵니다. 이스라엘도 반드시 돌아옵니다. 하나님의 사랑은 변하지 않습니다. 하나님은 그들을 끝까지 사랑하십니다.

목자의 마음

하나님의 은사와 부르심에는 후회하심이 없느니라(롬 11:29).

우리는 가끔, 아주 가까운 사람에게 배신당하는 일을 경험하고 무척 실망합니다. "그 사람이 그럴 줄 몰랐어"라고 말합니다. 그때 우리는 후회합니다. '내가 왜 저 사람을 그토록 믿었던 것인가? 그토록 잘 대해 주었건만 어떻게 이럴 수 있단 말인가?' 그러나 하나님은 후회하심이 없습니다. 하나님은 사랑하신 것에 대하여 후회하지 않으십니다.

하나님이 우리를 사랑하셨습니다. 우리를 부르셨습니다. 그런데 우리는 배신했습니다. 메시아를 죽였습니다. 메시아를 거부했습니다. 그렇다면 하나님의 사랑도 내 배신과 함께 끝납니까? 아닙니다. 하나님의 사랑에는 후회하심이 없습니다. 우리가 아무리 실수하고 실패하고 배신해도 하나님은 우리를 포기하시지 않습니다. 그러면 배신당한 하나님의 마음은 얼마나 아프시겠습니까? 자식이 잘못되었을 때 부모는 얼마나 괴로워합니까? 그렇다고 부모가 자식을 포기합니까? 포기하지 않습니다. 하나님은 우리를 포기하시지 않습니다. 반드시 우리를 구원하고 복 주실 것입니다.

> 너희가 전에는 하나님께 순종하지 아니하더니 이스라엘이 순종하지 아니함으로 이제 긍휼을 입었는지라(롬 11:30).

사도 바울은 유대인에게 복음을 전하고 싶었습니다. 그래서 유대인 회당에 가서 복음을 증언했습니다. 그러나 유대인들은 사도 바울을 돌로 치려고 했습니다. 복음으로 유대인의 마음을 두드렸지만 아무도 마음을 열지 않은 것입니다. 그 결과 복음은 이방인에게로 갔습니다. 이방인에게 복음을 전하면서 사도 바울은 계속 눈물을 흘렸습니다. 이방인들은 구원을 받는데 자기 민족 유대인들은 구원을 받지 못했기 때문입니다.

그런 바울이 비밀, 즉 이방인들을 구원하시기 위한 하나님의 섭리를 깨달았습니다. 하나님의 사랑이 얼마나 큽니까? 그분은 자기 자식을 죽이면서까지 남의 자식을 사랑하셨습니다.

이와 같이 이 사람들이 순종하지 아니하니 이는 너희에게 베푸시는 긍휼로 이제 그들도 긍휼을 얻게 하려 하심이라(롬 11:31).

이방인들에게도 긍휼을 주셨는데 하물며 이스라엘에게 긍휼을 안 주시겠습니까?

하나님이 우리를 사랑하신다는 사실을 믿기 바랍니다. 하나님은 우리를 선택하신 것에 대하여 후회가 없으십니다. 결혼해서 한참 살다가 "내가 잘못 선택한 것 같아"라고 말하는 사람들이 있습니다. 저는 여러분 중에 이런 사람이 없기를 바랍니다. "내가 당신을 선택한 것은 정말 축복이야"라고 말하십시오. 하나님이 우리에게 그렇게 말씀하시기 때문입니다. 하나님이 "내가 너를 부른 것은 실수였어"라고 하신다면 어떻겠습니까? 우리는 하나님의 부름을 받은 사람입니다. 선택을 받은 사람입니다. 사랑을 받은 사람입니다.

하나님의 마음은 어떤 것일까요? 탕자가 돌아오길 바라는 것, 자기가 사랑한 사람이 돌아오길 바라는 것, 그것이 하나님의 마음이요 아버지의 마음입니다. 잃어버린 한 마리의 양을 찾기 위해 산을 넘고 물을 건너 돌아다니는 목자의 마음입니다.

한 마리 양의 가치가 문제가 아닙니다. 양 한 마리의 값이 얼마나 하겠습니까? 이 목자의 관심은 다른 데 있습니다. 이 양이 얼마나 외로울까, 얼마나 고통스러울까 하는 것을 걱정하는 것이지 양의 가치를 생각하는 것이 아닙니다.

하나님이 나를 찾으시는 것도, 나 한 사람 구원받으면 큰일이 일어나기 때문이 아닙니다. 한 영혼을 불쌍히 여기셔서 돌아오기를 원하시는 것입니다. 하나님은 나를 구원하기 위해 기꺼이 독생자를 보내 주신 것입니다.

> 하나님이 모든 사람을 순종하지 아니하는 가운데 가두어 두심은 모든 사람에게 긍휼을 베풀려 하심이로다(롬 11:32).

우리의 구원이 구원의 완성은 아닙니다. 우리를 구원하신 것은 우리의 가정을 구원하라는 것입니다. 우리 주변에 예수를 믿지 않는 가족이 있습니까? 그렇다면 왜 우리를 택해서 그 가족에게 가게 하셨을까요? 가족 전체를 구원하라는 사명을 주신 것입니다. 왜 한국 전체에 복을 주셨습니까? 나가서 모든 족속을 제자로 삼으라는 것입니다.

하나님은 모든 이방인들이 돌아오기를 바라십니다. 뿐만 아니라 이스라엘이 돌아오기를 원하십니다. 그것이 32절 말씀의 의미입니다. 여기서 '모든 사람'은 이방인과 이스라엘을 포함합니다. 사도행전은 "이르되 주 예수를 믿으라 그리하면 너와 네 집이 구원을 받으리라"(행 16:31)라고 말씀합니다.

이 사실을 믿으십시오. 반드시 그런 기적이 일어날 것입니다. 우리 주변이 변하고야 말 것입니다. 이 민족이 변할 것입니다. 저는 이 민족이 변할 것을 믿습니다. 하나님은 긍휼을 베푸셔서 구원을 완성하기를 원하십니다. 하나님의 복이 이 말씀 위에 있기를 바랍니다.

13

실수 없는 구원

로마서 11:33-36

본문 말씀은 이방인의 구원과 이스라엘의 구원을 통하여 하나님이 역사와 섭리를 완성하신다는 내용, 즉 마지막 시대에 구원을 완전히 회복하시고 완성하신다는 내용입니다. 사도 바울은 이 장면에 이르러 그 구원의 감격을 이기지 못해서, 지금까지 그가 서술해 왔던 모든 논리를 멈춘 채 하나님께 감사와 찬양과 경배를 드립니다.

우리도 가끔 성경을 읽다가 감동을 받아 더 이상 성경을 읽지 못할 때가 있습니다. 이처럼 진실은 언어를 초월합니다. 교리를 초월합니다. 구원의 깊이와 넓이와 축복이 너무나 크기에, 사도 바울은 하나님을 찬양하고 선포하며 구원을 노래하는 것입니다. 그 모습이 33절에서부터 나옵니다.

> 깊도다 하나님의 지혜와 지식의 풍성함이여, 그의 판단은 헤아리지 못할 것이며 그의 길은 찾지 못할 것이로다(롬 11:33).

하나님의 고통

사도 바울은 굉장히 논리적인 사람입니다. 지적이고 체계적인 사람입니다. 그는 인내심을 가지고 감격을 감춘 채 구원을 하나씩 설명해 왔습니다. 개인의 구원을 설명하기 시작했습니다. 하지만 사도 바울은 개인의 구원을 설명하다가 벽에 부딪혔습니다. "왜 하나님은 이방인들은 구원하시면서 눈동자처럼 사랑하시는 이스라엘은 실패하게 하셨는가?" 이 구원의 딜레마 앞에 서서 바울은 고민합니다.

이윽고 사도 바울은, 하나님이 이스라엘을 버리신 것은 이스라엘 때문만이 아니요, 모든 이방인들에게 구원을 주시기 위한 것임을 알게 되었습니다. 그러자 그는 더 이상 아무 말도 할 수 없고 글도 쓸 수 없었습니다. "오, 하나님. 당신의 사랑이 이렇게 크고, 넓고, 깊습니까?" 드디어 하나님의 마음을 알게 된 것입니다.

신앙이란 하나님의 마음을 아는 것입니다. 하나님의 마음을 알지 못하면 구원받았다고 말할 수 없습니다. 그 사랑을 깨닫지 못하고 내가 구원받았다고 말할 수 없습니다. 구원이란 하나님의 마음을 깨닫는 것이요, 하나님의 사랑을 깨닫는 것입니다. "하나님, 내가 도대체 누구인데 하나님이 사랑하시는 독생자 예수 그리스도를 십자가에 못 박아 죽이시면서까지 사랑하십니까?" 참으로 놀라운 일입니다. 우리는 그럴 만한 가치가 없는 사람인데, 하나님은 그토록 우리를 사랑하십니다.

그런데 어떤 사람은 하나님에 대해서 너무 쉽게, 함부로 말합니다. "하나님이 정말 능력이 있다면 왜 세상이 이처럼 비참한가?", "하나님에게 정의가 있다면 왜 세상이 이처럼 불합리하고 모순투성이며 부조리한가?"라고 사람들은 쉽게 말합니다. 그들은 하나님이 우리를 사랑하시기 때문에 고통당하시고 희생하시는 것을 알지 못합니다.

그것은 마치 자식을 사랑하는 부모가 논밭 다 팔고, 먹을 것 안 먹고, 옷 한 벌 못 사 입고 자식을 위해 희생하는 것과 같습니다. 그런데 자식들이 와서 "어머니는 왜 그렇게 구질구질합니까? 왜 그렇게 사십니까?"라고 말한다면, 이 자식들은 부모의 사랑을 깨닫지 못한 것입니다.

사도 바울은 바로 이것을 알게 되었습니다. 로마서 11장의 마지막 부분을 통해서 하나님의 마음을 느끼고 깨닫게 되기를 바랍니다.

복된 구원

사도 바울은 로마서를 시작하면서 모든 인류의 죄를 언급합니다. "하나님이 없는 자연인이나 하나님을 섬긴다고 하는 종교인이나 구원받을 만한 인간은 없다. 모든 인간은 다 죄에 빠져 죽게 되었다"라고 선언합니다. "이 지상에는 의인이 한 사람도 없다. 따라서 자신의 노력이나 자신의 의로는 구원받을 만한 인간이 없다. 동시에 종교적인 노력이나 선을 행한다고 해서 구원받는 것이 아니다"라고 이야기합니다.

"구원받는 길은 인간에게 있지 않다. 자신의 노력이나 종교적인 행위에 구원이 있는 것이 아니라, 하나님의 은혜로 값없이 구원을 받게 된 것이다. 그분이 예수 그리스도다. 예수 그리스도는 구약에서 예언한 메시아요, 인류를 구원한 메시아다. 그분이 우리의 죄를 대신하여 십자가에 못 박혀 죽으심으로 우리가 구원을 받게 되었다. 따라서 누구든지 예수 그리스도를 믿는 자는 구원을 얻는다. 내가 노력하고 선행을 하고 율법을 지킴으로써 구원을 받는 것이 아니라 나를 위하여 십자가에서 피 흘려 돌아가신 예수님을 믿음으로 말미암아 우리는 은혜로 구원을 얻는 것이다. 의인은 오직 믿음으로 말미암아 산다." 이것이 로마서의 주제입니다.

하나님의 구원은 결코 실수도 없고 실패도 없습니다. 실패처럼 보이고 실수처럼 보이지만, 하나님의 구원은 영원합니다. 예수 그리스도가 십자가에 못 박혀 죽으신 그것이 실패처럼 보였지만, 사실 실패가 아니라 구원이었습니다. 이스라엘의 패배와 실패는 저주처럼 보였지만 그것은 이방인을 구원하시기 위한 하나님의 사랑의 방법이었습니다.

이것을 몰랐을 때 우리는 유대인들을 미워하고 하나님의 계획에 대해서 반신반의했지만, 이것을 알게 되었을 때는 "깊도다 하나님의 지혜와 지식의 풍성함이여, 그의 판단은 헤아리지 못할 것이며 그의 길은 찾지 못할 것이로다"라고 고백하게 됩니다.

사도 바울은 로마서 5장에서 '이제 우리는 하나님과 화해되었다'고 선언하고, 로마서 8장에서는 '그리스도 예수 안에 있는 자들에게는 결코 정죄함이 없으며 죄와 사망의 법에서 해방되었다'고 말합니다. 우리는 더 이상 율법에 종노릇하는 사람이 아니요, 성령 안에서 자유를 얻었습니다. 하나님의 자녀가 되고 하나님의 거룩함에 참예하는 축복을 받게 되었습니다. 이것이 우리 개개인이 얻게 되는 구원의 축복입니다.

한 영혼을 찾으시는 분

그러나 사도 바울은 이 구원의 감격과 개인적인 구원의 축복에 머무를 수가 없었습니다. 자기 동족, 자신의 혈육인 이스라엘이 메시아를 십자가에 못 박았을 뿐만 아니라 예수님을 믿는 사람들을 핍박했기 때문입니다. "내가 개인적으로 구원받은 것은 좋지만, 이스라엘의 구원은 어떻게 되는 것일까? 하나님은 이 우주적인 구원을 어떻게 하려고 하시는 걸까?" 이 문제에 대해서 사도 바울은 심각하게 고민합니다.

구원이 좋고, 크고, 놀라울수록 그 절망은 상대적으로 큽니다. 바울이 그러했습니다. '나는 구원을 받았는데, 우리 민족은 어떻게 되는 것인가' 생각하니 절망스러웠습니다. 우리는 구원받았지만, 구원받지 못한 전 인류는 어떻게 합니까? 이것이 구원의 갈등입니다. 구원받은 것은 축복입니다. 그러나 동시에 구원받지 못한 사람들을 생각하면 갈등입니다.

여행을 하다 보면 한 사람이 없어지는 일이 꼭 생기게 마련입니다. 그 사람을 찾느라 고생한 경험이 있을 것입니다. 다른 사람들은 그 사람이 올 때까지 기다려야 합니다. 한 사람 정도 없어졌다고 괜찮은 것이 아니라 그 사람을 찾을 때까지 전 공동체가 걱정하고 마음 졸입니다.

마찬가지로 하나님은 한 영혼을 찾으실 때까지 고통스러워하십니다. 그런 하나님이 어떻게 이스라엘만 구원하실 수 있겠습니까? 전 이방인을 구원하려면 어떻게 해야 합니까? 이스라엘이 희생해야 합니다. 구원에는 희생이 따릅니다. 한 사람이 구원을 받기 위해서는 누군가가 희생해야 하는 것입니다.

온 인류가 구원을 얻기 위해서 하나님의 아들이 희생당했고, 이방인이 구원을 얻기 위해서 이스라엘이 희생당한 것입니다. 우리의 가족이 구원받기 위해서는 우리가 희생해야 합니다. 이것이 하나님의 사랑입니다.

사도 바울은 이스라엘의 실패, 이스라엘의 저주, 이스라엘의 완악함 때문에 고민하기 시작했습니다. "이방인들은 예수님을 영접하는데 왜 이스라엘은 그토록 고약스럽게 믿지 않는 것일까? 그러면 나의 민족은 어떻게 되는 것일까? 하나님은 이스라엘을 버리셨는가?" 그는 구약을 읽기 시작했습니다. 이사야, 예레미야, 에스겔을 읽다가 하나님은 이스라엘을 너무나 사랑하신다는 사실을 알게 되었습니다. 하나님은 결코 이스라엘을 버리시지 않는다는 사실을 알게 되었습니다. 그는 계속해서 고민하며 기도하던 중에 하나씩 하나씩 깨닫기 시작했습니다. 그렇게 쓴 것이 로마서 9장부터 11장까지입니다.

하나님의 마음

하나님은 이스라엘이 미워서 버리신 것이 아니라 이방인을 사랑하시기 때문에 이스라엘을 희생 제물로 쓰셨고, 이방인의 수가 차기까지 더러는 완악하게 하셨습니다. 이스라엘이 실패해서 이방인이 축복을 받았다면, 이스라엘이 하나님 앞으로 돌아온 후에 그 축복이 얼마나 크겠습니까? 하나님의 사랑이 이스라엘의 실패를 통하여 나타났습니다.

하나님은 온 인류를 사랑하셔서 독생자 예수님을 희생시키신 것입니다. 온 이방인들을 구원하시기 위하여 이스라엘을 희생시키셨습니다. 그렇다면 하나님은 얼마나 마음이 아프시겠습니까? 예수님이 "엘리 엘리 라마 사박다니"(마 27:46)라고 부르짖었을 때, 하나님의 마음은 얼마나 아프셨겠습니까? 2천 년 동안 유대인이 유리하며 방황하는 것을 보시는 하나님의 심정은 어떻겠습니까?

그들이 유대인이었기 때문에 얼마나 철저하게 학살당하고, 극심한 고문을 당하고, 고통을 당했는지 모릅니다. 도대체 그들이 그래야만 했던 이유는 무엇입니까? 이스라엘의 고난은 이방인을 구원하기 위한 하나님의 섭리입니다. 그리고 유대인인 바울은 이방인을 위한 사도로 부름받았습니다. 그는 이방인들을 위하여, 굶주리고 돌로 맞고 태장으로 맞고 사형 선고를 받는 고난을 당했습니다.

하나님의 사랑을 깨닫고, 하나님의 그 오묘한 섭리를 깨닫고, 사도 바울은 눈물을 흘리기 시작합니다. "깊도다 하나님의 지혜와 지식의 풍성함이여" 다음으로 나오는 "그의 판단은 헤아리지 못할 것이며 그의 길은 찾지 못할 것이로다"라는 말씀은 이사야서와 욥기에서 깨달은 것입니다.

누가 주의 마음을 알았느냐 누가 그의 모사가 되었느냐(롬 11:34).

도대체 누가 주님의 마음을 알겠습니까? 구원받은 자는 하나님의 마음을 알아야 합니다. 만약 하나님의 마음을 모른다면 우리의 구원을 다시 생각해 보아야 합니다. 하나님의 사랑을 깨닫지 못했다면 우리의 구원은 기계적인 것에 불과합니다. 이 말씀은 이사야 40장 13절에 있는 말씀을 사도 바울이 인용한 것입니다.

고린도전서는 "누가 주의 마음을 알아서 주를 가르치겠느냐 그러나 우리가 그리스도의 마음을 가졌느니라"(고전 2:16)라고 말씀합니다. 이 세상에서 가장 어리석은 자가 있다면 하나님을 가르치는 자일 것입니다. 그런데 놀랍게도 그런 사람이 너무 많습니다. 하나님을 훈계하고 하나님을 가르치고 싶어 하는 무신론자들, 회의론자들, 불가지론자들이 얼마나 많은지 모릅니다. 예수님을 믿는다는 사람들 가운데도 있습니다. 그들은 "어떻게 하나님이 그럴 수 있느냐?"고 말합니다. 하나님께 핑계를 대는 것입니다.

두 종류의 사람

하나님에 대하여 잘못 생각하는 두 종류의 사람들이 있습니다. 첫째는 무신론자들입니다. 그들은 하나님이 없다고 말합니다. 회의론자들과 불가지론자들도 마찬가지입니다. 하나님이 계신지 안 계신지 모르겠다는 것입니다. 그러면서 하나님에 대해 얼마나 오만한지 모릅니다. 인간의 이성을 앞세우고 인간의 합리성을 앞세웁니다. 인간이 모든 것을 다 할 수 있는 것처럼 말합니다. 그런데 그런 인간들이 돼지를 잡아 앞에 놓고서 절을 합니다. 왜 그런 우상을 섬기는지 모르겠습니다.

하나님에 대해 잘못 생각하는 두 번째 그룹은 극단적으로 예수님을 잘못 믿는 사람들입니다. 오히려 이 사람들 때문에 하나님이 모욕을 당하십니다. 하나님이 제한을 받으십니다. "내 기도는 다 응답된다"고 자랑하는 사람이 있습니다. 이렇게 교만한 사람이 세상에 어디 있습니까? 이 사람은 하나님을 욕되게 하는 것입니다. 하나님과 자신을 동격으로 보았기 때문입니다. 하나님을 대신하는 사람도 있습니다. 다른 사람들을 비판하고 정죄하는 사람들은 하나님의 위치로 가려고 하는 것입니다. 우리는 사람을 사랑하기 위해 부름받았지, 비판하기 위해 부름받은 것이 아닙니다. 죄인을 용서하고 사람을 사랑하라고 부름받았습니다. 이것이 그리스도인입니다.

또 자기가 성경을 다 아는 것처럼, 자기가 진리를 다 아는 것처럼 생각하는 사람들이 많습니다. 이들은 무신론자와 똑같이 하나님을 욕되게 하는 사람들입니다. 어떤 사람은 예수님이 언제 오시는 줄 안다고 말합니다. 이 얼마나 하나님을 욕되게 하는 일입니까? 자기가 다니는 교회에 와야 구원을 받는다고 극단적으로 말하는 사람도 있습니다. 자기의 좁은 지식으로 교회를 마음대로 평가하고 정의하는 것입니다. 무신론자들보다 더 무서운 사람들입니다. 바리새인과 서기관들이 그랬습니다. 그들은 자기가 알고 있는 종교 지식으로 참 생명을 다 죽이고 성령의 역사를 제한했습니다.

누가 주께 먼저 드려서 갚으심을 받겠느냐(롬 11:35).

이 말씀은 "그대가 의로운들 하나님께 무엇을 드리겠으며 그가 그대의 손에서 무엇을 받으시겠느냐"(욥 35:7), "누가 먼저 내게 주고 나로 하여금 갚게 하였느냐 온 천하에 있는 것이 다 내 것이니라"(욥 41:11)라는 욥기 말씀을 인용한 것입니다.

우리는 헌금이나 봉사 한번 하면 굉장히 많이 한 것처럼 느낍니다. 그러나 그 모든 것이 하나님의 것 아닙니까? 하나님이 주신 것 아닙니까? 그런데 우리는 너무나 과시합니다. 우리가 드릴 것은 아무것도 없습니다. 감사뿐입니다. 헌신뿐입니다. 우리가 드릴 수 있는 것은 우리가 받은 은혜에 대한 감격뿐, 스스로 드릴 수 있는 것은 없습니다. 그런데 우리는 스스로 뭔가를 한다고 하면서 얼마나 교만한 신앙생활을 합니까? 남을 비판하고, 정죄하고, 가르치려고 하지 않습니까?

우리는 여기서 두 가지를 배웁니다. 첫째, 하나님을 가르칠 수 없다는 것입니다. 다시 말하면 인간은 하나님보다 높지 않다는 말입니다. 둘째, 하나님은 거래의 대상이 아니라는 것입니다. 주고받는 것이 아닙니다. '내가 이만큼 했으니까 하나님이 이만큼 해 주시겠지'라고 생각하면 원망과 불평이 많아집니다. 왜 그렇습니까? 나는 이만큼 하나님께 드렸는데, 하나님은 나에게 아무것도 해 주시지 않는다고 생각하기 때문입니다.

이것은 참 신앙이 아닙니다. 하나님과는 거래할 수 없습니다. 감사할 뿐입니다. 감격할 뿐입니다. "오, 나 같은 죄인을 사랑해 주시다니요!", "내 헌금을, 내 시간과 헌신을 받으시다니요! 주님, 주님 성전의 문지기라도 되고 싶습니다. 주님의 집에서 쓰레기 치우는 사람이 되기를 원합니다." 이렇게 고백하는 것은 무엇을 받기 위함이 아닙니다. 사랑과 감격 때문입니다.

세 가지 결론

사도 바울은 다음 말씀에서 이런 결론을 내립니다.

> 이는 만물이 주에게서 나오고 주로 말미암고 주에게로 돌아감이라
> 그에게 영광이 세세에 있을지어다 아멘(롬 11:36).

사도 바울은 하나님을 찬양하다가, 인간의 어리석음에 반문하다가, 이런 결론에 도달했습니다. 우리도 이런 결론에 이를 수 있기를 바랍니다.

이 결론을 자세히 살펴보면, 세 가지 전치사로 설명할 수 있습니다. 첫 번째, 모든 것이 '주에게서(from)'입니다. 구원은 주님에게서 나옵니다. 구원은 내게서 나오는 것이 아닙니다. 구원은 값없이, 은혜로, 주님에게로부터 나오는 것입니다. 우리는 하나님으로부터 구원을 받아야 합니다. 우주 만물은 다 하나님으로부터 온 것입니다. 모든 피조물은 하나님으로부터 온 것입니다. 복도 하나님으로부터 옵니다. 구원은 하나님으로부터 옵니다.

두 번째, 모든 것이 '주로 말미암고(through)'입니다. 내가 존재하는 이유는 주님 때문입니다. 나의 나 된 것은 하나님의 은혜입니다. 내가 이 세상에서 받은 복은 주님으로부터 말미암은 것입니다. 구원은 주님으로부터 말미암은 것입니다.

세 번째, 모든 것이 '주에게로(to)' 돌아갑니다. 결론은 주님에게

로 돌아가는 것입니다. 어떤 사람이 이런 간증을 했습니다. "저는 예수님을 믿고 나서 세 가지를 알게 되었습니다. 저는 하나님으로부터 이 세상에 온 것을 알았습니다. 저는 하나님과 더불어 이 세상에서 산다는 것을 알게 되었습니다. 그리고 저는 하나님에게로 돌아가는 복된 존재인 것을 알게 되었습니다."

우리의 인생도 이렇게 정리할 수 있기를 바랍니다. "나는 주님으로부터 나왔고, 주님과 더불어 세상에 살다가, 주님에게로 가는 존재입니다." 우리가 하나님으로부터 온 존재임을 믿으시기 바랍니다. 우리는 달걀에서 나온 존재가 아닙니다. 어떤 남자와 여자가 만나서 우연히 태어난 것이 아닙니다. 나는 분명히 하나님의 사랑과 계획에 의해 이 세상에 태어난 가치 있는 존재요, 주님과 더불어 이 세상에서 하나님을 위해 사는 존재요, 결국은 주님에게로 돌아가는 존재입니다. 이것이 구원입니다.

생각이 여기까지 미치자 사도 바울은 "그에게 영광이 세세에 있을지어다 아멘"(롬 11:36)이라며 축복의 말을 외칩니다. 우리에게도 이러한 감동이 있기를 바랍니다. "아! 하나님의 구원은 놀랍습니다! 하나님, 당신의 구원은 내가 측량할 수 없습니다. 당신의 구원, 그 사랑, 그 오묘한 섭리는 내가 다 이해할 수 없습니다. 감사합니다. 찬송합니다. 헌신합니다. 나를 주님의 도구로 쓰옵소서. 영광이 세세토록 함께 있을지어다!" 우리의 입에 이런 고백들이 있기를 축원합니다.

2부

구원받은 자의 삶

로마서 12:1-12:21

교회의 중심은 사랑입니다. '소망 중에 즐거워하고
환난 중에 참으며 기도에 힘쓸 때' 교회는 사랑의 공동체가 됩니다.
교회가 사랑의 공동체가 되면,
우리는 하나님을 보여 줄 수 있는 사람들이 되는 것입니다.
우리는 방관자도 비판자도 아닙니다.
우리는 화해자입니다. 평화를 만드는 사람들입니다.
원수를 축복하고, 고난에 동참하고,
자기를 낮추는 사람들이 있는 곳이 교회입니다.

14

몸을 제물로 드리라

로마서 12:1

우리는 로마서 1장부터 11장의 말씀을 통하여 하나님의 구원의 대 드라마를 전체적으로 보았습니다. 구원은 개인의 구원으로부터 시작됩니다. 이것이 1장부터 8장의 내용입니다. 우리는 값없이 은혜로, 믿음으로 구원을 얻습니다. 그러나 구원은 개인의 구원으로 끝나는 것이 아니라 온 인류의 구원으로 마무리됩니다. 9장부터 11장에서 우리는 인류의 구원을 보았습니다.

논리적이고 차분한 사도 바울은 구원을 논리적으로 풀어 나갑니다. 그러나 구원의 놀라움과 그 감격 때문에 논리적으로 끝맺지 못하고 감격과 찬양으로 로마서 11장을 마칩니다. 우리에게도 이런 감격과 찬양이 있기를 바랍니다. 구원은 이론이 아니라 능력입니다. 사도 바울은 이것을 우리에게 가르쳐 주었습니다. 구원은 교리로 이해하는 것이 아닙니다. 삶으로 이해하는 것입니다. 대부분의 많은 사람들이 구원을 교리로 이해하기 때문에 능력이 없습니다. 삶으로 이해하지 않기 때문에 형식에 그칩니다.

삶으로 드러나는 구원

사도 바울은 로마서 1장부터 11장까지 구원을 이야기하다가, 점차 찬송으로 변하면서 삶으로 돌아갑니다. 이것이 12장부터 16장까지의 이야기입니다. 먼저 12장 1절을 보겠습니다.

> 그러므로 형제들아 내가 하나님의 모든 자비하심으로 너희를 권하노니 너희 몸을 하나님이 기뻐하시는 거룩한 산 제물로 드리라 이는 너희가 드릴 영적 예배니라(롬 12:1).

이 구절은 세 부분으로 되어 있습니다. "그러므로 형제들아 내가 하나님의 모든 자비하심으로 너희를 권하노니"가 첫째 부분입니다. 중요한 핵심 부분은 둘째 부분입니다. "너희 몸을 하나님이 기뻐하시는 거룩한 산 제물로 드리라." 세 번째 부분은 "이는 너희가 드릴 영적 예배니라"입니다.

구원받은 자들은 어떻게 살아야 합니까? 구원받은 대로 사는 것이 그리스도인의 삶이라면, 그 '구원받은 대로 사는 삶'이란 무엇입니까? 바로 이것에 대해 로마서 12장에서 이야기하는데, 특별히 1절에서는 정의를 내리고 있습니다. 12장을 읽어 보면, 예수님이 마태복음 5-7장에서 하셨던 산상설교가 생각납니다. 산상설교는 천국의 대헌장입니다. 이것을 잘 읽어 보면 예수님을 보다 분명하게 이해할 수 있습니다. 즉 천국을 이해할 수 있으며 그리스도인들이 어떻게 살아야 하는가를 알 수 있습니다. 이런 의미에서 마태복음 5장과 로마서 12장은 같은 맥락이라 할 수 있습니다.

그리스도인의 삶이란 무엇입니까? 구원받은 자의 삶이란 무엇입니까? 그 핵심 답안이 두 번째 부분에 있습니다. '우리 몸을 하나님이 기뻐하시는 거룩한 산 제물로 드리는 것', 이것이 바로 기독교인의 삶입니다.

이 1절 말씀을 한 부분 한 부분 살펴보도록 하겠습니다. "그러므로 형제들아 내가 하나님의 모든 자비하심으로 너희를 권하노니" 이 부분을 잘 이해해야 다음 부분인 그리스도인의 삶의 본질 또한 이해할 수 있습니다. 먼저 '그러므로'라는 단어를 보십시오. 이 '그러므로'라는 접속사는 1 – 11장과 12 – 16장을 연결하는 고리와 같은 역할을 합니다. '그러므로'는 "구원은 하나님의 능력이며 율법이나 우리의 행위로 구원받는 것이 아니라 믿음으로 구원받고 의롭게 된다는, 이 놀라운 구원의 진리를 깨달았다면"이라는 뜻입니다. "그러므로 당신은 이렇게 살아야 합니다", "그러므로 당신은 구원받은 자로서 이렇게 살 수 있습니다"라는 뜻입니다.

또 "예수 그리스도를 믿음으로써 우리는 하나님의 자녀가 되었고, 동시에 하나님과의 관계를 회복했습니다. 당신이 만약 하나님과의 관계를 회복하고 구원받은 자로서 섰다면, 당신이 예수 그리스도 안에서 결코 정죄함을 받지 않는 삶을 살게 되었다면, 성령의 법에 지배를 받게 되었다면, 당신은 이렇게 사십시오"라는 뜻입니다.

로마서의 구원의 핵심은 이런 개인의 구원으로 끝나지 않습니다. 따라서 "참으로 구원이 이방인들만을 위한 것이 아니요, 온 이스라엘까지 구하는 것이라면"이라는 뜻도 있습니다. 원래 구원은 이스라엘에게서 왔습니다. 그러나 이스라엘이 실패하고 우둔해짐으로 말미암아 이방인에게로 갔습니다. 이방인의 충만한 숫자가 차기까지 이스라엘은 완악한 역할을 하게 된 것입니다.

이미 여러 번 설명했지만, 하나님의 계획은 이스라엘만을 구원하는 것이 아닙니다. 온 이방인을 구원하는 것입니다. 온 이방인을 구원하기 위하여 하나님은 이스라엘을 실패하게 만드셨고, 이스라엘의 완악함을 인하여 온 이방인들이 예수님을 구주로 믿게 되었습니다. 하나님은 역사의 마지막 때에 이스라엘을 회복시키시고 구원하심으로 말미암아 우주적인 구원의 대 드라마를 완성하실 것입니다. '그러므로'라는 말에는 '당신이 이런 사실을 깨달았다면'이라는 뜻이 있습니다. 이처럼 세 가지 중요한 내용을 이 '그러므로'가 담고 있는 것입니다.

구원이 없는 사람은 구원의 삶도 없습니다. 인생의 의미를 모르는 사람이 열심히 살면 허무와 후회만 남습니다. 인생은 어디에서 와서 어디로 돌아가는가에 대한 해답이 있어야 합니다. 이 해답을 가진 자만이 공부를 해도, 돈을 벌어도, 결혼을 해도, 의미가 있는 것입니다. 교회론을 알아야 교회를 섬길 수 있습니다. 봉사는 무턱대고 하는 것이 아닙니다. 교회를 알고 봉사하면 더욱 값지게 됩니다. 구원이 무엇인지 아는 사람만이 어떻게 구원의 삶을 살아야 하는가를 알게 되는 것입니다.

믿는 자에게 주어진 말씀

두 번째 나오는 말씀은 '형제들아'입니다. 구원은 다른 사람들에게 주는 메시지가 아닙니다. 형제들에게 주는 메시지입니다. 성경도 세상 사람들에게 주는 메시지가 아니라 택한 사람들에게 주는 메시지입니다. 그래서 예수님은 다른 사람들이 아닌 바로 우리에게 요구하십니다. 이 말씀을 받고 행동하고 순종해야 할 사람들은 세상 사람들이 아니라 우리들입니다.

어떤 사람은 설교를 듣고 은혜받으면 "그래, 이건 아무개 집사가 들어야 해"라고 말합니다. 아닙니다. 말씀은 내가 들어야 합니다. 사도 바울은 "형제들아"라고 분명하게 말하고 있습니다. 구원을 깨달은 사람에게 이 말씀이 주어진 것입니다.

오늘날 많은 사람들이 교회에 왔다가 또는 설교를 듣고 나서 실망하고 떠나는 이유가 무엇인 줄 아십니까? 기독교가 나빠서가 아닙니다. 예수님의 진리가 잘못되었기 때문에 떠나는 것이 아니라 예수님을 믿는 사람들에게 실망했기 때문입니다. 그래서 예수님을 떠나는 것입니다. 교회에 가서는 "할렐루야! 아멘!" 하면서, 집에서는 날마다 신경질 내고 거칠게 말하고 이기적으로 산다면 그 사람을 보고 누가 예수님을 믿겠습니까?

이 말씀은 우리가 받아야 할 말씀입니다. 예수님 믿는 사람, 구원받은 사람은 이렇게 살아야 한다고 말하고 있습니다. 오늘날 구원은 있지만 구원받은 삶이 없기 때문에 기독교가 이토록 타락하게 되었는지도 모릅니다. 숫자가 많다고 진리가 아닙니다. 참된 진리는 영향력을 갖고 있습니다. 사람을 변화시킵니다. 진정으로 구원받은 사람만이 구원받은 삶을 살 수 있다는 사실을 깨달으십시오. 구원받은 자의 삶은 세상 사람들에게 주어진 메시지가 아니라 우리에게 주어진 메시지라는 사실을 기억하십시오.

우리가 밖에 나가 떠들면서 전도하지 않아도, 진실된 마음으로 사랑하고 용서하고 신실한 삶의 모습을 보여 준다면, 아무 말 하지 않아도 사람들이 교회에 오고 예수님을 믿을 것입니다. 오늘날 우리는 너무나 이원론적인 삶을 삽니다. 교회에 들어오면 천국을 독점한 것같이 행동하다가도 교회 문을 나가는 순간부터 세상 사람으로 변합니다. 세상의 방법대로 삽니다. 그러면서 "다 그런 거지"라고 말합니다. 뭐가 그렇습니까? 그렇지 않습니다. 세상에서도 우리는 하나님의 자녀답게 살아야 하고 교회에 들어와도 하나님의 자녀답게 살아야 합니다.

이런 면에서 우리는 어쩌면 세상에서 외로운 존재들입니다. 핍박받고 인기 없는 사람일지도 모릅니다. 그렇지만 우리는 하나님의 법대로 살라고 부름받은 사람들입니다.

세 번째, "내가 하나님의 모든 자비하심으로 너희를 권하노니"

입니다. 이 말씀은 참으로 중요한 말씀입니다. 우리는 이 말씀에서 사도 바울의 영적 태도를 볼 수 있습니다. 구원을 이야기하고 구원 받은 자의 삶을 이야기할 때, 사도 바울은 얼마나 겸손하게 말합니까? 어떤 사람은 "내가 진리를 다 아니까 내 말을 따르라!"고 호통을 칩니다. 그러나 사도 바울은 그렇게 말하지 않습니다. 사도 바울은 야단치거나 꾸짖지 않았습니다. 비판하지도 않습니다. 그러나 오늘날 유감스럽게도 많은 설교자와 윤리 운동가들은 꾸짖습니다. 만약 누군가를 꾸짖고 싶다면, 여러분이 꾸짖지 말고 성경이 꾸짖게 하십시오. 하나님이 그 사람을 꾸짖게 하십시오.

내가 꾸짖으면 그 사람은 상처를 받습니다. 특히 정의에 민감한 사람은, 본인도 정의를 전부 실천한 사람이 아니라는 사실을 기억하십시오. 우리는 모두 정죄 받아야 하는 죄인들입니다. 심판자는 하나님뿐입니다. 우리가 할 수 있는 일은 사랑과 용서입니다. 우리는 서로 격려해 주어야 합니다. 서로를 축복하고 사랑해 주어야 합니다. 정죄를 통해서 사람은 변하지 않습니다. 사람은 사랑을 통해서 변합니다.

충고하고 야단친다고 사람이 변하는 것이 아닙니다. 기분만 나쁩니다. 자기가 죄인이라는 사실을 확인할 뿐입니다. 죄를 용서하는 법을 가르쳐 주어야 합니다. 사랑으로 감싸는 법을 가르쳐 주어야 합니다. 그것이 예수님의 방법이었습니다.

예수님은 사람들을 야단치지 않으시고 십자가에 못 박혀 죽으셨습니다. 예수님에게는 얼마든지 야단치실 자격이 있었지만 그렇게 하시지 않았습니다. 저는 여러분이 야단치는 행동을 많이 하지 않기를 바랍니다. 남편들이여, 아내를 야단치지 않기를 바랍니다. 사랑하십시오. 이해하십시오. 격려해 주십시오. 그러면 빨리 고쳐집니다. 아내 여러분, 남편에게 바가지 긁지 마십시오. 바가지는 소리만 나지 절대 변화를 가져오지 않습니다. 기도하십시오. 사랑하십시오. 용서하십시오. 격려하십시오. 사람은 사랑으로 변하게 되어 있습니다.

사도 바울은 "내가 너에게 명령한다"고 말하지 않았습니다. 못된 자식을 고치려는 간절한 아비의 마음으로 말하고 있습니다. "나도 죄인이지만 우리 하나님의 법대로 한번 살아 봅시다"라고 말합니다. 이런 말을 들을 때 우리는 서로 용기를 갖게 됩니다. 사도 바울은 하나님의 모든 자비로 구원받은 자의 삶을 권하고 있습니다.

우리가 구원받았고 하나님의 은혜를 입었다면, 마땅히 하나님의 법대로 살아야 합니다. 그러나 우리는 그렇게 살지 못합니다. 또 넘어지고 또 깨지지만, 이 말씀을 듣고 다시 일어날 수 있기를 바랍니다. 용기를 얻고 회복하여서 하나님의 뜻대로 살아가는 우리가 되기를 축원합니다.

제물로서의 그리스도인

그러면, 구원받은 자의 삶이란 어떤 것입니까? 사도 바울은 먼저 정확한 정의부터 내리고 있습니다. 그것이 1절 후반부 말씀입니다. "너희 몸을 하나님이 기뻐하시는 거룩한 산 제물로 드리라."

예수님을 믿는 사람이란 어떤 사람입니까? 예수님을 믿는 사람은 어떻게 살아야 합니까? '자기 몸을 하나님이 기뻐하시는 거룩한 산 제물로 드리는 사람', 이런 사람이 바로 그리스도인입니다. 사도 바울은 제사법을 가지고 그리스도인의 삶을 설명합니다. 아주 독특한 설명입니다. 제사에서 가장 중요한 것은 제물입니다. 제물 없는 제사가 있습니까? 그래서 제사를 지낼 때 사람들은 음식도 하고 돼지도 잡고 하는 것입니다.

모든 그리스도인은 '제물'입니다. 제물은 바쳐지는 것입니다. 희생되는 것입니다. 구약의 제사는 소나 양을 잡아서 제물로 드렸습니다. 그 제물이 자신의 죄를 대신한다고 여겼습니다. 그렇게 하면 자신의 죄가 용서받는 것으로 생각했습니다.

제물은 죽게 되어 있습니다. 예수님을 가리켜 세례 요한은 "보라 세상 죄를 지고 가는 하나님의 어린 양이로다"(요 1:29)라고 말했습니다. 예수님은 온 인류를 위한 제물이었습니다. 온 인류의 죄를 대속하기 위하여 십자가에 못 박혀 죽은 것입니다.

제물은 말이 없어야 합니다. 원망이 없어야 합니다. "내가 왜 제물이 되느냐?"라고 하면 안 됩니다. 제물은 자기 죄 때문에 죽는 것이 아니라 다른 사람의 죄 때문에 희생당합니다. 만약 예수님이 희생되지 않았더라면 인류의 구원은 없었습니다. 그리스도인은 이 세상을 위한 희생 제물입니다. 내가 잘못해서가 아니라 다른 사람의 죄를 뒤집어쓰고 제물이 되는 것이 바로 그리스도인입니다.

이익을 챙기는 것이 아닙니다. 예수님 믿어서 건강해지고 부자가 되고 축복을 받는 것만이 기독교가 아닙니다. 그리스도인의 참된 모습은 제물이 되는 것입니다. 이런 사람을 가리켜 '구원받은 자'라고 말하는 것입니다. 따라서 억울한 일을 당하거나 손해를 보는 것은 당연합니다.

이사야서는 예수님에 대해 "그가 곤욕을 당하여 괴로울 때에도 그의 입을 열지 아니하였음이여 마치 도수장으로 끌려가는 어린 양과 털 깎는 자 앞에서 잠잠한 양 같이 그의 입을 열지 아니하였도다"(사 53:7)라고 표현하고 있습니다.

또 희생 제물이 되신 예수님에 대해서는 "그가 찔림은 우리의 허물 때문이요 그가 상함은 우리의 죄악 때문이라 그가 징계를 받으므로 우리는 평화를 누리고 그가 채찍에 맞으므로 우리는 나음을 받았도다"(사 53:5)라고 표현합니다. 여기서 '그'를 '그리스도인'으로 바꾸어 읽으면 구원받은 자의 삶을 쉽게 이해할 수 있습니다.

"모든 그리스도인의 찔림은 세상 사람들의 허물 때문이요 그리스도인들이 상함은 세상 사람들의 죄악 때문이라 그리스도인들이 징계를 받으므로 세상 사람들이 평화를 누리고 그리스도인들이 채찍에 맞음으로 세상 사람들은 나음을 받았도다.”

예수님도 “누구든지 나를 따라오려거든 자기를 부인하고 자기 십자가를 지고 나를 따를 것이니라”(마 16:24)라고 말씀하셨습니다. 이 사람이 그리스도인입니다. 이것이 원리입니다. 이렇게 사는 사람이 세상에 있으면 그 사람을 가리켜 사람들이 ‘빛’ 혹은 ‘소금’이라고 표현하는 것입니다.

왜 어떤 그리스도인들은 목말라 할까요? 헌금도 하고 봉사도 열심히 하는데 뭔가 허전해하는 것은 제물이 되기를 거부하고 있기 때문입니다. 그래서 신앙생활에서 어딘가 외롭고, 어딘가 부족하다고 느끼는 것입니다. 몸을 드려야 합니다. 신앙생활은 ‘몸’을 드리는 것입니다. 어떤 사람들은 생각이나 이념, 정신이 중요하다고 생각합니다. 그래서 신앙생활도 그렇게 합니다. 이런 사람들은 고독합니다. 몸이 없기 때문입니다. 몸이 없으면 영도 없습니다. 영은 몸이 있기 때문에 있는 것입니다. ‘영’만큼 중요한 것이 바로 ‘몸’입니다.

따라서 그리스도인의 삶은 영을 드리는 것이 아니라 몸을 드리는 것입니다. 이것이 예배요 신앙입니다. 예수님은 베드로를 향해 “마음에는 원이로되 육신이 약하도다”(마 26:41)라고 말씀하셨습니다. 마음으로는 벌써 선교사도 몇 번이나 하고, 십일조도 하고, 봉사도 열심히 했습니다. 다만 몸이 따르지 못했을 뿐입니다. ‘몸을 드린다'는 것은 내 시간을 드리는 것입니다. 시간을 드리지 않고 어떻게 몸을 드릴 수 있습니까? 어떤 사람들은 고상하게 '플라토닉 러브', 즉 '정신적 사랑'을 한다고 합니다. 그러나 어떻게 정신으로만 사랑할 수 있습니까? 몸으로 사랑해야 하지 않습니까?

신앙도 마찬가지입니다. 너무나 영적으로만 생각합니다. 그러나 예수님은 몸으로 믿어야 합니다. 하나님은 우리의 몸을 원하십니다. '몸'은 시간이요 은사입니다. 찬양으로 섬기는 분들은 자신의 몸으로 섬기는 분들입니다. 저는 설교를 함으로써 하나님을 섬기는 것입니다. 아이들을 돌보든지, 화장실 청소를 하든지, 주차 안내를 하든지, 우리 몸이 움직일 때 신앙의 실체가 보이는 것입니다. 몸이 움직이지 않으면 관념적이 되거나 이성적이 됩니다. 현실이 없습니다. 몸이 없는 사람은 받을 축복도 없습니다.

참된 예배란 몸을 드리는 것입니다. 몸이 가면 마음이 따라갑니다. 그러면 몸이 건강해집니다. 하지만 몸이라고 같은 몸이 아닙니다. 어떤 몸이냐가 중요합니다. 하나님은 부정한 몸을 받지 않으십니다. 제사에서 흠 없고 티 없는 제물을 받으시는 것처럼, 하나님은 우리의 깨끗한 몸을 원하십니다.

헌금이라고 같은 헌금이 아닙니다. 땀 흘리고 기도하고 눈물 흘리면서 준비한 헌금이어야 합니다. 먹고 싶은 것 먹지 않고, 사고 싶은 것 사지 않고 드리는 돈을 하나님은 기뻐하십니다. 하나님은 이런 돈을 통하여 기적과 역사를 일으켜 주십니다. 바쁘지만 하나님이 너무나 중요하기 때문에 하나님께 우선순위를 두어야 합니다.

어떤 분들은 이렇게 말합니다. "여보, 당신이 나 대신 가서 예배 드리고 와." 예수님을 잘 믿다가 바빠졌다고 교회에 못 오는 것입니다. 이것은 예배가 아닙니다. 몸이 오는 것이 중요합니다. 카터 대통령은 주일마다 꼭 예배를 드렸고, 아무리 국정이 바빠도 교회학교 아이들을 가르쳤습니다. 이 얼마나 위대한 신앙입니까?

이것이 신앙입니다. 참된 신앙은 형식이나 관념에 있지 않습니다. 몸이 중요합니다. 그래서 우리의 직장도 중요합니다. 봉사가 교회에 국한되는 것은 아닙니다. 우리의 직장은 우리가 봉사할 수 있는 매우 중요한 곳입니다. 우리는 그곳에서 하나님의 제물이 되어야 합니다. '나는 왜 빨래만 하나?', '나는 왜 기저귀만 치우나?' 라고 생각하지 마십시오. 그곳이 예배의 처소요, 그것이 바로 예배입니다. 교회에 와서 드리는 것만이 예배가 아니라, 삶이 예배입니다. 내가 있는 곳이 선교지입니다. 우리는 그 세계를 변화시키라고 제물로 바쳐진 사람들입니다. 그럼에도 제물이 안 되는 사람이 문제입니다.

지금 계신 그곳에서 제물이 되십시오. 희생양이 되십시오. 그러면 그 조직이 변합니다. 세상이 변합니다. 사람들이 예수 그리스도를 느끼게 됩니다. 몸은 깨끗하고 거룩하고 순결해야 합니다. 하나님이 기뻐하시는 몸이어야 합니다. 하나님이 돈이 필요해서 헌금하라는 것이 아닙니다. 우리에게 복을 주기 위하여 기도하는 돈을 원하시는 것입니다. 또 한 가지를 보겠습니다. 사도 바울은 '산 제물'로 드리라고 합니다. 죽은 제물은 냄새가 납니다. 아무런 일도 일어나지 않습니다. 그러나 산 제물은 영향을 줍니다. 변화가 일어납니다. 열매가 있습니다.

이제 1절의 마지막 부분을 보겠습니다. "이는 너희가 드릴 영적 예배니라." 여기서 '영적'이라는 말은 '온전하다'는 뜻입니다. 예배는 '봉사(service)'입니다. 참된 예배란 온전한 헌신과 봉사를 의미합니다. 헌신과 봉사가 없는 사람은 예배가 없는 사람입니다. 물질로도, 마음으로도, 몸으로도 헌신할 때 진정한 신앙, 건강한 신앙이 자라납니다. 이것이 그리스도인입니다. 우리 모두 이런 그리스도인들이 되기를 축원합니다.

15

변화를 받으라

로마서 12:2

로마서 12장 1절을 통하여 그리스도인의 삶의 본질이 무엇인가를 배웠습니다. 그리스도인의 삶은 하나님이 기뻐하시는 거룩한 산 제사로, 제물로 드리는 것입니다. 이것이 우리가 드리는 영적 예배입니다. '영적 예배'는 '온전한 헌신'을 의미합니다. '예배'는 영어로 '서비스(service)'라고 표현하는데 이 말에는 '예배'라는 뜻과 함께 '봉사'라는 뜻도 있습니다. 다시 말하면 하나님께 봉사하는 것이 예배라는 것입니다. 설교자는 말씀으로, 성가대원들은 목소리로, 어떤 분들은 주차 안내로 하나님께 봉사합니다. 삶으로 예배드리는 것입니다. 이처럼 예배와 삶은 나누어지지 않습니다. 예배와 삶은 하나입니다. 이것이 그리스도인의 삶입니다.

그리스도인의 삶은 예배입니다. 그것은 노동입니다. 내 몸이 가는 곳이 예배할 처소입니다.

삶이 예배가 되는 이들

앞 장에서 말씀드렸던 메시지는 굉장히 중요합니다. 1절을 다시 보십시오. "그러므로 형제들아 내가 하나님의 모든 자비하심으로 너희를 권하노니 너희 몸을 하나님이 기뻐하시는 거룩한 산 제물로 드리라 이는 너희가 드릴 영적 예배니라."

제물은 희생하는 것입니다. 희생하지 않는 제물은 없습니다. 따라서 제물은 죽음을 의미합니다. 제사에는 제물이 필요합니다. 오늘날 우리 사회에는 희생양이 필요합니다. 그런데 그것이 없기 때문에 어렵습니다. 예수님은 온 인류의 죄를 씻어 주시기 위해서 제물이 되셨습니다. 그것이 십자가입니다. 예수님의 희생이 있었기 때문에 우리는 구원을 받았습니다. 이것이 그리스도인의 삶입니다.

제물은 자기가 잘못한 것 때문에 희생당하는 것이 아닙니다. 다른 사람이 잘못한 것을 대신하는 것입니다. 이처럼 그리스도인이 제물이 되어야 합니다. 오늘날 교회도 많고 예수님 믿는 사람도 많은데 왜 세상이 변하지 않습니까? 교회가, 그리스도인이, 제물 되기를 거부하기 때문입니다. 제물 되는 것은 쉬운 일이 아닙니다. 여러분에게 제물이 되라고 하면 하시겠습니까? "저는 예수는 믿지만 제물은 되기 싫습니다"라고 하실 것입니다.

가정에도 제물이 필요하고 교회에도 제물이 필요합니다. 예수님은 "아무든지 나를 따라오려거든 자기를 부인하고 날마다 제 십자가를 지고 나를 따를 것이니라"(눅 9:23)라고 말씀하셨습니다. 이 말씀은 '제물이 되라'는 뜻입니다. 즉, 제물은 자기를 부인하고 자기 십자가를 지고 따르는 사람입니다. 이런 사람을 가리켜 그리스도인, 제물이라고 합니다. 그리스도인이 바로 이런 사람이기 때문에 그리스도인이 가는 곳마다 예배가 이루어집니다. 이렇게 사는 것을 가리켜 '빛과 소금'의 삶이라고 말합니다. 그렇게 되면 기적이 일어납니다.

그렇다면 그리스도인의 행동 강령은 무엇입니까? 사도 바울은 두 가지 원리를 제시하고 있습니다. 첫째는 '~하지 말라'입니다. 둘째는 '~하라'입니다. 성경에 나오는 모든 율법도 이 두 가지입니다. '~하지 말라'는 것은 '이 세상을 본받지 말라'는 말입니다. 세상은 변합니다. 시대에 따라 가치관과 진리관은 달라집니다. 그런데 사람들은 자꾸만 세상을 따라갑니다. 세상을 따라가지 않으면 살 수 없다고 생각합니다. 그래서 유행을 따라가고 세상이 좋아하는 대로 합니다. 하지만 진리는 영원합니다. 그렇기 때문에 '세상을 따라가지 말라'고 하는 것입니다. 이것이 첫 번째 원리입니다.

두 번째 원리는 첫 번째보다 적극적인 것입니다. '너희 심령이 변화를 받으라'는 것입니다. 변화를 받게 되면 무슨 일이 일어납니까? 하나님의 기뻐하시고 선하시고 온전하신 뜻이 무엇인지 알게 됩니다. 좋은 주인의 뜻을 알아야 일할 수 있습니다. 주인의 뜻도 모른 채 종이 제 마음대로 일하면 그것은 주인을 위한 것이 아닙니다. 일은 열심히 했는데 주인과는 상관이 없는 것입니다.

마찬가지입니다. 우리가 하나님을 위하여 희생하고 봉사했다고 생각해도, 하나님의 뜻을 모른 채 내 마음대로 열심히 했다면 그것은 하나님과는 상관이 없는 것입니다. 하나님을 기쁘시게 한 것이 아니라는 말입니다. 내가 좋은 것을 하는 게 아니라 하나님이 기뻐하시는 것을 정확하게 알아서 그대로 해야 합니다. 더도 덜도 아닙니다. 하나님이 원하시는 만큼 하면 하나님이 기뻐하십니다.

이것이 그리스도인의 삶입니다. 대부분의 사람들이 열심이 없거나 믿음이 없기보다는 하나님의 마음을 모르고 자기 마음대로 하나님을 섬깁니다. 그렇게 시간과 돈, 건강을 다 낭비하고 나중에 "하나님이 저한테 이럴 수가 있습니까?"라고 말하는 것입니다.

1절이 그리스도인의 삶을 정의하고 있다면, 2절은 그리스도인의 행동하는 원리를 설명합니다. 따라서 1절과 2절은 매우 밀접한 관계가 있습니다. 2절을 보겠습니다.

> 너희는 이 세대를 본받지 말고 오직 마음을 새롭게 함으로 변화를
> 받아 하나님의 선하시고 기뻐하시고 온전하신 뜻이 무엇인지 분별
> 하도록 하라(롬 12:2).

이 말씀을 전부 외우십시오. 이 말씀은 통째로 먹어야 합니다. 이 말씀이 우리의 삶을 정의하고 있기 때문입니다.

세상을 본받지 말라

먼저 '~하지 말라'는 소극적인 명령부터 살펴보겠습니다. 성경은 이렇게 말합니다. "당신이 예수 믿고 구원받은 사람으로 잘 살려

면 이 세상을 본받지 말라. 세상을 따라 살면, 세상 방법대로 살면 예수 믿는 삶을 살 수 없다."

문제는 내가 세상 안에 있다는 것입니다. 내가 천국에 있으면 아무런 걱정이 없을 텐데 내가 살고 있는 현주소가 세상 한복판이기 때문에 세상 사람들과 만나 일을 해야 하고, 함께 살아야 하고, 함께 호흡하며 지내야 합니다. 그러나 그들은 사고방식과 사는 방법이 우리와 전혀 다릅니다. 가치관이 다릅니다. 소속이 다릅니다. 그들은 하나님이 없다고 말합니다. 자기가 중심이 됩니다. 이런 사람들과 어떻게 살아갈 수 있겠습니까? 여기에 그리스도인의 갈등이 있고 고민이 있습니다. 세상이 어마어마한 힘을 가지고 내게 접근해 오기 때문입니다.

이런 의미에서 보면 그리스도인들은 간첩과도 같습니다. 간첩이 아닌 것처럼 살다가 밤만 되면 무전을 칩니다. 세상에서 살다가 밤만 되면 하나님께 기도하는 것입니다.

우리는 세상 사람들 가운데 있지만 목적이 다른 사람들입니다. 생각이 다른 사람들입니다. 세상 사람들은 사람을 기쁘게 하고 물질 중심으로 살지만, 그리스도인은 하나님이 목표입니다. 하나님을 기쁘시게 하는 데 의미가 있습니다. 세상을 변화시키는 데 내 삶의 의미가 있습니다. 그러나 세상에서 살면서 하나님의 뜻대로 산다는 것은 참 어렵습니다. 그래서 구약에서는 몇 가지 모델들을 제시합니다.

이스라엘 백성은 애굽에서 4백 년 동안 종살이를 했습니다. 우리는 일제 치하에서 46년간 종살이를 했는데 아직도 상처와 한이 있습니다. 그러니 4백 년 동안 종살이를 했으면 어떻겠습니까? 정치, 문화, 경제, 사고방식, 모든 것이 애굽 사람과 같이 되지 않았겠습니까? 그래서 하나님은 이스라엘 백성을 애굽에서 빼내기로 결정하신 것입니다. 하나님은 모세를 통해서 이스라엘을 애굽으로부터 탈출시키셨습니다. 이 과정이 얼마나 힘들었습니까?

마귀가 우리를 쉽게 놓아 주겠습니까? 쉽게 놓아 주지 않습니다. 꼭 다리를 잡고 못 가게 합니다. 애굽에서 나올 때 마귀는 10번을 잡았습니다. 여러분도 이런 것을 경험하지 않습니까? 예수님을 잘 믿으려고 하면 꼭 뒷덜미를 잡히지 않습니까? 마귀는 우리를 쉽게 포기하지 않습니다. 그러나 하나님은 애굽에서 이스라엘 백성을 빼내셨습니다. 그래야만 하나님의 백성답게 살 수 있기 때문입니다.

세상에 오래 사셨던 여러분, 얼마나 고생이 많으십니까? 이스라엘 백성은 4백 년 동안 애굽의 때가 묻었습니다. 그래서 하나님이 할 수 없이 때를 벗기셨습니다. 그 때를 벗기는 데 40년이 걸렸습니다.

때를 벗기는 가장 좋은 방법은 '고난'입니다. 하나님은 이스라엘 백성을 광야에서 먹을 것 먹지 못하고, 입을 것 입지 못하고, 마실 것 마시지 못하게 하셨습니다. 오직 하나님만 바라보게 하셨습니다. 인간이 살 수 없는 광야로 그들을 인도하셔서 오직 하나님만 의지하며 살도록 하셨습니다. 하나님의 백성답게 살도록 하신 것입니다.

이러한 역사는 또 있습니다. 70년 포로 생활입니다. 이스라엘 백성은 하나님이 주신 복을 누리면서 우상을 숭배했습니다. 그들은 하나님을 떠났습니다. 형식적으로 하나님께 예배드렸습니다. 그래서 하나님은 그 모든 것을 없애셨습니다. 그리고 70년 동안 포로 생활을 하게 하셨습니다. 하나님의 백성은 하나님의 백성답게 살아야 하기 때문입니다. 세상 방법대로 살지 않도록 그렇게 하신 것입니다.

우리가 유대인들에게 배울 교훈도 있습니다. 그들은 2천 년 동안 전 세계로 유리방황하며 살아왔습니다. 그러나 놀라운 사실은, 그런 상황에서도 그들은 율법을 지키고 자식들에게 히브리어와 말씀을 가르쳤습니다. 그들은 이방 문화 속에 살면서도 성경에서 금지한 음식을 먹지 않았습니다. 오히려 세상 문화를 바꿨습니다. 비행기에서 유대인들을 위한 식사가 따로 제공되는 것이 그 예입니다. 세상이 이스라엘을 변화시키지 못했습니다. 이스라엘이 세상을 변화시켰습니다. 마찬가지로 그리스도인이 세상을 따라가서는 안 됩니다. 세상이 우리를 변화시키는 것이 아니라 우리가 세상을 변화시켜야 합니다. 그러나 요즘 우리는, 예수님을 믿는 사람만의 믿음, 태도, 생활을 다 포기하고 말았습니다.

요한일서에 아주 적절한 말씀이 있습니다. "이 세상이나 세상에 있는 것들을 사랑하지 말라 누구든지 세상을 사랑하면 아버지의 사랑이 그 안에 있지 아니하니 이는 세상에 있는 모든 것이 육신의 정욕과 안목의 정욕과 이생의 자랑이니 다 아버지께로부터 온 것이 아니요 세상으로부터 온 것이라 이 세상도, 그 정욕도 지나가되 오직 하나님의 뜻을 행하는 자는 영원히 거하느니라"(요일 2:15-17).

세상은 변하기 때문에 세상을 따라가는 사람들은 오래 가지 못합니다. 그러나 하나님을 경외하는 사람들은 촌스럽고, 바보스럽고, 시대에 맞지 않는 것 같지만 영원합니다. 예수님도 마태복음에서 비슷한 말씀을 하셨습니다. "그러므로 그들을 본받지 말라 구하기 전에 너희에게 있어야 할 것을 하나님 너희 아버지께서 아시느니라"(마 6:8). 우리는 소속과 위치, 신분이 다른 사람들입니다. 세상 속에 살지만 우리는 하나님의 백성이요, 우리의 임금은 예수 그리스도시요, 우리의 통치자는 하나님이십니다.

문제는 '세상대로 사느냐 성경대로 사느냐'입니다. 이 문제에 대하여 성경은 단호하게 "구원받은 성도라면 세상을 따라가지 말라! 이 세대를 본받지 말라!"고 말씀하십니다.

저희 부모님이 생각납니다. 저는 어릴 적부터 교육받은 것이 있습니다. 저희 집안은 북쪽에서 피난을 와 어렵게 살았는데, 그 상황에서도 저희 부모님은 매일 새벽 기도를 하셨습니다. 저는 믿음이 없을 때부터 그것을 보며 자랐습니다. 이것이 지금 와 돌이켜 보면 얼마나 귀한지 모릅니다. 하루에 두 번 가정 예배를 드렸고, 주일에는 밖에서 음식도 사 먹지 않았습니다. 십일조는 당연한 것이었습니다. 언제나 교회 중심의 생활이었습니다.

이것이 기독교 문화입니다. 어떻게 보면 시대에 뒤떨어진 것 같고 촌스러워 보이기도 합니다. 그러나 그리스도인은 그렇게 살아야 합니다. 자식들에게도 이것을 가르쳐야 합니다. 하지만 이것이 지나치면 율법주의가 됩니다. 율법주의가 지나치면 오히려 예수님을 잃어버립니다. 그럼에도 기독교 문화를 만들어야 합니다. 만약 그리스도인들이 주일에 텔레비전을 보지 않는다면, 주일에 오락성 프로그램을 하지 않을 것입니다. 텔레비전이 우리를 변화시키는 것이 아니라 우리가 텔레비전을 변화시켜야 합니다.

변화를 받으라

두 번째는 적극적인 명령으로 '~하라'는 것입니다. 오직 마음을 새롭게 함으로 변화를 받으라고 하십니다. 여기서 '변화를 받는다'는 말은 '거듭난다', '새로운 피조물이 된다'는 뜻입니다.

우리는 새롭게 변화를 받아야 합니다. 물이 변하여 포도주가 되었듯이, 본질상 진노의 자식이고 저주의 자식이고 사탄의 자식이었던 우리들이 하나님의 은혜로 거듭나야 하는 것입니다. 변화 없이 새 출발은 없습니다. 여러분 모두가 거듭나시기를 기원합니다. 혹시 갈등하시는 분들은 거듭나는 기도를 하시기 바랍니다.

거듭나십시오. 거듭나야만 새로운 출발이 있습니다. 거듭나지 못한 사람들에게는 새로운 출발이 있을 수 없습니다. 사탄의 손아귀에 있는 한 우리가 아무리 잘 살고 싶고, 정직하고 싶고, 의롭고 싶어도 할 수 없는 것입니다. 따라서 먼저 마귀의 세력에서 빠져나와야 합니다. 어둠의 세력, 저주와 죽음의 세력으로부터 빠져나와야 합니다. 그리고 빛의 자녀가 되어야 합니다. 그래야만 빛의 자녀로 살 수 있습니다.

어떻게 변화를 받습니까? 두 가지가 있습니다. 첫 번째, 예수님과 성령님으로 인해 변화를 받습니다. 사도 바울은 "그러므로 이제 그리스도 예수 안에 있는 자에게는 결코 정죄함이 없나니"(롬 8:1)라고 말했습니다. 예수님이 내 안에 계시면 내 안에 있는 정죄함, 죄책감, 죄가 다 사라진다는 것입니다.

두 번째, 예수님을 영접하고 죄 사함을 받으면 생명의 성령이 기름을 부어 주십니다. 성령이 오시면 죄와 사망의 법에서 해방됩니다. 이것이 거듭남입니다. 거듭난 사람은 마음을 새롭게 함으로 변화를 받아야 합니다. 변화되면 하나님의 뜻을 알게 됩니다. 하나님의 뜻은 선하시고, 기뻐하시고, 온전하십니다. 하나님의 뜻에는 이세 가지 요소가 있습니다.

하나님의 뜻은 우선 하나님이 기뻐하시는 것입니다. 아무리 좋은 일을 해도 하나님이 기뻐하시지 않으면 하나님의 뜻이 아닙니다. 그리고 하나님의 뜻은 선합니다. 또한 하나님의 뜻은 부분적이 아닌 온전함입니다. 구약과 신약이 짝을 이루듯이 하나님의 뜻은 온전합니다.

무엇이든지 알면 쉽고 모르면 어렵습니다. 예수님을 믿는 것도 그렇습니다. 예수님을 알면 쉽고, 모르면 어렵습니다. 감옥에 들어가거나 암에 걸린 것이 문제가 아닙니다. 참된 그리스도의 삶을 알게 되면 우리는 기쁘고 즐겁고 신이 납니다. 이것은 고통이 아닙니다. 그런데 억지로 끌려 다니는 사람이 있습니다. 예수님을 믿기는 하는데 그 길로 가지 않으려고 버티는 사람이 있습니다. 교회에 오기는 하는데, 꼭 늦게 오고 설교 시간에는 좁니다. 그렇다고 교회에 오지 않는 것은 아닙니다.

반면에 어떤 사람은 기쁨으로, 감사함으로, 충만함으로 삽니다. 7시에 오라고 하면 1시간 전에 옵니다. 그런 것은 누가 시켜서 하는 일이 아닙니다. 연애하는 사람이 데이트 약속에 늦는 것 보셨습니까? 7시에 만나자고 해도 그 전에 가 있지 않습니까? 이런 것이 그리스도인의 삶입니다. 우리에게 이런 축복이 있기를 바랍니다.

고생하는 것이 문제가 아닙니다. 기쁨이 있느냐 없느냐가 중요합니다. 돈이 있고 없고가 중요하지 않습니다. 병이 들었는지도 중요하지 않습니다. 예수님이 내 안에 계셔서 그분이 나를 지배하시고 다스리시느냐가 중요합니다.

하나님의 뜻을 아는 법

좋은 주인의 마음을 알아야 합니다. 성도는 하나님의 마음을 알아야 합니다. 알면 쉽습니다. 목표가 없는 것을 가리켜 '방황'이라고 합니다. 가지 않는 것이 아닙니다. 가기는 하는데 어디로 가야 할지를 모르는 것입니다.

우리에게 돈을 버는 목적이 있기를 바랍니다. 오래 사는 이유가 있기를 바랍니다. 결혼하는 이유가 있어야 하고, 자녀를 양육하는 목적이 있어야 하며, 직장 생활을 하는 의미가 있어야 합니다. 그 의미를 아는 사람은 직장에 가는 것을 좋아합니다. 재미있어합니다. 상사가 아무리 뭐라고 해도 이 사람에게는 삶의 의미가 있기 때문에 기쁩니다.

중요한 것은 하나님의 음성을 듣는 것입니다. 변화 받은 사람만이 하나님의 음성을 들을 수 있습니다. 우리 모두 하나님의 음성을 듣기 바랍니다.

한 자매의 임종 예배를 드린 적이 있습니다. 그분은 당시에 대학병원 응급실에 있었습니다. 제가 그분에게 이런 말씀을 드렸습니다. "지금 우리는 당신의 임종 예배를 드리고 있습니다. 이곳에서 당신은 의사와 간호사 외에는 만나는 사람이 없을 것입니다. 그러니 그 사람들에게 예수님을 전하십시오. 제가 전하면 믿지 않을지 모르지만, 당신이 전하면 믿을 겁니다." 그랬더니 자매님이 미소를 지었습니다. 사명을 발견했기 때문입니다. 죽는 순간에 사명을 발견한 것입니다. 이후에 그 자매님은 회복되어서 일반 병동으로 옮겨갔습니다.

그때 그분은 완전무장한 군인같이 온몸에 바늘과 호스가 꽂혀 있었지만, 사명을 발견하고는 기뻐했습니다. 그분이 "나는 오늘 죽지만 내 마음에는 평안이 있습니다. 당신도 예수님을 믿으십시오"라고 전도할 때 그 말에는 설득력이 있었습니다.

예수님은 최악의 상황에서 최선의 결과를 만드시는 분입니다. 우리의 모든 실패를 바꾸어 축복으로 바꾸어 주실 것이며, 우리가 저주라고 생각했던 삶의 모든 고통이 변하여 축복이 될 줄로 믿습니다. 이 메시지에 매우 적합한 말씀이 데살로니가전서에 있습니다. "항상 기뻐하라 쉬지 말고 기도하라 범사에 감사하라 이것이 그리스도 예수 안에서 너희를 향하신 하나님의 뜻이니라"(살전 5:16-18).

하나님의 뜻을 검증하는 방법은 세 가지가 있습니다. 우선 하나님의 뜻은 기쁩니다. 영혼이 기쁘지 않은 것은 문제가 있는 것입니다. 손해냐 이익이냐가 아닙니다. 어떤 사람은 한 길을 선택한 뒤에 불안해하지만, 하나님의 뜻은 힘든 길일지라도 마음에 기쁨이 있습니다. 두 번째, 하나님의 뜻은 그 일에 대해 계속 기도하게 합니다. 그리고 마지막으로 감사가 있습니다. 이러하다면 분명히 하나님의 뜻입니다.

따라서 하나님의 뜻은 선하고 기쁨이 있고 온전합니다. 동시에 내 안에 기쁨과 기도와 감사가 흘러넘칩니다. 이러하다면 하나님의 뜻과 일치하는 것입니다. 우리는 두 가지를 기억해야 합니다. 첫 번째, '세상을 따라가지 말라'는 것입니다. 외롭고 힘이 들지라도 그 길을 계속 가라는 말입니다. 당신이 선택한 길은 옳은 길입니다. 두 번째는 "마음이 새롭게 되어 변화를 받아 하나님의 뜻을 발견하라. 그리고 그 뜻대로 살라"는 것입니다. 이것이 그리스도인의 삶 전부입니다. 하나님의 복이 여러분에게 함께하기를 축원합니다.

○

16

지혜롭게 생각하라

로마서 12:3

○

예수님을 만나면 변화되는 것이 많습니다. 변화된 그리스도인의 가장 큰 특징은 주제 파악을 한다는 점입니다. 사람은 자기가 자기를 제일 잘 아는 것 같지만 사실 그렇지 않습니다. 그래서 사람들은 자기가 중심이 되어 살아갑니다. 다 자기 것이라 여기며 살아가지만 한참 지나고 나면 그렇지 않다는 사실을 깨닫습니다.

왜 우리가 상처를 받는지 아십니까? 자신을 잘 알지 못하기 때문입니다. 자신을 아는 사람은 상처를 받지 않습니다. 우리는 허상을 가지고 살아갑니다. 어떤 사람이 화장을 예쁘게 하고 폼을 잡으면서 걸어갑니다. 그런데 얼굴에 검댕이가 묻어 있습니다. 자신은 모릅니다. 그러니까 스스로 예쁘다고 생각하고 폼을 잡는 것입니다.

이처럼 우리는 자신을 잘 알지 못합니다. 자신의 얼굴을 보려면 거울을 들여다보아야 합니다. 마찬가지로 참된 나를 알고 싶다면 하나님을 만나야 합니다.

자기를 보는 법

하나님을 만나기 전까지는 자신이 누구인지 알 수 없습니다. 사도 바울도 예수님을 만난 이후에 자기를 알게 되었습니다. 그는 대표적인 지성인입니다. 율법에도 자신이 있었고 누구보다도 하나님을 사랑한다고 생각했던 사람입니다. 그런데 그는 자기의 사랑이 얼마나 잘못되었는지는 몰랐습니다.

사람들은 대부분 자기 방법대로 사랑합니다. 어떤 사람이 나를 자기 방법대로 사랑하면 얼마나 불편합니까? 나는 싫은데 그 사람은 열심히 사랑을 표현합니다. 우리도 하나님을 섬길 때 똑같은 실수를 합니다. 하나님을 사랑하지 않는 것은 아닌데, 하나님이 원하시는 방법대로 하지 않고 자기가 원하는 방법대로 이것저것 합니다. 그러다가 여러 가지 시험도 들고, 상처도 받고, 어려움도 겪게 됩니다.

사도 바울은 하나님 앞에서 자신이 얼마나 부족하고 무력하고 연약한 존재인지 깨닫기 시작합니다. 하나님 앞에서 무력하고 연약한 존재이지만, 하나님 안에서는 너무나 귀하고 아름답고 풍성하고 위대한 존재라는 사실을 알게 됩니다. 우리가 자기 자신을 정직하게 보는 눈을 갖게 되길 바랍니다.

자기를 보는 데는 두 가지 관점이 있습니다. 첫 번째 관점은 '나의 입장에서 나를 보는 것'입니다. 여기에는 두 가지 위험이 있습니다. 내가 나를 보거나 세상 사람들이 나를 볼 때 갖는 첫 번째 위험성은, 나 자신을 있는 그대로의 나보다 더 낮게 평가한다는 것입니다.

자신을 형편없다고 평가합니다. 돈 많고 똑똑하고 잘생긴 사람

옆에 있으면 자꾸 주눅이 듭니다. 스스로 형편없는 존재라고 생각하게 됩니다. 괜찮은데도 자신을 자꾸만 낮게 평가하는 것입니다. 이렇게 하면 어떤 일이 생깁니까? 자신도 모르는 사이에 좌절감, 열등감, 의욕 상실, 자기 학대가 심해지고, 심지어는 자살까지 하게 됩니다.

또 한 가지 위험성은 자신을 높게 평가한다는 것입니다. 자신이 굉장히 잘난 줄 압니다. 이런 사람은 벌써 표정부터 다릅니다. 이런 사람을 오만하다고 합니다. 우월감에 사로잡혔다고 합니다. 이런 사람은 다른 사람과 이야기할 때도 반말을 잘 합니다. 멸시하는 식으로 이야기합니다. 항상 자기가 화제의 주인공이 되어야 하며 자기 말이 그 대화의 결론이 되어야 한다고 생각합니다. 그렇지 않으면 화를 냅니다. 어디를 가든지 1등을 해야 합니다. 그렇지 않으면 자존심 상해합니다. 이런 사람은 행복한 시간이 없습니다. 왜냐하면 자기가 자신을 너무 높이 평가해 놓았기 때문에 누구든지 자기를 존경해 주지 않으면 화가 나기 때문입니다.

상처받은 사람을 본 적 있습니까? 그 사람의 이야기를 가만히 들어 보면 상처를 준 이야기는 한마디도 하지 않습니다. 하는 이야기마다 상처를 받은 이야기만 합니다. 원망과 불평을 하는 사람을 본 일이 있습니까? 그 사람은 자기가 잘못한 이야기는 하지 않습니다.

이처럼 자신을 잘못 평가할 때 우리는 상처를 받습니다. 그러나 정직하게 자기를 발견하면 황송함이 있고 미안함이 있습니다. 감사가 있습니다. 하나님 앞에서 자기 지식이 얼마나 무용지물인가, 하나님 앞에서 자기의 능력과 지혜가 얼마나 보잘것없는가를 깨닫는 사람은 하나님 앞에 머리를 숙이게 됩니다. 자기를 발견했기 때문입니다.

자기를 발견할 때 기쁨이 있습니다. 자기를 발견할 때 겸손해지고 감격이 있습니다. 작은 일에 감격합니다. "나는 이런 대접을 받을 사람이 아닌데, 나는 이런 자리에 설 사람이 아닌데"라고 말합니다. 그런데 어떤 사람은 "내가 이 자리에 있는 것이 당연하지. 내가 이런 대접 받는 게 당연하지"라고 말합니다. 예수님 안에서 자신을 발견할 수 있기를 바랍니다.

성경으로 보는 '나'

성경적인 관점에서 스스로를 보게 되면 절대로 상처받는 일이 없습니다. 그럼 성경적인 관점에서 나를 본다는 것은 무슨 의미입니까? 여기에는 네 가지 기본적인 틀이 있습니다.

첫째, '모든 인간은 하나님의 형상대로 지음받은 피조물'이라는 틀입니다. 우리는 우연히 태어난 존재도, 진화된 존재도 아닙니다. 우리는 하나님이 창조하신 피조물입니다. 최초의 인간에게는 죽음이 없었습니다. 저주와 고통도 없었습니다. 영생하는 존재, 하나님과 교제하는 특권이 있는, 엄청난 존재로 지음을 받았습니다.

둘째, '인간은 죄인'이라는 틀입니다. 많은 사람들이 이 부분을 인정하지 않기 때문에 고민하고, 감사가 없습니다. 우리는 어쩔 수 없이, 피할 수 없이, 내가 죄를 짓든지 짓지 않든지 상관없이 죄인으로 태어났습니다.

셋째, '내 힘과 능력으로는 구원받을 길이 없는 존재'라는 틀입니다. 내 노력, 선행, 율법으로는 구원받을 수 없습니다.

넷째, '예수 그리스도로 말미암아 회복될 수 있는 존재'라는 틀입니다. 구원받을 수 있는 길은 오직 하나입니다. 나를 위하여 십자가에 못 박혀 죽고 부활하신 예수님을 믿음으로써 구원받는 것입니다. 누구든지 그를 믿는 자는 하나님의 자녀가 됩니다.

이런 관점으로 자신을 보면 겸손해질 수 있습니다. 이런 관점에서 자신을 보면 참 행복을 소유할 수 있습니다. 이런 관점으로 3절 말씀을 보겠습니다.

내게 주신 은혜로 말미암아 너희 각 사람에게 말하노니 마땅히 생각할 그 이상의 생각을 품지 말고 오직 하나님께서 각 사람에게 나누어 주신 믿음의 분량대로 지혜롭게 생각하라(롬 12:3).

3절의 중요한 메시지는 중간 부분입니다. '마땅히 생각할 그 이상의 생각을 품지 말라'는 것입니다. 이것은 무슨 뜻입니까? '주제 파악을 하라'는 말입니다. '월권하지 말라'는 말입니다.

요즘 교회가 왜 시끄러울까요? '월권'했기 때문입니다. 자기 일은 하지 않고 남의 일에 간섭하기 때문입니다. 남이 잘하건 못하건 상관하지 마십시오. 자기 일에 충성하십시오. 다른 사람이 나오든지 안 나오든지 심판하지 마십시오. 스스로 열심히 자기 분수에 맞게 사는 것, 이것이 복입니다. 이것이 그리스도인의 삶의 원칙입니다. '마땅히 생각할 그 이상의 생각을 품지 말라'는 것입니다.

계속해서 성경은 각 사람에게 나눠 주신 '믿음의 분량'대로 살라고 합니다. 이렇게 하면 성공적인 그리스도인의 삶을 살게 됩니다. 3절 말씀을 조금 더 분석해서 살펴보겠습니다. 첫 부분을 주의 깊게 보십시오. '내게 주신 은혜로 말미암아'라고 쓰고 있습니다. 뭔가 느껴지십니까? 사도 바울이 변하고 있습니다. 옛날 같았으면 이렇게 표현하지 않았을 것입니다. 예전의 사도 바울이라면 자기 지식에 의지해서 '내가 너에게 말한다'라고 했을 것입니다.

충고를 함부로 하지 마십시오. 충고할 시간에 기도해 주십시오. 충고해야 사람이 변하는 것이 아니라 기도해야 사람이 변합니다. 충고하면 화를 냅니다. "너는 뭔데?"라고 합니다. 남편이 아내에게 충고하면 "당신은 그렇게 하느냐?"고 대꾸합니다. 그러면 할 말이 없습니다. 내 경험과 내 능력과 내 판단과 내 지식으로 충고하면 실수합니다. 사도 바울은 예수님을 믿고 난 뒤 달라졌습니다. 그는 '내게 주신 은혜로 말미암아' 말하고 있습니다.

우리도 이렇게 말하기를 바랍니다. '내 생각에는', '내 의견은'이라고 말하는 사람을 조심하십시오. 위험한 사람입니다. '주님의 은혜로 보면'이라고 말해야 합니다. 1절에도 같은 말씀이 있지 않습니까? "그러므로 형제들아 내가 하나님의 모든 자비하심으로 너희를 권하노니 너희 몸을 하나님이 기뻐하시는 거룩한 산 제물로 드리라 이는 너희가 드릴 영적 예배니라." 사도 바울이 자기 자신을 정확하게 보기 시작한 것입니다.

기독교 공동체의 원리

사도 바울은 누구에게 이 말을 하고 있습니까? '너희 각 사람에게' 말하고 있습니다. 여기서 우리는 중요한 사실을 발견하게 됩니다. 기독교는 개인이 아니라 '공동체'라는 것입니다. 모든 것을 '공동체'로 이해해야 합니다. 예수님은 열두 제자 공동체를 만드셨습니다. 사도행전을 보면, 오순절 당시에는 120명이 모여 있었습니다. 그 공동체는 3천 명, 5천 명으로 늘어났고 셀 수 없는 허다한 무리로 변했습니다. 이것이 교회입니다.

교회는 교파가 아닙니다. 성경 어느 곳에도 '장로교', '감리교', '침례교'의 이야기는 없습니다. 이것들은 사람들이 만든 것입니다. 이런 교단들이 교회의 껍질은 될 수 있어도 교회의 본질은 될 수 없습니다. 교회는 그리스도의 몸입니다. '조직(organization)'이 아닌 '유기체(organism)'입니다. 생명입니다. 또한 교회는 건물이 아닙니다. 교회는 바로 우리입니다. 이것이 교회입니다.

이 교회 안에는 여러 종류의 사람들이 모여 있습니다. 다른 문화, 다른 가정환경, 다른 성격, 다른 직업의 사람들이 모여 있는 것이 교회입니다. 따라서 교회는 분열되고 의견이 다를 확률이 높습니다. 그럼에도 교회는 하나입니다.

그러면 어떻게 교회가 하나 될 수 있습니까? 한 가지 원리가 있습니다. '마땅히 생각할 그 이상의 생각을 품지 않으면' 교회는 하나가 됩니다. 분수를 지키고 월권하지 않으면 교회는 하나가 됩니다. 따라서 아무리 잘못한 사람이 있다고 해도 충고하려 들지 마십시오. 그냥 두고 기도하십시오. 그러면 그 사람은 변합니다. 이것이 기독교 공동체입니다.

이 말씀 속에서 조금 더 중요한 내용을 볼 수 있습니다. 그것은 "오직 하나님께서 각 사람에게 나누어 주신 믿음의 분량대로 지혜롭게 생각하라"는 것입니다. 이것이 바로 그리스도인의 태도입니다.

여기 아주 중요한 말이 있습니다. '믿음의 분량'이라는 것입니다. 이 말은 '마땅히 생각할 그 이상의 생각을 품지 말라', '자기 분수를 지켜라', '월권하지 말라', '자기 일에 충성하라'는 뜻입니다. 대개 자기 일에 충성하지 않는 사람이 남의 일에 간섭합니다. 또 어떤 사람은 자기 일을 일찍 끝내 놓고 돌아다닙니다.

'각 사람에게 나누어 주신 믿음의 분량대로 지혜롭게 생각하라'

는 말에는 세 가지 뜻이 있습니다. 첫째 '믿음은 중요하다'는 뜻입니다. 그리스도인은 만사를 믿음에 기초해야 합니다. 믿음은 기적을 만들고 믿음으로 구원을 받습니다. 또한 믿음은 산을 옮깁니다. 따라서 그리스도인은 처음이나 끝이나 전부 믿음으로 해야 합니다. 모든 것을 믿음으로 할 수 있게 되기를 바랍니다.

그러나 '믿음의 분량대로'라는 말을 보면 믿음에 차이가 있다는 사실을 알게 됩니다. 이 사실을 인정해야 합니다. 은사에도 차이가 있고 믿음에도 차이가 있습니다. 서로의 분량이 다릅니다. 그래서 서로 비판하면 안 됩니다. 교회에 건성으로 나오고 술 먹고 담배 피우는 사람도 그냥 두십시오. 못살게 굴지 마십시오. 못살게 굴면 그 사람은 도망갑니다. 하지만 사랑하면 다 끊게 됩니다.

물은 흐르게 두십시오. 그렇게 한참 동안 흐르면 더러운 물도 깨끗한 물이 됩니다. 믿음의 분량은 다릅니다. 믿음이 없는 사실을 인정해 주고 격려해 주면 믿음이 자라납니다. 또한 믿음이 적은 사람은 믿음이 많은 사람을 욕하지 마십시오. 그 사람은 믿음이 많기 때문에 그렇게 하는 것입니다. 우리가 여기서 배우는 메시지는 무엇입니까? 믿음의 분량과 은사는 다르다는 것입니다. 독수리는 창공을 날게 되어 있고, 오리는 냇가를 헤엄치게 되어 있습니다. 하나님은 각 사람을 뜻하신 대로 지으셨습니다.

세 번째, 믿음은 누가 줍니까? 하나님이 주십니다. 믿음은 사람이 만들어 내는 것이 아닙니다. 믿음은 하나님이 주시는 것입니다.

무슨 일이든지 사랑하면 성장합니다. 반대로 무슨 일이든지 비판하고 정죄하면 죽습니다. 옆에 잘못된 사람이 있다고 합시다. 이 사람을 비판하고 정죄하고 욕하면 이 사람은 더욱 나빠집니다. 그러나 사랑하고 감싸 주면 그 사람은 회개하고 돌아오게 되어 있습니다. 이것이 어머니의 사랑입니다.

어머니의 마음에 맞는 자식이 어디 있겠습니까? 그래도 자식은 다 피눈물로 키웁니다. 어머니가 못 본 척하고, 못 들은 척하고, 끊임없이 사랑했기 때문에 오늘 우리가 이만큼 된 것 아닙니까? 사랑하면 사람이 변합니다. 이것이 바로 그리스도인의 공동체입니다.

불필요한 자는 없다

한 강의에서, 1천 조각 짜리 퍼즐을 가지고 교회를 설명하는 것을 보았습니다. 그 한 개 한 개의 조각들이 각자의 자리에 놓이면 환상적인 그림이 됩니다. 이것이 교회요 그리스도인의 삶입니다.

한 조각이나 두 조각이 빠지면 미완성 그림이 됩니다. 교회는 모인 사람들이 전부 중요합니다. 불필요한 사람은 하나도 없습니다. 아무 일을 하지 않는다 해도 필요한 사람입니다. 그냥 서 있기만 해도 괜찮습니다. 나름대로 의미가 있지 않겠습니까?

능력 있는 사람도 있고 능력 없는 사람도 있습니다. 공부를 많이 한 사람도 있고 많이 못 한 사람도 있습니다. 또 늙은이도 있고 젊은이도 있습니다. 이것이 교회입니다. 이들이 예수 그리스도 안에서 온전한 작품을 만들어 가는 것입니다. 어떻게 이것이 가능합니까? 마땅히 생각할 그 이상의 생각을 품지 않고 믿음의 분량대로 살면 됩니다. 각자 자기의 위치에 있으면 됩니다. 퍼즐을 보면 조각 하나하나의 크기가 다릅니다. 하지만 모든 조각들이 다 중요합니다. 교회 안에서 우리가 어떤 일을 하든지 우리는 하나입니다. 위치가 다를 뿐입니다. 각자 자기 위치에 있으면 됩니다. 다른 사람의 위치를 확인하고 간섭하는 이들이 있는데 그럴 필요 없습니다. 자기 자리에 서서 그 역할을 충실하게 하고 있으면, 하나님이 종합적으로 일을 이루십니다. 그렇게 하면 평화가 옵니다. 기쁨이 옵니다. 이것이 교회입니다. 이것이 그리스도인입니다. 내가 하나님이 주신 사명을 가지고 자리를 지키고 있을 때 하나님은 영광을 받게 되는 것입니다.

재미있는 이야기를 들었습니다. 퍼즐을 맞출 때 가장자리부터 맞추어야 한다는 것입니다. 중심부터 맞추는 퍼즐은 없습니다. 따라서 교회에서 제일 중요한 사람은 가장자리에 있는 사람이라는 것입니다. 가장자리가 잡혀야 중심이 잡힌다는 것입니다.

마땅히 생각할 그 이상의 생각을 품지 않기를 바랍니다. 받은 은혜대로, 자신을 제물로 생각해야 합니다. 제물은 말이 없습니다. '죽어라'고 하면 죽어야 합니다. 죽지 않으면 안 됩니다. 우리는 이미 제물이 되었습니다.

우리는 세상 속에서 살지만, 세상과는 상관없는 사람들입니다. 사람들과 어울려 살지만, 하나님의 뜻을 분별하는 사람들입니다. 자기에게 맡겨진 임무를 우직하고 충성스럽게, 꾸준히 하면 됩니다. 그러면 기적이 일어납니다. 그곳에 하나님의 나라가 임합니다. 하나님의 복이 여러분에게 있기를 축원합니다.

17

한 몸의 다양한 지체

로마서 12:4-5

로마서 12장 1-3절 말씀을 다시 한번 살펴보겠습니다. 1절에서는, 참된 그리스도인이란 자신의 몸을 하나님이 기뻐하시는 거룩한 산 제물로 드리는 사람이라고 말하고 있습니다. 진정한 그리스도인은 마음과 생각뿐만 아니라 몸을 드리는 사람을 가리킵니다.

2절에서는 이 세대를 본받지 않고 하나님의 선하시고 기뻐하시고 온전하신 뜻이 무엇인지 늘 생각하는 사람이 참된 그리스도인이라고 기록하고 있습니다. '분별력'이라는 것은 '지혜'입니다. 따라서 영적 분별력을 가진 사람은 영적 지혜를 가진 사람입니다. 그리스도인은 세상을 따라가지 않으며 하나님의 뜻을 분별하고 사는 사람입니다.

3절에서는 분수를 넘지 않는 사람이 참된 그리스도인이라고 말하고 있습니다. 즉 주제 파악을 하고 사는 사람을 말합니다. 갈등이 생기는 이유는 분수를 모르는 사람들 때문입니다. 마땅히 해야 할 일은 하지 않고 하지 않을 일을 하기 때문입니다. 생각할 그 이상의 생각을 자꾸 품는 것입니다. 자기는 항상 괜찮다고 착각하기 때문에 갈등이 생기는 것입니다. 모두 다 주제 파악하고 사시기 바랍니다. 그러면 갈등이 없어집니다. 믿음의 분량대로 지혜롭게 생각하는 사람이 바로 참된 그리스도인입니다.

요약해 보겠습니다. 참된 그리스도인이란 첫 번째로 자기 몸을 드리는 사람이고, 두 번째로 세상을 따라가지 않고 하나님의 뜻을 분별하는 사람이며, 세 번째로 믿음의 분수대로 지혜롭게 생각하며 사는 사람입니다.

교회는 그리스도의 몸

다음 말씀에 참된 그리스도인에 대한 네 번째 정의가 나옵니다.

> 우리가 한 몸에 많은 지체를 가졌으나 모든 지체가 같은 기능을 가진 것이 아니니 이와 같이 우리 많은 사람이 그리스도 안에서 한 몸이 되어 서로 지체가 되었느니라(롬 12:4-5).

참된 그리스도인이란 한 지체 됨을 아는 사람입니다. 우리는 여기서 세 가지를 발견하게 됩니다. 첫 번째, 교회는 그리스도의 몸이라는 것입니다. '우리가 한 몸에'라는 말이 있습니다. 에베소서에서도 "교회는 그의 몸이니 만물 안에서 만물을 충만하게 하시는 이의 충만함이니라"(엡 1:23)라고 말씀합니다.

교회는 건물이 아닙니다. 웅장하고 화려한 건물에 속지 않기를 바랍니다. 건물이 예쁘다고 우리 믿음이 예뻐지는 것이 아닙니다. 우리의 믿음이 중심입니다. 교회는 교파나 제도가 아닙니다. 또

한 시대의 사상이나 철학도 아닙니다. 교회는 '그리스도의 몸'입니다. 예수님이 십자가에서 피로 사신 것이 교회입니다.

교회는 건물이 아니고 바로 우리입니다. 그리스도의 몸을 이루고 있는 지체들이 바로 '교회'입니다. 교회라고 써 붙인 건물 안에 들어온 사람들이 아니라 예수 그리스도의 생명 안으로 들어간 사람들입니다. 우리가 지금 교회 건물 안에 앉아 있지만, 이 건물 안에 있는 것이 아니라 예수 그리스도의 생명 안에 들어와 있는 것입니다.

이것이 교회입니다. 몸에는 죽은 몸이 있고, 산 몸이 있습니다. 죽은 몸을 시체라고 합니다. 시체는 아기를 낳지 못합니다. 움직이지 못합니다. 얼마 가지 못해 썩어 버립니다. 교회는 시체가 아닙니다. 그러나 오늘날 너무 많은 교회들이 시체같이 되어 버렸습니다. 교회에 가면 졸립니다. 모든 것이 형식으로 묶여 있습니다. 아무런 일도 일어나지 않습니다. 그것은 죽은 몸입니다. 살아있는 몸은 움직여야 합니다. 피가 흐르고 생명이 흐르는 것입니다.

살아 있는 교회에는 사랑이 흐릅니다. 생명 안에는 빛이 있습니다. 교회는 세상 사람들의 빛이라고 했습니다. 우리가 바로 교회이며, 우리가 바로 예수 그리스도의 생명을 가진 사람들입니다.

생명을 가진 사람은, 살아 있는 몸은 잉태합니다. 이것이 특징입니다. 만약에 10년 동안 예수님을 믿었어도 전도하지 않았다면 그 몸은 죽은 몸입니다. 살아있는 사람은 가만히 있을 수 없습니다.

예수님이 있으면 생명이 흘러넘칩니다. 우리 안에 생명이 흘러넘치기를 축원합니다. 예수님은 길이요 진리요 생명이십니다. 우리는 교회라는 건물 안에 있는 것이 아니라 예수님 안에 있는 것입니다. 예수 그리스도의 생명 안에 있는 것입니다. 이것이 교회입니다.

지체의 다양성

4절을 다시 보겠습니다. "우리가 한 몸에 많은 지체를 가졌으나 모든 지체가 같은 기능을 가진 것이 아니니." 이것이 무슨 뜻입니까? 교회는 그리스도의 몸인데 그 몸은 여러 개의 지체들로 형성되어 있다는 말입니다. 이것이 지체에 대한 두 번째 사실입니다. 몸에 있는 많은 기관(지체)들은 서로 조화를 이루어 한 몸을 이루는데, 기관들은 각기 위치와 기능과 역할이 다릅니다. 같으면 안 됩니다. 다 달라야 합니다.

각각의 지체는 눈에 보이는 것도 있고, 보이지 않게 몸 안에 들어 있는 것도 있습니다. 또 어떤 지체는 물질로 되어 있고 어떤 지체는 영, 즉 정신으로 되어 있습니다. 몸은 이 모든 것들을 포함합니다. 그것이 몸입니다.

몸은 하나이지만 지체는 다양합니다. 따라서 진정한 교회는 지체의 다양성을 인정해야 합니다. 교회에서 제일 좋지 못한 것은 '획일화'입니다. 개성이 있어야 하고 창의성이 있어야 합니다. 사람들 중에도 큰 사람이 있고 작은 사람이 있으며, 가난한 사람이 있고 부자가 있습니다. 공부를 잘하는 사람도 있고 못 하는 사람도 있으며, 어린이도 있고 어른도 있습니다. 정상적인 사람, 몸이 병든 사람, 정신장애자도 있습니다. 이 모든 이들이 합하여 교회를 이루는 것입니다.

하나님은 우리를 사랑하십니다. 우리가 어떤 모습이든지 하나님께는 모두 의미가 있습니다. 그것이 축복입니다. 그것이 교회입니다.

우리가 흔히 하는 잘못이 하나 있습니다. 나하고 다르면 비판한다는 것입니다. 나하고 다르면 자꾸 비판합니다. '다르다'는 것은 비판할 것이 아니라 아름다운 것입니다. 조화를 이루는 것입니다. 그러므로 다른 사람을 욕하지 않기를 바랍니다. 다른 사람을 격려해 주고 보완해 주고 축복해 주십시오. 대부분의 사람들은 자기처럼 하지 않는 것을 좋아하지 않습니다. 왜 자기와 같지 않느냐고 싸웁니다.

그러면 안 됩니다. 하나님의 교회는 다양한 것입니다. 다양한 지체들이 다양한 역할을 하는 곳입니다. 작은 역할이라고 무시하지 마십시오. 그 작은 역할이 상상할 수 없는 큰일을 이룹니다. 인체 중에서 매우 중요한 역할을 하는 것일수록 몸 안에 들어 있습니다. 갈비뼈 안에 들어 있습니다. 제일 시시한 것일수록 겉으로 나와 있습니다. 그런데 우리는 시시한 곳에다 얼마나 공을 들이는지 모릅니다. 거기에다 돈을 그렇게 쏟을 수가 없습니다. 그래서 인생은 하나의 사기극과 같습니다. 어떤 지체든지 교회 안에서는 중요하다는 사실을 인정하십시오.

세 번째, 우리는 하나입니다. 성경을 보면, 서로 다른 많은 사람들이 있지만 그리스도 안에서 우리가 한 몸을 이룬다고 말합니다. 이것이 교회입니다. 백인이나 흑인, 황인이나, 서양인이나 동양인이나 누구를 막론하고 우리는 하나입니다. 교회는 하나가 되어야 합니다. 이것이 바로 주님이 원하시는 것입니다. '하나'의 하나 됨의 원리는 하나님께 있습니다. 하나님은 삼위로 존재하십니다. 성부, 성자, 성령 세 분이지만 그러나 그분들은 한 분입니다. 예수님의 기도의 절정은 "아버지께서 내 안에, 내가 아버지 안에 있는 것같이 그들도 다 하나가 되어 우리 안에 있게 하사 세상으로 아버지께서 나를 보내신 것을 믿게 하옵소서"(요 17:21)였습니다.

그런데 유감스럽게도 오늘날 교인들은 예수님의 이름으로 얼마나 많이 싸우고 갈라서는지 모릅니다. 그래서 우리나라는 예수와 그리스도가 싸웁니다. 교파가 다르고 교리가 다를 수 있습니다. 신앙 색깔도 다를 수 있습니다. 그러나 예수님은 한 분이시고 성령님도 한 분입니다. 에베소서는 "모든 겸손과 온유로 하고 오래 참음으로 사랑 가운데서 서로 용납하고 평안의 매는 줄로 성령이 하나되게 하신 것을 힘써 지키라"(엡 4:2-3)라고 말씀합니다.

오늘날 교회가 해야 할 일은 하나 되는 일을 힘써 지키는 것입니다. 다르다는 사실을 인정하십시오. 다르다는 것은 비판의 대상이 아니라 축복의 대상입니다. 서로의 역할이 모두 다르고, 그것이 예수 그리스도 안에서 하나를 만듭니다.

또 에베소서는 "몸이 하나요 성령도 한 분이시니 이와 같이 너희가 부르심의 한 소망 안에서 부르심을 받았느니라 주도 한 분이시요 믿음도 하나요 세례도 하나요 하나님도 한 분이시니 곧 만유의 아버지시라 만유 위에 계시고 만유를 통일하시고 만유 가운데 계시도다"(엡 4:4-6)라고 말씀합니다. 우리의 하나 됨을 확인하기를 바랍니다. 성령 안에서, 그리스도 안에서, 우리는 하나입니다.

로마서 12장 4 - 5절 말씀을 요약하면, 교회는 그리스도의 몸이고 몸 안에는 다양한 지체들이 존재합니다. 지체는 다양하지만, 몸은 하나입니다. 이것이 바로 교회요, 우리들입니다. 하나가 되면 힘이 있습니다. 아무리 사람이 많아도 분열하면 없는 것만 못합니다. 더 복잡할 뿐입니다. 요즘 그런 곳이 많지요? 많이 모여서 서로 자기가 잘났다고 합니다. 그러면 힘이 되지 않습니다. 두세 사람이 모여도 하나가 되면 거기에 힘이 있습니다. 하나가 되십시오. 부부가 하나 되십시오. 부부가 서로 다른 것을 기뻐하고 찬양하십시오. 대부분, 부부는 서로 성격이 각기 다릅니다. 양극단입니다. 그것이 축복인 줄로 믿으십시오.

아이들은 모두 다릅니다. 그것이 축복입니다. 공부를 잘하는 아이도 있고 못 하는 아이도 있습니다. 모범생도 있고 그렇지 않은 아이들도 있습니다. 모두 다릅니다. 하나님은 우리를 각각 다르게 만드셨습니다. 그러나 우리는 그리스도 안에서 하나입니다. 성령 안에서 하나입니다. 하나 되는 것을 지키십시오. 하나 되면 힘이 넘쳐흐릅니다. 기적이 일어날 것입니다.

18

은사대로 섬기라

로마서 12:6-8

로마서는 크게 네 단어로 요약할 수 있습니다. 첫 번째 단어는 로마서 1장부터 7장에 나오는 '십자가'입니다. 이 단어는 예수 그리스도로 말미암아 우리가 구원받았다는 사실을 설명해 줍니다. 두번째 단어는 '성령'입니다. 8장에서 생명의 성령의 법이 죄와 사망의 법에서 우리를 해방하였다고 말하고 있습니다. 세 번째, '선교'라는 단어입니다. 이방인의 구원과 이스라엘의 구원을 9장부터 11장에서 설명하고 있습니다.

예수 그리스도의 십자가로 구원을 받고 성령의 기름 부으심으로 인침을 받은 사람은, 선교의 비전을 갖게 됩니다. 이렇게 이방인의 구원과 이스라엘의 구원의 완성에 대한 비전을 가진 사람은 어떻게 살아야 하는가에 대한 내용이 로마서 12장부터 16장까지입니다.

12장부터 16장까지 말씀의 주제를 한마디로 말하면 '사랑'입니다. "사랑은 율법의 완성이다. 사랑이 그리스도인의 삶의 전부다. 사랑하라. 원수까지 사랑하라. 악으로 악을 이기지 말고 선으로 악을 이기라." 이것이 12장부터 16장까지의 전체 내용을 압축하는 말입니다.

한 몸, 다른 지체들

이 장에서는 로마서 12장의 말씀을 통해 어떻게 살아야 하는가를 살펴보겠습니다. 12장에서는 구원받고 성령 받은 사람, 선교적 역사관을 가진 사람은, 첫째, 마음만 드리지 말고 자기의 몸을 드리라고 말합니다. 우리는 마음으로나 입술로는 모두 예수를 믿었습니다. 생각으로는 모두 헌신했습니다. 그러나 예수님은 "네 몸을 드리라"고 하십니다. 제물이 없는 제사는 없습니다. 하나님은 우리 몸을 하나님께 드리기 원하십니다.

둘째, 참된 그리스도인이란 세상을 본받지 않고 하나님의 뜻을 추구해 가는 사람이라고 2절에서 말하고 있습니다. 셋째, 참된 그리스도인은 믿음의 분량대로 지혜롭게 생각하는 사람입니다. 넷째, 본문 말씀인 6절부터 8절에서는 참된 그리스도인이란 받은 은사대로 그리스도의 몸을 이루는 사람이라고 말하고 있습니다.

앞 장에서, 교회는 그리스도의 몸이요 따라서 우리가 예수 그리스도의 몸 안에 들어온 것이라고 말씀드렸습니다. 즉 예수 그리스도의 생명 안에 들어온 것입니다. 예수님은 생명이십니다. 이 생명은 사람들의 빛이 됩니다. 예수님의 생명의 빛을 경험하기를 바랍니다. 예수님의 생명을 느끼고 호흡하고 그 생명 안에서 빛을 발견하게 되기를 바랍니다.

그것이 교회입니다. 교회는 그리스도의 몸이요 생명입니다. 그 몸은 지치고, 병들고, 더럽고, 쓰레기 같은 죄로 가득 찬 그런 몸이 아닙니다. 사람의 몸을 보면 더럽고, 병들고, 지치고, 상처받은 몸들이 많습니다. 그러나 여기서 말하는 몸은 그런 몸이 아니라 거룩하고, 순결하고, 깨끗하고, 건강하고, 생산력이 있고, 향기가 나는 주님의 몸입니다. 그것이 교회입니다. 예수님이 바로 그런 분이십니다. 그러한 예수 그리스도의 몸에 소속된 지체인 우리도 그런 사람들입니다.

재미있는 사실은, 지체는 다양하고 서로 다르다는 것입니다. 이것이 큰 특징입니다. 교회는 하나이지만 지체들은 다 다릅니다. 우리 각자가 다릅니다. 배경이 다르고, 체질이 다르고, 생각하는 것이 다르고, 은사가 다르고, 방법이 다르고, 기호가 다릅니다. 그것이 교회입니다. 교회는 하나이지만 그 교회를 구성하고 있는 그리스도의 지체들은 너무나 다양합니다. 그렇지만 그 몸은 하나입니다.

이것은 비행기를 예로 들어 설명하면 아주 쉽습니다. 비행기라는 거대한 물체는 여러 가지 부품들로 이루어져 있습니다. 엔진도 있고 프로펠러도 있고 의자도 있습니다. 하지만 역할은 모두 다릅니다. 위치도 다르고 기능도 다른 부품들이 얼마나 많겠습니까? 그러나 이 모든 부품들은 단 한 가지의 목적을 가지고 있습니다. 비행기를 안전하게 뜨게 하는 것입니다. 승객을 편안하게 모실 수 있어야 하고, 짐을 안전하게 실을 수 있어야 합니다. 뜨지 못하는 비행기는 비행기가 아닙니다. 비행기를 뜨게 하기 위해 모든 부품이 각기 제 역할을 감당해야 합니다. 그 모든 부품들은 각각 크기가 다르고 역할도 다르지만, 비록 작은 부품 하나라도 그 기능을 못 하면 비행기는 추락할 수 있습니다.

이것이 교회입니다. 교회는 한 몸입니다. 교회는 예수 그리스도의 몸이요, 예수 그리스도께 영광을 올려 드리고 세상을 구원하는 거룩한 목적을 가지고 있습니다.

그렇지만 그 교회를 구성하고 있는 성도 한 사람 한 사람은 기능과 역할이 다릅니다. 그렇기 때문에 나와 다른 점을 비판하지 말아야 합니다. 교회는 다른 것을 좋아해야 합니다. 격려해야 합니다. 축복해야 합니다. 우리는 서로 다를 수밖에 없습니다. 각자 다른 일을 하는 것 같으나 결과적으로는 그리스도의 한 몸을 이루는 것입니다. 이것이 이 본문에서 우리에게 주시는 메시지입니다.

"지체가 되었느니라"(롬 12:5)라는 말은 같다는 뜻이 아닙니다. 우리는 달라야 하고 다를 수밖에 없습니다. 다르다는 것은 '틀렸다'는 것이 아니라 '아름답다'는 것을 의미합니다. 조화를 이루는 것입니다. 나와 다른 사람을 보면서 은혜받고, 나와 다른 역할을 보면서 기뻐하는 것입니다. 이것이 교회입니다.

따라서 교회 안에서 각 지체는 서로 달라야 하고 다른 것에 대해 감사해야 합니다. 또한 그 받은 은사에 대해 하나님께 감사해야 합니다.

미숙하면 싸우고, 성숙하면 하나가 됩니다. 미숙하면 분열하고 지배하려고 하지만, 성숙하면 섬기려고 합니다. 예수님 믿은 지 오래된 분도 있고, 이제 막 믿기 시작한 분도 있습니다. 우리 모두의 믿음이 성숙하기를 원합니다.

우리는 지배할 때 행복합니까, 섬길 때 행복합니까? 열등감만 없다면 섬길 때 더욱 행복이 있습니다. 남을 지배하고 다스리고 호령하고 대장이 된다고 행복한 것이 아닙니다.

자식에게 밥을 해 주면서 '내가 왜 이렇게 밥을 해 주어야 하나'라고 생각하는 어머니가 있습니까? 그런 어머니는 없습니다. 어머니는 기꺼이 밥을 하십니다. 자기 자식에게 해 주는 것이기 때문입니다. 이것이 봉사요 섬김입니다.

남미의 한 선교사님을 만났는데, 그분은 15년 동안 멕시코의 원주민을 섬기고 있었습니다. 한국 사람과 어떤 접촉도 없이, 혼자 15년을 섬기는 동안 26개의 교회를 개척하고 고아원을 만들었습니다. 그런데 그분이 저를 만나자마자 "목사님, 저는 우울증에 걸렸습니다. 지쳤습니다. 이제는 한국 사람과 일하고 싶습니다. 15년 동안 혼자, 원주민하고만 사니까 너무나 힘이 듭니다. 저는 이제 대장 역할 하지 않겠습니다. 저를 이젠 좀 관리해 주세요. 그저 예수님만 전하게 해 주세요"라고 했습니다. 지금까지 혼자 이끌고 왔는데 그것이 얼마나 지치고 어리석은 일이었는지를 깨달은 것입니다.

섬기는 것은 큰 복입니다. 일부분이 되는 것이 얼마나 큰 축복인지 모릅니다. 내가 맡고 있는 작은 부분에서 열심히 할 때 비행기가 뜨는 것입니다. 그 작은 부분이 비행기를 뜨게 한 것은 아닙니다. 그러나 그 작은 부분이 그 위치에서 역할을 했기 때문에 거대한 비행기가 뜰 수 있게 됩니다. 그때의 기쁨은 이 작은 부분이 갖는 것입니다.

우리가 이런 축복과 행복을 누리기를 바랍니다. 우리는 서로 지체가 되었습니다. 지배하는 위치가 아니라 섬기는 위치에 있습니다. 특히 교회가 클수록 각 지체의 역할이 아름답다는 사실을 우리는 깨달아야 합니다.

우리에게 주신 은혜대로 받은 은사가 각각 다르니 혹 예언이면 믿음의 분수대로(롬 12:6).

여기에 눈여겨보아야 할 말씀이 있습니다. '우리에게 주신 은혜대로 받은 은사가 다르다'는 부분입니다. 저는 이 말씀을 무척 사랑하고 좋아합니다. 다시 말하면, 하나님은 우리를 도매급으로 취급하지 않으신다는 말이기 때문입니다. 하나님은 우리를 일률적으로 취급하지 않으시고, 사람들 각각의 특성과 은사와 체질에 따라 다루신다는 말입니다.

같은 은혜, 다른 은사

은혜는 같습니다. 받은 은혜는 같지만, 은사는 서로 다릅니다. 달라야 합니다. 저는 권도원 장로님의 '체질'에 대한 강의를 듣고 얼마나 큰 도움을 받았는지 모릅니다. 특히 사람들을 이해하는 데 도움이 됩니다. 침착한 사람, 급한 사람, 허둥대는 사람 등 사람들은 성격이 모두 다릅니다.

교회에서 허둥대는 사람을 야단치지 말기 바랍니다. 그것도 은사입니다. 모든 것을 차분히 꼼꼼하게 하는 사람은 허둥대는 사람을 보면 이상하게 생각합니다. 마찬가지로 허둥대는 사람도 꼼꼼한 사람을 보면 이상하게 여깁니다. 하지만 모두 필요합니다. 교회에는 큰 사람, 작은 사람, 청소하는 사람, 설교하는 사람, 주차 안내하는 사람 등등, 여러 역할들이 살아 있어야 합니다.

우리는 모두 다릅니다. 다르다는 점은 감사한 것입니다. 원숭이는 나무에서 살아야 하고, 사슴은 들판에서 뛰어야 하고, 돌고래는 바다에 있어야 합니다. 원숭이에게 들판에서 뛰라고 하면 얼마나 고통스러울까요? 돌고래에게 들판에서 뛰라고 하면 밤에 잠도 잘 수 없을 것입니다.

모두 은사대로 살기를 축원합니다. 생긴 대로 사십시오. 자기 방식대로 사십시오. 그것이 하나님이 가장 기뻐하시는 삶입니다. 하나님은 백인종, 황인종, 흑인종을 만드시고 이 지구상에 2만 4천여 종족을 만드셨습니다. 각 종족의 언어와 문화와 음식과 습관이 다릅니다. 하지만 하나님은 그것을 기뻐하십니다.

교회에서 봉사할 때 재미있고 좋고 신나는 일을 하십시오. 밤을 새워서 해도 좋은 일이 있다면 그것이 은사입니다. 그 일만 하면 밤을 새고, 돈을 받지 않아도 되고, 누가 욕하거나 손가락질을 해도 그 일에 몰두한다면, 그 일을 계속 하십시오. 그러면 건강해지고 기분이 좋고 열매가 맺히는 법입니다.

은사에는 자연적인 은사와 영적인 은사가 있습니다. 자연적인 은사는 세상에 태어날 때 부모님으로부터 받은 것입니다. 음악에 소질이 있는 부모에게서 태어난 아이들은 대개 음악을 잘합니다. 모두 다 은사가 다릅니다. 어떤 사람은 따지고 분석하는 지적인 은사가 있고, 어떤 사람은 운동을 잘하는 은사가 있습니다. 하나님은 남의 흉내 내는 것을 원하시지 않고, 자기가 받은 은사대로 기뻐하고 감사하고 찬양하며 사는 것을 기뻐하십니다. 여기에 한 가지 조심할 것이 있습니다. 다른 사람의 은사를 부러워하지 마십시오.

다른 사람을 위해 써라

은사의 또 한 가지 특징은 나를 위해 주어지지 않았다는 것입니다. 은사는 언제나 다른 사람을 위해 주어집니다. 나무는 자기의 열매를 먹지 않습니다. 열매는 사람이 따먹는 것이지 자기 열매를 자기가 따먹는 나무는 없습니다.

성령의 열매가 그렇습니다. 열매는 다른 사람을 위해 있는 것입니다. 다른 사람을 기쁘게 하고 행복하게 하고 다른 사람을 즐겁게 하기 위하여 열매가 있는 것처럼 은사도 다른 사람을 위해 있는 것입니다. 내가 받은 은사를 다른 사람에게 사용했을 때 주어지는 축복은 돈이 아니라 행복입니다. 그렇게 기쁠 수가 없습니다. 그처럼 좋은 일이 없습니다.

돈도 누구나 잘 버는 것이 아닙니다. 그것도 은사입니다. 돈 버는 사람은 돈을 열심히 벌어서 하나님께 영광을 돌려야 합니다. 은사는 자기를 위해 쓰면 목적을 잃어버립니다. 방황하게 됩니다. 목적을 잃어버리면 허무합니다. 삶의 의미를 잃어버리면 허무주의에 빠지는 것입니다. 은사는 자기 자신과 자기 쾌락을 위해 쓰면 좋을 것 같지만 그렇지 않습니다. 옷도 사고 자동차도 사고 집도 사고 좋은 물건들을 다 가지면 행복할 것 같지만 오히려 불안해집니다.

그런데 어떤 사람은 보리밥만 먹어도 행복해합니다. 왜 그럴까요? 다른 사람을 위해 은사를 사용하기 때문입니다. 건강한 사람은 병든 사람을 위해 자기 건강을 사용하고, 돈 있는 사람은 돈 없는 사람을 위해 쓰고, 가르치는 사람은 배움이 필요한 사람을 가르치면 됩니다. 여러 가지 좋은 은사가 있는 사람들은 자기의 행복을 위해 쓰는 것이 아니라 다른 사람의 행복을 위해 그 은사를 사용해야 합니다.

저는 집 짓는 것이 은사입니다. 그래서 건축 중인 세계 선교 교육센터에 하루에 열두 번을 더 가도 피곤하지 않습니다. 무척 재미있습니다. 무엇이든지 한 가지 기획한 것이 이루어지는 모습을 보면 밥을 먹지 않아도 좋기만 합니다. 이것이 은사입니다.

은사는 자기를 위해 쓰면 안 됩니다. 만약 이 교회를 나 자신만을 위해 사용한다고 하면 이렇게 행복하지 않을 것입니다. 우리 교회는 조금 과분하게 잘 지었습니다. 하지만 저는 잠을 이룰 수 없을 만큼 좋습니다. 왜냐하면 우리 교인들이 쓸 곳이고 아이들이 쓸 곳이기 때문입니다. 돈을 많이 들여도 마음에 갈등이 없습니다. 여러분이 쓸 것이기 때문입니다. 여러분이 행복해하고 은혜받고 만족감을 느낀다면 이것보다 더 좋은 일이 어디 있겠습니까?

마지막으로 은사는 남과 비교하면 안 됩니다. 또 은사로 돈벌이를 해서도 안 됩니다. 그런데 이 면에서 오늘날 그리스도인들이 실수를 합니다. 하나님이 주신 축복과 복음을 돈벌이에 사용하는 것입니다. 은사를 자기의 성공과 자기가 유명해지는 데 쓰면 재앙이옵니다. 자기를 위해서 은사를 쓰지 말고 하나님의 영광을 위해서 쓰십시오. 다른 사람에게 봉사하고 희생하는 일에 이 은사를 사용하십시오. 이것이 우리에게 주시는 메시지입니다.

자연적인 은사는 부모님으로부터 받은 것이지만 영적인 은사는 우리가 예수님을 믿고 성령을 받을 때부터 생깁니다. 예수님을 믿으면 누구나 한두 가지 영적인 은사를 받게 됩니다. 어떤 사람들은 자기가 영적 은사 받은 것을 미처 깨닫지 못합니다.

방언의 은사나 예언의 은사를 태어나면서부터 받은 사람은 한 사람도 없습니다. 성령을 받아야 생기는 것입니다. 사랑하는 것도 은사입니다. 성령을 받아야 사랑할 수 있습니다. 인간의 사랑에는 한계가 있습니다. 하나님의 은혜를 받을 때 진정한 사랑, 용서, 조건 없는 사랑이 가능한 것입니다.

예수 그리스도를 믿는 여러분이 받은 은사가 무엇인지 깨닫기를 바라고 그 은사를 활용할 수 있기를 바랍니다.

은사의 종류

본문을 보면 은사에는 일곱 종류가 있습니다.

> 우리에게 주신 은혜대로 받은 은사가 각각 다르니 혹 예언이면 믿음의 분수대로, 혹 섬기는 일이면 섬기는 일로, 혹 가르치는 자면 가르치는 일로, 혹 위로하는 자면 위로하는 일로, 구제하는 자는 성실함으로, 다스리는 자는 부지런함으로, 긍휼을 베푸는 자는 즐거움으로 할 것이니라(롬 12:6-8).

첫 번째, 예언의 은사입니다. '예언의 은사'는 '말씀의 은사'라고 해도 괜찮습니다. 이 은사를 받은 사람은 하나님의 음성을 잘 듣습니다. 또 성경을 보면 하나님의 뜻을 명쾌하게 깨닫습니다. 분별력이 있습니다. 자기가 깨닫고 듣고 본 것으로 그렇지 못한 연약한 사람들, 어린 사람들, 어디로 가야 할지 모르는 사람들에게 도움을 줍니다. 그들을 격려하고, 약한 것을 보완해 주고, 실수를 감추어 주고, 하나님의 뜻대로 새롭게 살도록 도와주는 사람이 예언의 은사를 받은 사람입니다.

예언의 은사를 받은 사람은 겸손해야 합니다. 그리고 특별히 지혜가 필요합니다. 왜냐하면 이 은사를 잘못 사용하면 쉽게 교만해지기 때문입니다. 성경은 예언의 은사를 '믿음의 분량대로' 활용하라고 말합니다.

두 번째, 섬기는 은사가 있습니다. 봉사하고 섬기는 것입니다. 섬기고 봉사하는 일을 굉장히 즐거워하는 사람이 있습니다. 이런 사람들은 서로 부딪히지 않도록 해야 하고 일을 독점하지 않아야 합니다. 조화를 이루는 법을 배워야 합니다. 섬기는 사람은, 능력이 많거나 혹은 돈이 많아서 섬기는 것처럼 하지 말고 하나님이 주시는 힘으로 한다는 마음으로 섬겨야 합니다. 그럴 때 열매가 있고 하나님이 주시는 기쁨이 있습니다.

교회를 위해서 무엇이든지 작은 것부터 한번 해 보십시오. 제일 불쌍한 사람들이 교회에 그저 왔다 갔다만 하는 사람입니다. 주차 안내를 받기만 하지 말고 직접 안내를 해 보십시오. 쓰레기 치울 때 가만히 앉아 있지 말고 직접 쓰레기를 치워 보십시오. 온 교인이 이렇게 한다면 큰 복을 받을 것입니다.

세 번째, 가르치는 은사가 있습니다. 특별히 학교에서 교편을 잡고 있는 분들은 지식을 정리하고 분석해서 잘 가르치는 은사를 하나님으로부터 받은 사람들입니다. 거기에다 가르치는 성령의 은사만 덧붙이게 된다면 엄청난 일이 일어날 것입니다. 가르치는 은사를 잘 활용하십시오.

네 번째, 위로하는 은사가 있습니다. 용기를 북돋아 주는 은사를 가진 사람들입니다. 잘할 수 있다고 말해 주고, 포기하려는 사람을 돌이켜 포기하지 않게 하고, 자살하려던 사람을 자살하지 않게 하는 은사가 있습니다. 위로하는 은사가 있는 사람은 남의 얘기를 잘 들어줍니다. 우리에게 남의 얘기를 잘 들어주는 은사가 있기를 바랍니다.

다섯 번째, 구제하는 은사가 있습니다. 있는 것을 아낌없이 퍼 주는 은사입니다. 퍼 주어야 하나님이 채워 주십니다. 우리에게 구제의 은사가 있게 되기를 축원합니다.

여섯 번째, 다스리는 은사입니다. 이것은 리더십입니다. 많은 사람들을 지휘하고 통제하는 은사입니다. 리더에게 조직을 지휘하는 은사가 없으면 굉장한 어려움이 생깁니다. 이런 은사를 가진 사람은 부지런해야 합니다.

마지막으로 긍휼의 은사가 있습니다. 불쌍히 여기는 사람입니다. 그런 사람은 기쁜 마음으로 일을 해야 합니다.

하나님은 우리 모두에게 은사를 주셨습니다. 이 은사를 묻어 두지 마십시오. 이 은사를 자기를 위해 쓰지 마십시오. 다른 사람을 위해 쓰십시오. 그때 하나님은 영광을 받으시고 여러분의 삶에 축복과 기쁨이 흘러넘칠 것입니다.

19

사랑하고 참으라

로마서 12:9-13

하나님은 세상을 창조하실 때 모든 사람을 똑같이 만들지 않으시고 사람마다 다르게 창조하셨습니다. 쌍둥이도 똑같이 생긴 것 같지만 자세히 보면 다른 점이 아주 많습니다. 바닷가의 수많은 모래알과 하늘의 별도 같은 것이 없습니다. 들판에 많은 꽃들이 피어 있어 모두 비슷해 보이지만 그들도 모양이 제각각입니다.

모두 다 자기만의 모습으로 하나님을 찬양하고 있는 것을 보면 하나님의 창조 솜씨가 참으로 신묘막측합니다.

하나님은 사람을 각각 다르게 창조하셨을 뿐 아니라 개인의 은사도 다르게 주셨습니다. 그러나 놀라운 것은, 서로 다르지만 그리스도 안에서 하나라는 사실입니다. 이것이 교회입니다.

부자도 있고 가난한 자도 있고, 배운 자도 있고 못 배운 자도 있는 이곳이 교회입니다. 서로의 피부색이 다를 수도 있습니다. 그러나 서로 다를수록 좋은 것입니다. 우리가 서로 다르다는 사실에 감사하시기 바랍니다.

모두 부모가 다르고 배경도 다르지만, 우리는 그리스도의 한 피를 받아 한 몸을 이룬 영적 가족입니다. 가족의 사랑이 있어야 합니다. 사랑은 형제가 아플 때 내가 아프고, 형제의 궁핍함이 나의 궁핍함이 되고, 형제의 영광이 나의 영광이 되는 것입니다. 이것을 느낄 수 없다면 그것은 교회가 아닙니다. 이런 것들을 서로 느낄 수 있어야 합니다.

하나 되게 하는 '사랑'

앞 장에서, 예수 그리스도를 믿고 성령 체험한 사람들에게는 일곱 가지 은사가 나타나는 것을 보았습니다. 이 다양한 은사들이 그리스도 안에서 하나가 되는 비밀은 무엇일까요? 그 해답이 다음 말씀에 있습니다.

사랑에는 거짓이 없나니 악을 미워하고 선에 속하라(롬 12:9).

그리스도 안에서 우리를 하나 되게 하는 것은 그리스도의 '사랑'입니다. 그리스도 안에 감춰진 하나님의 사랑입니다. 눈에 보이는 조직이나 위원회나 사람들을 온전히 한 몸으로 만드는 것은 눈에 보이지 않는 사랑입니다. 우리의 몸으로 말하면 생명과 같은 것이 사랑입니다.

사랑이 있으면 하나가 됩니다. 사랑이 있으면 아무리 달라도 하나가 될 수 있습니다. 이것이 교회입니다. 교회의 중심에는, 독생자 예수 그리스도를 우리를 위하여 내어 주신 하나님의 사랑이 강물처럼 흐르고 있습니다.

9절에서 '사랑에는 거짓이 없다'고 말하고 있습니다. 사랑은 진실입니다. 사랑은 순수한 것입니다. 사랑에는 반드시 '피'가 있습니다. 희생의 대가를 치르지 않는 것은 사랑이 아닙니다. 어떤 이가 누군가를 사랑한다고 말할 때 얼마나 희생했느냐, 얼마나 손해 보았느냐, 얼마나 피를 흘렸느냐로 그 사랑의 질을 결정할 수 있습니다.

왜 우리의 사랑이 공허할까요? 왜 우리의 사랑은 10년이 지나면 식어 버릴까요? 희생이 없기 때문입니다. 참사랑에는 십자가가 있고 참사랑에는 조건이 없습니다. 대가를 바라지 않습니다. 이렇게 엄청난 십자가의 사랑이 교회의 중심에 흐르고 있을 때, 모든 다양한 은사들이 그 강줄기 안으로 들어와 하나님께 영광을 올려 드리게 될 것입니다.

성경은, 사랑이 허다한 허물을 덮어 주고 사랑이 율법의 완성이라고 말하고 있습니다. 예수님은 우리에게 '참 신앙이란 하나님을 사랑하고 네 이웃을 네 몸처럼 사랑하는 것'이라고 정의해 주셨습니다.

아무리 교회 간판을 걸고 예배를 드리고 교파에 속해 있다고 해도, 교회에 와서 사랑을 느낄 수 없다면 그곳은 교회가 아닙니다. 우리가 아무리 예수님을 잘 믿는다고 말해도 누군가 곁에 다가왔을 때 우리에게서 사랑을 느낄 수 없다면 우리는 가짜일지도 모릅니다. 진짜 교회는 그리스도의 사랑이 느껴지는 곳입니다. 진짜 그리스도의 사람들은 주변 사람들이 예수의 사랑을 느끼게 해야 합니다.

교회 성장의 열쇠, 사랑

사랑보다 강한 힘은 세상에 없습니다. 사랑에는 죄인을 용서하는 힘이 있습니다. 그 사랑 안에는 생명이 있습니다. 생명은 죽은 자를 살립니다. 하나님의 사랑이 하나님의 생명을 통하여 우리에게 나타나는 것입니다. 생명 안에 빛이 있습니다. 빛은 어두움과 죽음을 몰아내고 모든 절망과 갈등을 몰아냅니다.

사랑이 있는 곳에는 빛이 있습니다. 우리에게는 어두움을 몰아낼 능력이 없습니다. 캄캄한 방에서 아무리 소리를 질러도 어두움은 물러가지 않습니다. 어두움을 몰아낼 방법은 빛을 초대하는 것입니다. 빛이신 예수님을 초대해 보십시오. 순식간에 방이 환해집니다. 불을 켜면 순식간에 칠흑 같은 어두움이 사라지는 것처럼, 우리 마음의 모든 어두움이 사라지기를 기원합니다. 하나님의 사랑 앞에서는 모든 갈등, 모든 죽음의 세력들, 절망, 나를 괴롭히는 수많은 것들이 순식간에 눈 녹듯이 사라집니다.

특히 이 사랑 안에는 치유하는 능력이 있습니다. 사랑하면 치유가 일어납니다. 모든 질병, 고통, 아픈 상처들이 나도 모르는 사이에 회복됩니다. 자녀들이 말썽을 피워도 야단치지 말고 그저 사랑하십시오. '내가 너를 사랑하고 있다, 너의 곁에 있다'는 사실을 확인하는 순간에 아이들은 변합니다. 사랑만이 회복과 치유를 가져옵니다.

이것이 교회입니다. 교회는 위원회나 당회가 아닙니다. 그리스도의 사랑의 물줄기입니다. 누구든지 그 안에 들어오면 치유받고 회복되고 건강해지는 것입니다. 교회 성장의 열쇠는 은사가 아니라 '사랑' 입니다.

똑똑하고 잘나고 능력 있는 사람들이 모이면 어떻게 될까요? 싸웁니다. 비교하고, 미워하고, 시기합니다. 그러나 사랑이 있으면 교회는 하나가 됩니다. 잘난 척하지 마십시오. 똑똑한 척하지 마십시오. 사랑 안으로 들어오십시오. 그럴 때 내게 주신 은사는 살아나기 시작하고 예수님의 이름으로 봉사하기 시작하는 것입니다.

교회의 중심은 사랑입니다. 교회가 사랑의 공동체가 된다면 우리는 하나님을 보여 줄 수 있는 사람들이 되는 것입니다. 본문을 보면 어떻게 사랑의 공동체가 될 수 있는가에 대해 다섯 가지 실제적인 적용이 나옵니다.

첫 번째는 "악을 미워하고 선에 속하라"입니다. 사랑의 공동체가 되기 위해서는 우리 안에 있는 악을 제거해야 합니다. 악을 미워해야 합니다. 그래야만 사랑의 공동체의 근거를 만들 수 있습니다. 악은 언제나 그럴듯합니다. 교활한 것이 악입니다. 악은 편리한 합리주의자요, 이해관계에 얽매여 있을 때는 타협주의자입니다.

교활하고 그럴듯하고 합리적인 척하는 악에 속지 마십시오. 우리는 잘못을 저질러 놓고 악이라고 인정하기보다는 합리화시킵니다. "그럴 수도 있지 않느냐? 하나님도 내 입장이 되면 이해할 수 있을 것이다"라고 말합니다. 성경을 바꾸기까지 하려고 합니다. 악은 이렇게 우리를 유혹합니다.

그러나 선은 두 얼굴을 가지고 있지 않습니다. 언제나 정직합니다. 우리가 선의 편에 서게 될 때 악은 세력을 잃습니다. 이단의 책임은 기독교에 있습니다. 만일 기독교가 제대로 서 있다면 이단들은 존재할 수 없습니다. 책임은 우리에게 있습니다. 선이 세워지지 않았기 때문에 악이 존재하는 것입니다. 악을 미워하십시오. 교회에 진리가 서도록 하십시오. 선이 추구되도록 하십시오. 하나님의 선하시고 인자하시고 영원하심이 교회를 지배하게 하십시오. 그럴 때 교회는 사랑의 공동체의 기초를 만들어 가는 것입니다.

> 형제를 사랑하여 서로 우애하고 존경하기를 서로 먼저 하며(롬 12:10).

두 번째는 '먼저 하라'입니다. 우리는 흔히 "네가 사랑하면 나도 사랑하지" 혹은 "네가 먼저 사과하면 내가 용서할게"라고 말합니다. 이렇게 되면 아무 일도 일어나지 않습니다.

성경에서는, 형제간에 깊은 신뢰와 사랑과 인격적인 관계가 형성되어 있어야 한다고 말합니다. 형제가 서로 사랑하는 모습을 보면 정말 아름답습니다. 반면 어떤 형제는 서로 너무 미워하기도 합니다. 사람들은 말합니다. "목사님, 존경할 만해야 존경하지요." 그러나 존경할 만하면 누구나 존경할 수 있습니다. 존경할 만한 것이 없어도 존경하십시오. 인정하고 싶지 않은 사람이라도 인정하는 겸손이 있어야 합니다.

10절을 다시 보십시오. 서로 우애하고 존경하기를 먼저 하라고 말하고 있습니다. 이 말씀 중에서 '먼저'라는 말이 중요합니다. 먼저 하라는 것입니다. 예수님은 "그러므로 예물을 제단에 드리려다가 거기서 네 형제에게 원망 들을 만한 일이 있는 것이 생각나거든 예물을 제단 앞에 두고 먼저 가서 형제와 화목하고 그 후에 와서 예물을 드리라"(마 5:23-24)라고 말씀하셨습니다.

교회에 오기 전에 형제와 싸우고 오면, 하나님께 영광을 돌려도 하나님은 받지 않으십니다. 진정한 예배는 화해입니다. 하나님과 인간 사이에 화목 제물인 예수 그리스도가 계시기 때문에 예배드릴 수 있는 것처럼, 우리의 예배가 진정한 예배가 되기 위해서는 화해가 일어나야 합니다.

원수가 있고, 미워하는 사람이 있고, 분노하는 사람이 있는데 어떻게 예배가 이루어지겠습니까? 그런 분들이 있거든 모두 전화하기 바랍니다. 상대방이 찾아오게 하지 마시고 여러분이 먼저 찾아가기 바랍니다. 상대방이 사과를 받아 주든지 받아 주지 않든지 그것은 그 사람의 문제입니다. 나와 상관없습니다. 먼저 존경하십시오. 마태복음 6장 31 - 33절을 보십시오. "그러므로 염려하여 이르기를 무엇을 먹을까 무엇을 마실까 무엇을 입을까 하지 말라 이는 다 이방인들이 구하는 것이라 너희 하늘 아버지께서 이 모든 것이 너희에게 있어야 할 줄을 아시느니라 그런즉 너희는 먼저 그의 나라와 그의 의를 구하라 그리하면 이 모든 것을 너희에게 더하시리라."

또 마태복음 7장 5절 말씀입니다. "외식하는 자여 먼저 네 눈 속에서 들보를 빼어라 그 후에야 밝히 보고 형제의 눈 속에서 티를 빼리라." 교회가 사랑의 공동체가 되는 비결은 먼저 사랑을 고백하는 것입니다. 먼저 화해를 신청하는 것입니다. 여러분의 마음이 불편하면 이유를 불문하고 먼저 존중하십시오. 이때 여러분의 가정은 천국으로 변할 것입니다. 부부 사이도 마찬가지입니다. 지는 사람이 이기는 것입니다. 목숨을 얻고자 하면 잃고, 잃고자 하면 얻을 것이라고 했습니다. 이기는 사람은 진 것입니다.

교회가 진정한 사랑의 공동체가 되기 위한 세 번째 비결은, "부지런하여 게으르지 말고 열심을 품고 주를 섬기라"(롬 12:11)는 것입니다. 놀라운 사실은, 사랑을 하면 부지런해진다는 것입니다. 연애편지를 쓰려고 해도 부지런해야 합니다. 사랑하면 새벽부터 일어납니다. 사랑하면 감각이 살아납니다. 사랑할 때 꽃의 아름다움을 느낍니다. 비참하고 속상하고 피곤할 때는 꽃이 보이지 않습니다. 그러나 내 안에 사랑이 솟아나기 시작하면 눈이 반짝이고 온몸의 세포가 움직입니다. 오른뺨을 치면 자연히 왼뺨을 돌려댑니다. 그것이 별로 신경질이 나지 않습니다. 누가 나를 긁어도 안마하는 것 같습니다.

사랑하면 게으르지 않습니다. 인생의 의미가 없는 사람은 늦잠을 잡니다. 충동적으로 마구 삽니다. 왜냐하면 사랑할 대상이 없고 살아야 할 이유가 없기 때문입니다. 그러나 그리스도의 복음을 가진 사람들은 새벽 4시에 일어나 새벽 기도회에 나옵니다.

어떤 사람들은 자기가 원하지 않는 삶을 살아갑니다. 원하지 않는 직장, 원하지 않는 배우자와의 결혼, 원하지 않는 자식, 이 모든 것이 싫고 짜증납니다. 이런 삶은 죽을 수 없어서 사는 것입니다. 충동적으로 사는 것입니다. 끌려가면서 사는 것입니다. 행복의 조건은 가졌지만, 마음의 평안은 없는 삶입니다.

또 어떤 사람들은 고의적으로 악하게 살아갑니다. 남에게 해를 끼치고 남을 파멸시키는 데 그 인생의 날들을 보냅니다. 수단과 방법을 가리지 않고 남의 뒷조사를 해서 고발하고, 고통을 주고 다른 사람이 고통스러워하는 것을 즐기는 사람이 있습니다. 또 자기가 하는 일이 남에게 치명적인 피해를 주는데도 양심의 가책을 느끼지 않고 살아가는 사람이 있습니다. 청소년에게 마약을 팔고 술과 담배를 팔고 유해 식품을 팔면서도 양심의 가책을 느끼지 않는 사람, 자기의 작은 이익 때문에 환경이 오염되고 파괴되는데도 불구하고 그 일을 계속하는 사람이 있습니다.

이런 사람들의 공통점이 있는데 그것은 '허무함'과 '고독'입니다. 이들은 모든 것을 가지고 있지만 고독해 합니다. 외로워합니다. 외로움을 잊고 고독을 잊기 위해서 자꾸 술을 마십니다. 충동적으로 사는 사람들은 동물적으로 사는 것입니다.

게으르게 살지 말고 열심을 품고 주님을 사랑하십시오. 주님을 섬기십시오. 그럴 때 내 인생은 꽃이 피고 생기가 도는 것입니다. 아침부터 하루 종일 그가 생각하는 것은 오직 하나님 한 분뿐입니다.

네 번째 비결은, 소망 중에 기다리는 것입니다.

> 소망 중에 즐거워하며 환난 중에 참으며 기도에 항상 힘쓰며(롬 12:12).

이 세상에 모든 악과 죄와 고통과 저주가 있다 할지라도 미래가 있는 사람은 외롭지 않습니다. 약속이 보장된 사람은 외롭지 않습니다. 우리에게는 '죽으면 천국 간다'는 믿음이 있습니다. 안심하고 죽으십시오. 죽을 때 갈등하지 말고 죽으십시오. 이것이 축복입니다. 죽음은 영원을 여는 문입니다. 죽음을 환영하고 찬양하십시오.

소망이 있는 사람은 소망 중에 기뻐합니다. 아무리 현실이 어렵고 괴롭다 할지라도 우리에게는 주님이 다시 오신다는 믿음이 있습니다. 새 하늘과 새 땅, 고통과 눈물과 죽음과 한숨이 없는 그 약속의 땅이 있기 때문에 우리는 두려워하거나 좌절하지 않습니다.

예수님은 "나로 말미암아 너희를 욕하고 박해하고 거짓으로 너희를 거슬러 모든 악한 말을 할 때에는 너희에게 복이 있나니 기뻐하고 즐거워하라 하늘에서 너희의 상이 큼이라"(마 5:11-12)라고 말씀하셨습니다.

소망이 있는 자는 즐거워합니다. 참을 수 없다면 약속이 아닙니다. 기다릴 수 없다면 믿음이 아닙니다. 우리는 기다릴 수 있습니다. 왜냐하면 약속이 있기 때문입니다. 만일 우리가 모든 것을 끝내 버린다면 그것은 믿음이 없는 것입니다. 믿음이 있는 사람들은 끝까지 기다립니다. 믿음이 있는 사람들은, 어떤 환경의 고난이나 악조건이 주변에 있다 할지라도 오래 참습니다.

성경은 "사랑은 오래 참고"(고전 13:4)라고 말하고 있습니다. 그 많은 사랑에 대한 정의 중에 왜 하필 그 말이 먼저 나왔을까요? 이 말을 뒤집어 생각해 보면, 참지 못하고 인내하지 못하는 사람은 사랑하지 않는다는 것입니다. 상대방을 정말 사랑한다는 증거는, 기다려 주는 것입니다. 집 나간 자녀를 기다리는 아버지는 시간을 보지 않습니다. 기다리는 사람에게는 시간이 없습니다. 그것이 사랑입니다. 타락한 창녀였던 아내 고멜을 호세아는 기다려 주었습니다.

교회 안에는 연약한 성도가 있습니다. 그 연약한 성도를 기다려 주는 것이 교회입니다. 기다릴 때 해야 할 일은 '기도'입니다. 소망 중에 즐거워하며 환난 중에 참으며 기도에 힘쓸 때 사랑의 공동체가 되는 것입니다.

성도들의 쓸 것을 공급하며 손 대접하기를 힘쓰라(롬 12:13).

교회에 오면 하나님이 계신 것을, 그리고 그곳이 하나님의 공동체라는 사실을 어떻게 느낄 수 있습니까? 하나님의 사랑을 느낄 수 있는 비결은 낮은 데로 내려가는 것입니다. 높은 자리에 있으면 하나님을 느낄 수 없습니다. 우리가 가난한 자들과 있으면 하나님을 느낄 수 있습니다. 쓰레기를 줍고 있으면 하나님을 느낄 수 있습니다. 왜냐하면 예수님은 베들레헴에서 나셨기 때문입니다. 지성소는 6평이었습니다. 하나님의 방은 6평밖에 되지 않습니다.

13절 말씀에서는, 성도들의 쓸 것을 공급하며 손 대접하기를 힘쓰라고 말하고 있습니다. 진정한 교회의 모습은 섬김에 있습니다. 예수님이 제자들의 발을 씻어 주셨듯이 형제의 발을 씻어 주고, 낮은 데로 내려가서 그들의 다리가 되어 줄 때 하나님은 영광 받으시는 것입니다. 부지중에 천사를 대접한 아브라함처럼 형제들을 대접하기를 바랍니다.

우리가 사랑하는 모습, 봉사하는 모습, 희생하는 모습을 보여 줄 수만 있다면 그리스도는 영광 받으실 것입니다. 이것이 교회입니다. 특별히 남을 도와줄 때 세 가지를 잊지 마십시오. 첫째, 어려울 때 도와주십시오. 어려움이 다 지나고 나서 돕는 것은 도움이 아닙니다. 그 사람이 돈이 떨어졌을 때, 감옥에 들어갔을 때, 암으로 죽어 가고 있을 때 그때 도와주는 것이 도움이 됩니다. 시간을 놓치면 도움이 되지 않습니다. 둘째, 마음으로만 도와줄 것이 아니라 물질로도 도와줘야 합니다. 셋째, 도울 때 특별히 겸손해야 합니다. 제일 어려운 것이 남을 도와주는 것입니다. 도움을 받는 사람은 약한 사람입니다. 잘못하면 자존심을 건드릴 수 있습니다. 그래서 예수님도 오른손이 한 일을 왼손이 모르게 하라고 했습니다. 이것은 자존심을 건드리지 말라는 말씀입니다. 그 사람의 필요를 사랑으로 채워 주라는 말씀입니다.

이 모든 말씀은 베드로전서에 완벽하게 요약되어 있습니다.

> 만물의 마지막이 가까이 왔으니 그러므로 너희는 정신을 차리고 근신하여 기도하라 무엇보다도 뜨겁게 서로 사랑할지니 사랑은 허다한 죄를 덮느니라 서로 대접하기를 원망 없이 하고 각각 은사를 받은 대로 하나님의 여러 가지 은혜를 맡은 선한 청지기같이 서로 봉사하라 만일 누가 말하려면 하나님의 말씀을 하는 것같이 하고 누가 봉사하려면 하나님이 공급하시는 힘으로 하는 것같이 하라 이는 범사에 예수 그리스도로 말미암아 하나님이 영광을 받으시게 하려 함이니 그에게 영광과 권능이 세세에 무궁하도록 있느니라 아멘(벧전 4:7-11).

하나님의 놀라운 축복이 여러분에게 충만하기를 축원합니다.

20

함께 웃고 함께 울라

로마서 12:14-18

앞 장에서는 사랑에 대한 말씀을 나누었습니다. 거짓 없는 사랑은 악을 미워하고 선에 속하게 하며, 형제를 사랑하되 우애하면서 먼저 존경하게 만듭니다. 또한 거짓 없는 사랑은, 게으르지 않고 열심을 품고 주를 섬기며 소망 중에 즐거워하며 환난 중에 참으며 기도에 힘쓰며 성도들의 쓸 것을 공급하는 사람으로 변화시킨다는 말씀도 나누었습니다.

이번 본문에서는, 사랑은 나를 박해하고, 저주하고, 미워하고, 괴롭히는 사람까지도 축복하게 한다고 말합니다.

너희를 박해하는 자를 축복하라 축복하고 저주하지 말라(롬 12:14).

진실한 사랑에는 불가능이 없습니다. 진실한 사랑에는 안 되는 것이 없습니다. 어떤 사람들은 구제하라고 하면 돈이 없다고 말합니다. 아닙니다. 돈이 없는 것이 아니라 사랑이 없는 것입니다. 사랑이 있으면 막노동이라도 합니다. 자존심 다 버립니다. 팔짱 끼고 서서 자기 좋은 일만 하려고 하지 않습니다. 안 하는 것은 사랑하지 않기 때문입니다. 어떤 사람들은 일을 함께하자고 제안하면 능력이 없다고 말합니다. 봉사하자고 하면 능력이 없다고 말합니다.

그저 함께 서 있기만 해도 좋은 그것이 사랑입니다. 시간이 없는 것이 아니라 사랑이 없는 것입니다. 사랑만 있다면 한두 시간만 자거나 밤을 새도 괜찮습니다. 그것이 사랑입니다.

오늘날 사회는 돈이 중심이 된 사회입니다. 그래서 돈을 주면 용서하고, 돈을 주면 화해하고, 돈을 주면 정당도 움직입니다. 돈을 주면 인격도 팔고 몸도 팝니다. 그러나 사랑하면 돈이 없을지라도 감사하고, 배고플지라도 감격하고, 일찍 죽을지라도 기뻐합니다. 최악의 환경에서도 최선의 결과를 만들어 내는 것, 그것이 사랑입니다.

사실 원수를 사랑한다는 것은 인간에게 있어서 어려운 일입니다. 인간에게는 사랑이 없습니다. 사랑을 가지신 분은 하나님뿐입니다. 우리가 가지고 있는 사랑은 동물적이고 본능적인 것입니다. 인간은 참사랑을 잃어버렸습니다. 그래서 원수를 사랑한다거나 나를 박해하는 자를 축복하는 일은, 머리로는 되지만 감정으로는 어렵습니다. 팔레스타인에서 목사님 한 분이 오신 적이 있습니다. 팔레스타인에서 태어났고 거기서 자란 분입니다. 그의 아버지가 총에 맞아 돌아가셨기 때문에 고아로 자랐다고 합니다. 고아원에서 분노와 미움과 한과 복수심을 품고 자랐습니다. 그러던 그가 예수님을 믿고 목사가 되었습니다.

우리는 그의 간증을 들었습니다. 그가 목사가 되어 목회를 하는데 교인들이 변하지 않고, 고아들을 돌보는데 고아들이 변하지 않더라는 것입니다. 그러던 어느 날 자기 속에 분노와 미움과 용서하지 못하는 마음이 있다는 사실을 알게 되었답니다. 그 후에 십자가의 사랑을 다시 깨닫고, 성령 받고, 마음으로부터 진정한 용서를 했다고 합니다. 그랬더니 교인들이 변하고 아이들이 변했답니다.

우리가 변하면 우리 자녀들이 변할 것입니다. 자녀들이 먼저 변하기를 기다리지 마십시오. 또한 목사가 회개하지 않는데 어찌 평신도들이 회개하겠습니까? 목사들이 문제입니다.

괴롭히는 자를 축복하라

예수님은 "또 네 이웃을 사랑하고 네 원수를 미워하라 하였다는 것을 너희가 들었으나 나는 너희에게 이르노니 너희 원수를 사랑하며 너희를 박해하는 자를 위하여 기도하라"(마 5:43-44)라고 말씀하셨습니다.

주님은 우리에게 이런 메시지를 주십니다. '네가 할 수 없는 일이고 고통스러운 일이지만 너를 박해하는 자를 축복하라.' 첫째, 너를 박해하는 자, 너를 고통스럽게 하는 자를 위하여 기도하고 축복하라는 것입니다. 저주하지 말고 축복하라! 우리 주변에는 박해받는 사람들이 참 많습니다. 우리를 박해하고 미워하는 사람이 많습니다. 우리가 무슨 잘못을 했거나 피해를 주었다면 박해받는 것이 당연하지만, 남에게 피해 준 일도 없고 잘못한 일도 없는데 미움받는 경우가 아주 많습니다. 이유 없이 텃세를 부리고 기득권을 행사합니다. 그것은 어느 직장에 들어가도 마찬가지입니다. 군대에 가도 신고식을 해야 하고, 사회에 적응하기 위해서는 경쟁에 부딪혀야 합니다. 우리를 모함하고 파괴시키려는 세력들이 항상 주변에 있기 마련입니다.

저는 군대에서 기합받던 일이 생각났습니다. 지금은 용서했지만 그때는 참 힘들었습니다. 제 사수가 한 사람 있었는데 예수님을 믿는 저를 보고 재수 없다면서 때렸습니다. 술을 주고서는 안 마신다고 때렸습니다. 자기가 주는 술을 마시지 않는 것은 자기를 무시해서 그러는 것이라고 "너 한번 맞아 봐라" 하면서 때렸습니다. 또 저를 골탕 먹이려고 제가 지나는 길에 몰래 숨어 있다가 갑자기 나타나 '충성'하면서 경례를 하고는, 고참이 인사하는데 졸병이 먼저 인사하지 않았다고 때렸습니다. 또 돈을 갖다 바치지 않는다고 때렸습니다.

그리고 또 한 사람은, 마음은 참 착한데 저를 때렸습니다. "내가 하도 많이 맞아서 나도 너를 때리지 않을 수 없다"면서 때렸습니다. 그래서 또 맞았습니다.

그렇게 계속 맞으면 너무나 고통스럽고 살아가는 게 힘듭니다. 그 사람 얼굴을 보기만 해도 표정이 굳어지고 치를 떨게 됩니다. 제가 제대하고 신학교를 갔는데, 신학교에 예비군 본부가 있었습니다. 그런데 예비군 조교가 저를 많이 때리던 제 사수, 바로 그 사람이었습니다. 물론 찾아가서 악수를 청하긴 했지만 그 사람을 보니까 다시 가슴이 두근거리고 다시는 보고 싶지 않아졌습니다.

원수를 사랑한다는 것, 나를 힘들게 하는 사람을 이해하고 축복한다는 것이 이렇게 어렵습니다. 어디 이런 일뿐이겠습니까? 자기를 고문한 사람을 사랑할 수 있겠습니까? 법적으로 걸리지 않게 사기를 쳐서 내 기업을 부도나게 한 사람을 사랑할 수 있겠습니까? 기업이 부도나고 가정이 힘들어지고 주변에 있는 모든 사람들이 힘들어졌는데 어떻게 분노가 없겠습니까? 그 사람을 어떻게 사랑할 수 있겠습니까? 장밋빛 꿈을 가지고 결혼했는데 남자가 남편 역할을 제대로 하지 않고 딴짓을 합니다. 여자가 아내 역할을 하지 않습니다. 그래서 이혼합니다. 그로 인한 분노가 얼마나 크겠습니까? 사랑한다는 것은 쉬운 일이 아닙니다. 불가능한 것입니다.

그러나 본문 말씀은 우리에게 이렇게 말합니다. "너를 박해하는 자를 저주하지 말고 축복하라." 예수님은 자기를 십자가에 못 박는 사람들을 향해 이렇게 기도했습니다. "아버지여, 저들의 죄를 용서하여 주옵소서." 스데반은 자기에게 돌을 던지는 사람들을 향해 "하나님, 저들은 자기의 죄를 잘 모릅니다. 용서해 주십시오"(행 7:60 참조)라고 말했습니다. 이런 사람이 그리스도인입니다. 이것이 교회입니다. 예수님은 "의를 위하여 박해를 받은 자는 복이 있나니 천국이 그들의 것임이라 나로 말미암아 너희를 욕하고 박해하고 거짓으로 너희를 거슬러 모든 악한 말을 할 때에는 너희에게 복이 있나니 기뻐하고 즐거워하라 하늘에서 너희의 상이 큼이라 너희 전에 있던 선지자들도 이같이 박해하였느니라"(마 5:10-12)라고 말씀하셨습니다.

우리를 박해하는 자를 저주하지 말고 축복하십시오. 이것이 본문 말씀을 통해 주시는 하나님의 메시지입니다. 우리는 할 수 없습니다. 그러나 우리가 주님 안에 있을 때는 가능합니다.

타인의 고난에 참여하라

두 번째, 다른 사람의 고난에 방관자가 되지 말고 참여자가 되라고 말씀합니다.

> 즐거워하는 자들과 함께 즐거워하고 우는 자들과 함께 울라(롬 12:15).

우리는 일반적으로 두 가지 태도를 가집니다. 비판하든지 방관하든지 둘 중 하나입니다. 남을 도와준다는 말은 내가 손해 보지 않는 범위 내에서 도와주는 것입니다. 내 명예가 상하거나 내가 손해를 볼 때는 도움을 주지 않습니다.

본문에서는 우리에게 즐거워하는 자들과 함께 즐거워하고 우는 자들과 함께 울라고 말씀하십니다. 방관자 입장에서 거리를 두고 사람을 사랑하는 것이 아니라 그 사람 속에 들어가고 동참해서 사람을 사랑하라는 것입니다. 정말 어려운 이야기입니다. 어떤 사람은 자기 구역에서 열리는 구역 예배에도 가지 않습니다. 귀찮고 누가 내 생활을 간섭할까 봐 아무 데도 참여하지 않습니다. 이것이 현대인입니다. 그래서 현대인들은 스스로 외로운 것입니다. 자기 스스로 벽을 만들어 놓고 성을 쌓아 놓고 그 속에 들어가서 다른 사람이 나를 건드리지 못하게 합니다. 보호 장치를 해서 안전하게 만들긴 했지만 외로워합니다. 점점 외로워집니다.

우리나라 속담에 "사촌이 땅을 사면 배가 아프다"는 말이 있습니다. 그런데 정말 사랑하면 그 사람이 잘되기를 원하고 잘되면 좋아합니다. 자식 잘된다고 질투하는 부모를 본 적 있습니까? 시골에서 농사짓는 부모님은 자식이 성공했을 때 얼마나 좋아합니까? 사랑하는 사람은 잘될수록 좋습니다.

'즐거워하는 자들과 함께 즐거워하라'고 합니다. 우리는 왜 남이 잘되는 꼴을 보지 못할까요? 그 이유는 간단합니다. 사심이 많아서 그렇습니다. 사심이 많으면 다른 사람을 축복하지 못합니다. 자꾸 경쟁하게 됩니다. 우리가 화를 잘 내고 섭섭해 하고 미워하는 이유는 상대방이 나에게 피해를 주었기 때문이기도 하지만, 내 안에 경쟁심, 소유욕, 이기심이 있기 때문입니다. 우리는 남이 잘되는 것을 축복하지 못합니다.

축복을 해 줘야 하는데 축복이 안 되는 사람의 얼굴을 본 일이 있습니까? "저 사람이 저렇게 복 받으면 안 되는데" 하는 경쟁심, 이기심이 있을 때는 축복할 수 없습니다. 사심 없이 정말 축복하면 다른 사람이 잘될수록 좋아합니다. 한국 사회가 이렇게 남을 축복해 주는 사회, 격려해 주는 사회가 되었으면 좋겠습니다.

계속해서 15절을 보면 '우는 자들과 함께 울라'는 말이 있는데, 그것은 약자에 대한 동정심에서 하는 말이 아닙니다. 약자에 대한 동정심은 화를 돋우고 자존심을 상하게 할 수 있습니다. 이 말씀의 의미는, 정말 사랑하기 때문에 긍휼과 사랑을 베푸는 것입니다.

아픈 사람을 바라보며 "저 사람이 아파요. 하나님, 저 병을 나에게 주세요. 내가 대신 아프겠습니다"라고 부르짖는 기도를 하는 것은 그저 객관적인 입장에서 사랑하는 것이 아니라 그 사람의 고통 속에 함께 들어가 사랑하는 것입니다. 같이 눈물을 흘리는 것입니다. 내가 누릴 수 있는 환경을 포기하고 가난한 자와 함께 있는 것입니다. 병든 자, 우는 자들과 함께 있는 것입니다.

예수님은 본래 하나님이었지만 하나님과 동등됨을 취할 것으로 여기지 아니하시고 사람이 되셨습니다. 종의 모습으로 세상에 오셔서 자기를 낮추시고 십자가에 죽기까지 순종하신 분이 예수 그리스도입니다. 따라서 하나님을 느끼고 예수님을 만나고 싶다면, 방법은 간단합니다. 높은 곳이나 화려한 곳에 가 있으면 하나님을 만날 수 없습니다. 가난한 자들과 낮은 곳에 가서 며칠만 지내다 보면 하나님을 느낄 수 있습니다. 병든 자들 속에 들어가서 도와주십시오. 억울한 자들을 도와주십시오. 거기서 하나님을 느낄 수 있습니다. 사랑하면 죽기까지 합니다. 예수님은 "즐거워하는 자들과 함께 즐거워하고 우는 자들과 함께 울라"고 말씀하셨습니다.

세례 요한은 "나는 광야의 외치는 소리요 빛에 대하여 증거자요 나로 인하여 하나님의 어린 양을 알고 세상의 모든 사람이 구원을 받기 원하노라"고 외쳤습니다. 또 그가 한 말 중에 "높은 산 골짜기는 낮아지고 낮은 골짜기는 높아져서 주의 길을 평탄하게 한다"는 말이 있습니다(눅 3:4-6 참조). 지금 높아진 사람들은 다 낮아지기를 축원합니다. 또 낮아진 사람들은 모두 높아지기를 축원합니다.

> 서로 마음을 같이하며 높은 데 마음을 두지 말고 도리어 낮은 데 처하며 스스로 지혜 있는 체하지 말라(롬 12:16).

박해하는 사람을 축복하고 고난당하는 사람을 그저 옆에서 조금 도와주는 것이 아니라 고난에 동참하십시오. 어려운 사람은 어려울 때 바로 도와줘야 도움이 됩니다. 가장 어려울 때 같이 있어 주어야 합니다.

세 번째, 겸손하십시오. 낮추십시오. 교회 안에는 높은 사람도 없고 낮은 사람도 없습니다. 장교와 졸병이 함께 있는 곳입니다. 재벌과 서민이 함께 봉사하고 배운 사람과 못 배운 사람이 함께 기도하는 곳이 교회입니다. 높아진 모든 사람은 내려오시기 바랍니다. 잘난 척하지 마십시오. 낮아져 있는 사람은 지나친 열등감에 빠져 있지 말고 다 올라오십시오. 자동차는 도로를 달려야 합니다. 산같이 올라갔다 내려갔다 하는 굴곡이 심한 길은 운전하기가 어렵습니다. 주의 길을 평탄하게 하십시오.

네 번째는 17절 말씀입니다.

> 아무에게도 악을 악으로 갚지 말고 모든 사람 앞에서 선한 일을 도모하라(롬 12:17).

우리는 이 말씀에서 엄청난 도전을 받습니다. 구약에서는 "눈에는 눈으로, 이에는 이"라고 했습니다. 누가 나를 때려서 오른쪽 두 번째 이가 빠지면 마찬가지로 때린 사람의 오른쪽 두 번째 이를 빼내면 됩니다. 눈이 빠지면 눈을 빼면 됩니다. 이것이 구약의 율법이었습니다. 율법 사회는 무섭습니다. 그러나 예수님은 "원수까지 사랑하라. 너를 박해하는 자를 축복하라. 적극적으로 모든 사람 앞에서 선을 도모하라. 아무에게도 악을 악으로 갚지 말라. 선으로 보답하라"고 하십니다. 이것이 주님이 원하시는 사회이며 교회입니다.

오늘날 왜 사람은 많이 모이는데 교회가 능력이 없을까요? 세상과 비슷해서 그렇습니다. 다른 것이 없습니다. 원수를 미워하고 자기를 박해하는 자를 저주하는 것도 똑같습니다. 모두 이익을 따라 살고, 필요 있으면 하고 필요 없으면 하지 않는 곳은 교회가 아니라 세상입니다. 교회가 크다고 능력이 있는 것이 아닙니다. 진짜일 때 능력이 있고 영향력을 미치는 것입니다. 작은 교회라 할지라도 성도들이 주님의 명령을 온 마음으로 지키고 있다면 그 교회는 진짜 교회입니다.

평화를 만드는 사람들

다섯 번째는 18절 말씀입니다.

> 할 수 있거든 너희로서는 모든 사람과 더불어 화목하라(롬 12:18).

모든 사람과 더불어 평화를 만들라는 말씀입니다. 우리는 방관자도 비판자도 아닙니다. 우리는 화해자입니다. 평화를 만드는 사람들입니다. 이 축복이 성도들의 삶 속에, 가정 속에 임하기를 바랍니다. 이런 가치관, 철학, 인생관을 가진 우리가 가는 곳마다 웃음꽃이 피고, 조직이 변하고, 사회가 변한다면 얼마나 놀랍겠습니까? 예수님은 "누구든지 네 오른뺨을 치거든 왼뺨을 돌려대고, 겉옷을 달라 하면 속옷까지 주고, 오 리를 가자고 하면 십 리를 함께 가라"(마 5:39-41 참조)고 말씀하십니다. 이것이 교회입니다. 저는 우리 교회에서 이런 일이 있기를 바랍니다. 모두 와서 청소하고, 섬기고, 대접하고, 이익을 보는 것이 아니라 손해를 보고, 자기를 희생하는 사람들이 되기를 바랍니다.

저는 십여 년 전에 우리 교회에 계시던 한 장로님의 눈동자를 잊을 수가 없습니다. 지금은 육십이 되신 그 장로님이, 처음으로 텔레비전에 조선족이 소개되는 것을 보고 제게 찾아왔습니다. "목사님, 제 50년의 인생은 이제 만족합니다. 제 남은 인생은 조선족을 위해 살겠습니다." 그리고는 병원과 농장과 집을 팔고 떠났습니다. 저는 가끔 그분을 생각합니다. 그분 외에도 비슷한 사례가 너무나 많습니다. 최근에는 이런 얘기도 들었습니다. 우리 교회에 와서 일대일 성경 공부를 마치고 새롭게 하나님을 만난 자매가 있습니다. 제가 가끔 설교할 때 성도들에게 "나가라"고 했던 그 말을 하나님의 말씀으로 듣고 경북 봉화로 갔답니다. 남편을 졸라서 남편과 함께 사과나무를 심고 농사를 짓기 시작했답니다. 그리고 그 동네에 교회가 없어서 교회를 짓는답니다. 저는 아직 얼굴도 못 뵈었습니다. 그러나 그 얘기를 들었을 때 제 마음이 그렇게 따뜻할 수가 없었습니다.

우리 교회에는 정말 신실하게 봉사하는 분들이 참으로 많습니다. 저는 그런 분들을 보면 "목사님"이라고 부르고 싶습니다. 제가 교인 같고 그분들이 목사님들 같습니다. 얼마나 아름다운지 모릅니다. 이것이 교회입니다. 원수를 사랑하는 사람들, 괴롭히는 이들을 축복하는 사람들, 고난에 구경꾼이 되지 않고 동참하는 사람들, 선을 추구하는 사람들, 자기를 낮추는 사람들이 있는 곳, 평화를 만드는 사람들이 있는 곳이 교회입니다.

21

선으로 악을 이기라

로마서 12:19-21

사람의 감정 중에서 해결하기 어려운 감정이 있다면 '미움'일 것입니다. 사람이 미움의 감정에 한번 사로잡히면 빠져나오기가 어렵습니다.

사랑이 논리를 초월하듯이, 미움도 논리를 초월합니다. 왜 사랑하는지 설명되지 않듯이 미워하는 것도 설명되지 않습니다. 그저 미울 뿐입니다. 사랑은 모든 것을 세워 주지만 미움은 모든 것을 파괴합니다. 미움을 가지고 있을 때 제일 먼저 파괴되는 것은 자신입니다. 미움은 마치 날카로운 톱과 같습니다. 미워하고 있는 동안 우리의 인격은 파괴되고 얼굴의 근육은 굳어집니다. 미움의 감정을 가지고 있는 사람의 얼굴은 살벌합니다. 전투적이고 방어적입니다.

이렇게 자기만 파괴되는 것이 아니라 주변에 있는 사람들까지도 불행하게 만들고 피해를 줍니다. 미움을 오래 간직해서 대대로 물려주기도 합니다. 그것이 한입니다. 우리 민족은 한이 많은 민족입니다. 만일 피해를 준 상대에게 따지거나 복수할 능력이 있다면 미움의 감정이 해결되지만, 복수할 능력도, 보복할 능력도 없을 때는 혼자 밤에 울어야 합니다. 그래서 한이 쌓입니다.

몇 년 동안 분노를 가슴에 품고 지내는 사람들이 있습니다. 또 평생을 미움과 분노로 보내는 사람도 있습니다. 그렇게 평생 화를 내다가, 이대로 죽을 수 없는데 죽어야만 하니까 눈을 감지 못하고 눈 뜨고 죽는 사람도 있습니다.

미움의 지뢰를 제거하라

그러나 성경은 우리에게, 어떤 종류의 미움을 가졌든, 어떤 분노를 가졌든 분노가 다음 세대로 넘어가지 않게 오늘로 끝을 내라고 말합니다. 이 분노와 미움은 마치 지뢰밭과 같습니다. 언제 터질지 모릅니다. 누가 밟기만 하면 터집니다. 우리나라 사람들은 점잖게 있다가도 그 분노가 터지면 땅바닥을 치고 통곡하며 웁니다. 싸워도 머리카락을 잡고 싸웁니다. 분노와 미움을 참고 참다가 어느 날 터지면 자기가 감당하지 못하는 것입니다.

우리의 마음에 미움이라는 지뢰밭을 그냥 두지 마십시오. 지뢰를 제거하십시오. 이것은 마치 여러 국가들이 모여 지뢰 폐기 협상을 하는 것과 같습니다. "이제는 지뢰를 폐기하자"고 결정하는 것처럼, 지금 우리 마음속의 미움과 분노, 복수심을 폐기하기로 결단해야 합니다. 그렇지 않으면 엄청난 화와 저주가 우리 사회와 개개인에게 미치게 될 것입니다.

어떻게 이 미움을 극복할 수 있을까요? 어떻게 하면 나를 박해하고 저주하고 괴롭히는 사람을 사랑하고 용서할 수 있을까요? 만약 누가 내 부모를 죽였다면 용서할 수 있을까요? 나의 가족을 죽인 자는 용서할 수 없을 것입니다. 만일 누군가 사랑하는 딸을 납치해서 사창가에 팔아넘겼다면 그 사람을 용서할 수 있겠습니까? 제 주변에 그런 사람이 실제로 있습니다. 자기 딸이 납치당해서 사창가에 팔렸습니다. 찾을 수가 없습니다. 그 어머니는 언제 딸이 돌아올까 학수고대하며 발 뻗고 잘 수가 없습니다. 자기 방에서 자면서도 웅크리고 잡니다. 이렇게 가정을 파괴한 사람을 용서할 수 있겠습니까? 나의 직업을 빼앗아 가고, 나의 결혼생활을 파괴하고, 나의 인생을 망가지게 한 사람을 용서할 수 있습니까? 그래도 성경은 여전히 "용서하라. 너를 박해하는 자를 저주하지 말고 용서하라"고 말합니다.

미움과 분노와 복수심은 광범위하게 온 인류를 오염시키고 있습니다. 이것은 마귀의 전략입니다. 개인적인 미움도 있고 가족 단위, 민족 단위의 미움도 있습니다. 이 민족적인 미움은 개인의 윤리와는 상관이 없습니다. 그 대표적인 예가 바로 우리입니다. 우리는 남과 북이 분단된, 씻을 수 없는 상처를 갖고 있습니다. 그 상처는 우리에게만 있는 것이 아닙니다. 같은 상처를 북한도 함께 가지고 있습니다. 이스라엘과 팔레스타인, 영국과 아일랜드, 이외에도 도처에서 일어나고 있는 민족 전쟁 등, 우리는 이런 예를 얼마든지 찾아볼 수 있습니다. 그렇지만 주님은 우리에게 "네 이웃을 네 몸처럼 사랑하라" 그리고 "너를 박해하는 사람을 저주하지 말고 축복하라"고 말씀하십니다. 예수님은 "원수까지 사랑하라"고 말씀하셨습니다. "악으로 악을 갚지 말고, 선으로 악을 이기라"는 말씀이 오늘날 우리가 들어야 할 말씀의 주제입니다. 본문 말씀은 우리에게 더 강력하게 말씀하십니다.

네 원수가 주리거든 먹이고 목마르거든 마시게 하라(롬 12:20).

하나님은 왜 우리가 감당할 수 없는 이런 강한 메시지를 우리에게 주실까요? 그 이유는 간단합니다. 하나님은 용서받을 수 없는 우리를 용서하셨고, 사랑받을 만한 조건이 없는 우리를 무조건 사랑하셨고, 저주받은 우리의 인생을 축복해 주셨기 때문입니다. 주님은 "내가 너희를 사랑한 것처럼 너희도 서로 사랑하고 용서하라"고 말씀하십니다. 우리 믿음의 선배들은 이런 하나님의 사랑 앞에서 그들에게 닥친 고난을 기꺼이 겪었습니다.

사랑은 대가를 지불하는 것

사랑한다는 말은 무엇을 뜻할까요? 용서한다는 말은 무엇을 말할까요? 남을 축복한다는 말은 무슨 뜻일까요? 그것은 "대가를 치른다"는 말입니다. 예수님이 우리를 사랑하신다는 말은, 십자가에서 대가를 치르셨다는 말입니다. 하나님이 우리를 사랑하신다는 말은 자기의 독생자 예수 그리스도를 세상에 보내어 죽도록 내어 주셨다는 말입니다. 따라서 사랑한다, 용서한다, 남을 축복한다는 말은, 그저 기분 좋은 감정이 아닌 것입니다. 굉장히 어렵고 힘든, 자기 살점을 뜯어내는 것 같은 그런 아픔을 수반할 때 사랑은 가능한 것입니다.

히브리서에는 믿음의 사람들이 겪었던 고난에 대해 이렇게 설명하고 있습니다.

> 또 어떤 이들은 조롱과 채찍질뿐 아니라 결박과 옥에 갇히는 시련도 받았으며 돌로 치는 것과 톱으로 켜는 것과 시험과 칼로 죽임을 당하고 양과 염소의 가죽을 입고 유리하여 궁핍과 환난과 학대를 받았으니(이런 사람은 세상이 감당하지 못하느니라) 그들이 광야와 산과 동굴과 토굴에 유리하였느니라(히 11:36-38).

하나님을 진정으로 섬기고 사랑하는 사람들에게는 이런 고난의 흔적, 사랑의 흔적들이 있었습니다. 오늘 우리의 문제는 고난 없이 사랑하려고 하는 데 있습니다. 대가를 치르지 않고 용서하려고 하는 데 우리의 한계와 갈등이 있습니다. 믿음의 선배인 스데반은 결코 나쁜 사람이 아니었습니다. 돌에 맞을 만한 이유가 전혀 없는 사람이었습니다. 단지 그는 예수 그리스도를 전했기 때문에 많은 사람들의 돌에 맞아 죽었습니다.

사도 바울은 자기의 고난에 대해 설명하기를 부끄러워하지 않습니다.

> 형제들아 우리가 아시아에서 당한 환난을 너희가 모르기를 원하지 아니하노니 힘에 겹도록 심한 고난을 당하여 살 소망까지 끊어지고 우리는 우리 자신이 사형 선고를 받은 줄 알았으니 이는 우리로 자기를 의지하지 말고 오직 죽은 자를 다시 살리시는 하나님만 의지하게 하심이라(고후 1:8-9).

사도 바울이 얼마나 심한 고통을 받았으면 인간적으로 살 소망도 잃고 사형 선고를 받은 것 같았겠습니까?

> 우리가 사방으로 욱여쌈을 당하여도 싸이지 아니하며 답답한 일을 당하여도 낙심하지 아니하며 박해를 받아도 버린 바 되지 아니하며 거꾸러뜨림을 당하여도 망하지 아니하고(고후 4:8-9).

이 말씀을 보면 사도 바울이 욱여쌈을 당하였고, 답답한 일을 당하였고, 박해를 당하였고, 거꾸러뜨림을 당하였다는 사실을 알 수 있습니다. 사도 바울은 이렇게 당할 사람이 아닙니다. 그는 가말리엘 문하의 지성인이었고, 히브리인 중에 히브리인이었으며, 유대인 중에 유대인이었습니다. 그가 얼마나 위대한 학자인지 아십니까? 신약 성경 중 13권의 성경을 쓸 정도로 실력 있는 사람이었습니다. 얼마든지 자신의 삶을 누리면서 잘살 수 있었던 사람이었지만, 예수님 때문에 모든 것을 버렸습니다.

> 그들이 그리스도의 일꾼이냐 정신없는 말을 하거니와 나는 더욱 그러하도다 내가 수고를 넘치도록 하고 옥에 갇히기도 더 많이 하고 매도 수없이 맞고 여러 번 죽을 뻔하였으니 유대인들에게 사십에서 하나 감한 매를 다섯 번 맞았으며 세 번 태장으로 맞고 한 번 돌로 맞고 세 번 파선하고 일 주야를 깊은 바다에서 지냈으며 여러 번 여행하면서 강의 위험과 강도의 위험과 동족의 위험과 이방인의 위험과 시내의 위험과 광야의 위험과 바다의 위험과 거짓 형제 중의 위험을 당하고 또 수고하며 애쓰고 여러 번 자지 못하고 주리며 목마르고 여러 번 굶고 춥고 헐벗었노라(고후 11:23-27).

예수님 때문에 이런 고난을 당해 본 적 있습니까? 이런 고난은 고사하고 오해만 받아도 펄쩍 뛰지 않았습니까? 고난을 겪어 본 자만이 참사랑을 할 수 있습니다. 정말 사랑한다고 생각합니까? 손해 보고, 무시당하고, 감옥에 들어가 보고, 매 맞아 보지 않은 사람은 사랑한다고 말할 수 없습니다. 우리의 사랑은 감정적인 것입니다. 사랑한다고 말하지만, 그것에는 아무 능력도 열매도 없습니다. 왜냐하면 가짜이기 때문입니다. 사도 바울은, 자기가 겪은 고통은 교회를 위하여 흘리는 자신의 눈물에 비하면 아무것도 아니라고 말합니다. 자기가 전도한 그 영혼을 위해 눈물을 흘리고, 교회를 생각하며 밤잠을 자지 못하는 것입니다. 이것이 사랑입니다.

교회 때문에 밤잠을 자지 못하고 교회 때문에 눈물 흘려 본 적이 있습니까? 너무나 사랑하기 때문에 죽고 싶은 것, 다 주고 싶은 정도가 아니라 죽고 싶은 것이 사랑입니다.

나를 죽이려는 자를 위한 기도

스데반이나 바울과 같은 모든 믿음의 선배들이 겪은 고난의 절정은 예수 그리스도의 십자가였습니다. 그러나 그들은 고난에 대해 한 번도 변명하거나 원망하지 않았습니다. 자기 잘못도 실수도 아닌, 단지 예수님을 사랑한다는 이유로 굶주리고 억울한 일을 당하고 매 맞고 기절하고 쫓겨났으나 원망하지 않았습니다. 이것이 중요합니다.

바울과 실라는 감옥에서 많은 매를 맞고 나서도 찬송했습니다. 우리도 이런 복을 받기를 바랍니다. 자기를 죽이려는 사람들을 위해 기도해 주는 사람이 되기를 바랍니다. 우리의 믿음과 헌신이 이 정도에까지 이르기를 바랍니다.

우리는 너무나 시시하고 별것도 아닌 일을 중요하게 생각합니다. 저희 가족이 웩(WEC)이라는 선교 단체에서 훈련을 받은 적이 있는데, 그 선교 단체 창설자인 C.T. 스터드는 "당신을 위해 예수 그리스도가 십자가에 돌아가신 것이 사실이라면 당신의 헌신은 헌신이 아니다"라고 말했습니다. 헌신이라고 말하기에는 너무나 부끄럽다는 것입니다. 사랑하기 때문에 헌신은 너무나 당연한 것입니다. 내 몸을 몇 번을 죽여서라도 그분을 사랑하고 싶은 것이 당연합니다.

사도 바울은 얼마나 많은 고난을 당하였습니까? 로마서 9장에서 그는 "하나님 아버지, 성령이 증언하고 내 양심이 증언합니다. 내게 간절한 소원이 있는데 나를 박해하는 내 동족 유대인들이 구원받기를 원합니다. 그들이 구원받는다면 나는 저주를 받아도 좋겠습니다. 생명책에서 내 이름을 제하여 주어도 좋겠습니다"라고 기도하고 있습니다.

오늘 우리에게 하나님은 우리를 괴롭히는 사람을 위해 기도하고 축복하고 용서하라고 하십니다. 상대방이 기뻐하면 함께 기뻐하고, 울면 함께 울고, 고난에 처하면 함께 고난을 나누는 자가 되라고 말씀합니다(롬 12:14-15).

하나 됨의 비밀은 놀라운 것입니다(롬 12:16). 요한복음에 나오는 예수님의 기도의 절정은 "아버지가 나와 하나인 것처럼 나와 저희가 하나 되게 하시고, 저희가 다른 사람과 하나 되게 해 주옵소서"(요 17:21-22 참조)라는 것이었습니다.

어떻게 하나가 될 수 있을까요? 겸손하면 하나가 됩니다. 자기 것을 주장하면 하나가 될 수 없습니다. 자기주장을 포기하십시오. 자기 생각을 포기하십시오. 그저 순종하기로 결정하십시오. 여기서 무슨 일을 하라고 하면 그냥 순종하십시오. 그 일을 열심히 하고 있는데 또 "그 일은 그만하고 이것을 하세요"라고 하면 또 그것을 열심히 하십시오. 하루에 다섯 번 바꾸어도 "날 뭘로 알고 이래!" 소리치지 마십시오. 그냥 하십시오. 그것이 축복입니다. 말이 안 되는 소리를 해도 그냥 하십시오. 왜냐하면, 시키는 사람도 그게 말이 안 되는 소리라는 것을 알기 때문입니다.

하나가 되십시오. 하나가 되기 위해서는 낮아져야 하고 지혜가 있어야 합니다.

하나님은 악인에게도, 선한 사람에게도 햇빛을 주셨습니다. 하나님은 악한 사람이라고 햇빛과 비를 안 주시지는 않습니다. 오늘날 기독교가 잃어버린 것은 사랑입니다. 건물도 있고, 돈도 있고, 똑똑한 사람도 있지만, 사랑이 없습니다. 원수까지도 사랑하라는 것이 주님의 명령입니다.

할 수 있거든 너희로서는 모든 사람과 더불어 화목하라 내 사랑하는 자들아 너희가 친히 원수를 갚지 말고 하나님의 진노하심에 맡기라 기록되었으되 원수 갚는 것이 내게 있으니 내가 갚으리라고 주께서 말씀하시니라(롬 12:18-19).

이 말씀은 "원수 맺지 말고 모두 친구가 되고 화해자가 되라"는 의미입니다. 하나님은 성경의 여러 곳에서 이런 부탁의 말씀을 하고 계십니다.

악역은 하나님께

여기에 한 가지 놀라운 소식이 있습니다. 그것은 원수가 생겼을 때 우리가 직접 원수를 갚지 말라는 것입니다. 왜냐하면 원수는 하나님이 갚으실 것이기 때문입니다.

세상에서 제일 피곤한 일이 원수 갚는 일입니다. 원수를 갚으려면 집에서부터 연습을 해야 합니다. "난 너무 착해서 모질어져야 해" 하며 얼마나 자신을 준비시켜야 하는지 모릅니다. 그렇게 마음을 먹는 순간부터 눈이 살기등등해집니다. 공격적으로 바뀝니다. 그런데 어떤 사람이 내게 다섯 가지를 잘못했다고 합시다. 참지 못한 내가 복수할 때는 다섯 가지가 아니라 일곱 가지의 복수를 하게 되고, 그 상대는 나에게 더 크게 복수하려고 마음먹습니다. 그래서 복수는 끝이 없는 것입니다. 갈수록 커지고 광범위해집니다. 결국 모두 죽고 마는 것입니다.

그래서 하나님이 "복수는 내가 하겠다"고 하십니다. 혹시 여러분 곁에 미운 사람이 있으면 하나님께 맡기십시오. 그리고 여러분은 사랑하십시오. 그 사람을 위해서 기도해 주십시오. 오 리를 가

자고 하면 십 리를 가 주고, 오른쪽 뺨을 치면 왼쪽 뺨을 내주십시오. 속옷을 달라고 하면 겉옷까지 주십시오. 예수님은 우리에게 이렇게 말씀하셨습니다. 진노는 하나님이 하시는 것입니다.

"내 원수의 목전에서 내게 상을 차려 주시고"(시 23:5)라는 말씀은 제가 좋아하는 말씀입니다. 원수를 망하게 하는 하나님의 방법 중 하나는 나를 높이시는 것입니다. 자기들과 같은 수준이었던 내가 갑자기 높아지면, 원수들은 분하고 억울해서 어쩔 줄을 몰라 합니다. 하나님이 우리 모두를 높여 주실 줄 믿습니다. 내게 상 주시는 분은 하나님이십니다.

시편 3편 7절을 보면 재미있는 말씀이 나옵니다. "여호와여 일어나소서 나의 하나님이여 나를 구원하소서 주께서 나의 모든 원수의 뺨을 치시며 악인의 이를 꺾으셨나이다." 하나님이 뺨을 때리시고 이를 뽑아 버리신다고 합니다. 만일 내가 때리려고 하거나 이를 뽑으려면 얼마나 힘들겠습니까? 그러나 하나님이 하시면 간단합니다. 또 시편은 "악을 행하는 자들 때문에 불평하지 말며 불의를 행하는 자들을 시기하지 말지어다 그들은 풀과 같이 속히 베임을 당할 것이며 푸른 채소 같이 쇠잔할 것임이로다 여호와를 의뢰하고 선을 행하라 땅에 머무는 동안 그의 성실을 먹을거리로 삼을지어다"(시 37:1-3)라고 말씀합니다.

악한 자 때문에 손해 보지 말라는 말씀입니다. 우리가 심판하다 보면 우리가 하나님이 되기 쉽습니다. 우리가 욕을 해야 하고 채찍을 들어야 합니다. 이런 모든 일들은 다 고통스러운 일들입니다. 하나님은 우리가 그렇게 하게 두지 않으신다는 것입니다. 단지 사랑하라고만 하십니다. '너는 좋은 일을 하라. 악역을 맡지 말라'는 것입니다.

시편 37편 7 - 8절을 보십시오. "여호와 앞에 잠잠하고 참고 기다리라 자기 길이 형통하며 악한 꾀를 이루는 자 때문에 불평하지 말지어다 분을 그치고 노를 버리며 불평하지 말라 오히려 악을 만들 뿐이라."

가만히 있으려면 얼마나 답답합니까? 바보 같고 무능한 것 같고 무식한 것 같아서 견디기 힘듭니다. 그러나 우리가 언제 예수님을 만날 수 있는지 아십니까? 용서할 때 하나님을 느낄 수 있습니다. 내가 누군가를 도저히 용서할 수 없었지만 "그래, 사랑하고 축복하자!" 하고 포기하면, 그 순간에 하늘에서 기쁨이 옵니다. 왜냐하면 그때 하나님이 나를 만져 주시기 때문입니다.

우리가 낮은 자리에 가면 예수님을 만날 수 있지만 높은 자리에 가면 그분은 보이지 않습니다. 우리가 고난을 겪으면 주님이 거기에 계십니다. 억울한 일을 당할 때 거기에 계십니다. 왜냐하면 예수님이 억울한 일을 당하셨기 때문입니다. 예수님이 십자가를 지셨기 때문에, 우리가 십자가를 지면 예수님이 보입니다. 이익을 얻으면 아무것도 보이지 않습니다. 박수를 받고 칭찬을 받고 팡파르를 울리며 화려하게 등장하면 예수님은 온데간데없어지십니다.

그러나 '악을 행하는 자는 끊어질 것이니 염려하지 말라'고 합니다. 또한 '잠시 후에 네가 악인을 살필지라도 눈을 씻고 보아도 악인은 사라질 것'이라고 말씀하고 있습니다(시 37:9-10 참조).

네 원수가 주리거든 먹이고 목마르거든 마시게 하라 그리함으로 네가 숯불을 그 머리에 쌓아 놓으리라 악에게 지지 말고 선으로 악을 이기라(롬 12:20-21).

우리의 갈 길은 이것입니다. 악에게 지지 말고 선으로 악을 이기는 것입니다. 선으로 악을 이기십시오.

우리가 낮은 자리에 가면 예수님을 만날 수 있지만 높은 자리에 가면 그분은 보이지 않습니다. 우리가 고난을 겪으면 주님이 거기에 계십니다. 억울한 일을 당할 때 거기에 계십니다. 왜냐하면 예수님이 억울한 일을 당하셨기 때문입니다. 예수님이 십자가를 지셨기 때문에, 우리가 십자가를 지면 예수님이 보입니다.

3부

세상 속 그리스도인

로마서 13:1-16:27

하나님의 사랑에 감격하고
그 사랑을 표현하지 않으면 견딜 수 없어서
가슴앓이하는 사람들이 그리스도인들입니다.
하나님은 특히 가난하고 병들고 갈 곳 없고 지친 사람들을
사랑하라고 하십니다. 믿음이 약한 자들을
비판하지 말고 받아들이라고 합니다.
왜 우리는 연약한 형제를 보호하고 기다려 줘야 합니까?
예수님이 그렇게 하셨기 때문입니다.

22

절대 권위, 절대 순종

로마서 13:1-7

로마서 12장 이후부터의 주제는 '구원받은 그리스도인들은 어떻게 살아야 하는가'입니다. 12장에서는 개인적인 삶에 초점을 맞추어 '그리스도인 개개인은 세상에서 어떻게 살아야 하는가'에 대한 원칙을 다루었습니다. 이번 장부터의 본문 말씀인 13장에서는 "그리스도인은 이 세상에서 사회적인 삶을 어떻게 살아야 하는가"에 대해 말씀하고 있습니다.

권위에 대한 순종

> 각 사람은 위에 있는 권세들에게 복종하라 권세는 하나님으로부터 나지 않음이 없나니 모든 권세는 다 하나님께서 정하신 바라(롬 13:1).

그리스도인은 이 사회 속에서 어떻게 살아야 할까요? 한마디로 말하면 위에 있는 권위에 굴복하고 순종하라는 것입니다. 듣기 거북한 명령입니다. 좋은 지도자라면 순종하지 않을 이유가 없습니다. 좋은 지도자라면 목숨을 걸고 따르게 됩니다. 그러나 권위주의에 사로잡혀 있고 지배욕이 강한, 독재적인 지도자에게는 복종하고 싶지 않습니다. 그러나 본문에서는 "네 위에 있는 권위자에게 순종하라"고 말씀합니다. 개혁적인 성향이 강하고 혁명적이며 윤리적인 사람은, 듣기만 해도 질식할 것 같은 말입니다.

우리가 살고 있는 이 세상은 잘못된 권위로 가득 차 있습니다. 그러나 가만히 생각해 보면, 이 말씀은 우리가 생각한 것보다 훨씬 더 깊이가 있습니다. 베드로전서는 "사환들아 범사에 두려워함으로 주인들에게 순종하되 선하고 관용하는 자들에게만 아니라 또한 까다로운 자들에게도 그리하라"(벧전 2:18)라고 말씀합니다.

좋은 주인에게만 순종하는 것이 아닙니다. 너무 싫고, 까다롭고, 억지 부리는 사람에게도 순종하라는 것입니다. 내가 좋아하는 사람만 사랑하면 그것은 사랑이 아닙니다. 내가 싫어하는 사람, 원수까지도 사랑할 수 있는 것이 진짜 그리스도인의 삶의 태도입니다.

"싫은 사람도 섬기고 까다로운 사람도 섬겨라. 네 위에 있는 권위에 순종하라." 지난 2천 년 동안 이 성경 말씀은 오해도 많이 받았고 잘못 사용되기도 했습니다. 정치인들이 이 말씀을 인용했기 때문입니다. 정부에 순종하라고 할 때, 독재를 합리화할 때 이 성경 구절을 많이 이용했던 것이 사실입니다. 그럼에도 우리는 이 말씀의 깊은 뜻을 묵상해 보기 원합니다.

권위와 질서가 무너진다면 이 세상은 어떻게 될까요? 하루아침에 엉망이 될 것입니다. 교통질서를 지키지 않는다면 서울은 하루

아침에 아수라장이 될 것입니다. 만약 우리가 가정의 권위, 아버지의 권위, 가르치는 자의 권위, 정치하는 사람들의 권위가 못마땅해서 모두 거부해 버린다면 이 세상은 큰 혼란에 빠질 것입니다. 국민이 대통령의 권위를 인정하지 않는다고 생각해 보십시오. 나라가 어떻게 되겠습니까?

따를 만한 지도자면 얼마나 좋겠습니까? 순종할 만한 지도자라면 얼마나 좋겠습니까? 그러나 순종할 만한 지도자가 아니라서 권위를 거부했다고 생각해 보십시오. 그다음에는 어떤 일이 전개될까요? 무서운 사건이 벌어집니다. 그래서 "나쁜 권위는 없는 권위보다 낫다"고 했습니다. 만일 지도자가 없어서 통제가 되지 않는다면 이 나라는 혼란에 빠지고 말 것입니다. 그만큼 권위라고 하는 것은 중요합니다. 질서라는 것은 중요합니다.

이것은 영적 세계에 있어서도 마찬가지입니다. 하나님에 대한 절대 권위와 성경에 대한 절대 권위가 무너지면 우리의 신앙은 송두리째 무너집니다. 많은 자유주의 신학자들이 성경의 권위를 마구 흔들었습니다. "성경이 어찌 하나님의 말씀이냐, 이스라엘의 역사책에 불과하다. 사람들이 편집한 책이다. 하나님의 말씀이지만 오류도 있을 수 있다." 사람들은 그렇게 성경을 공격해 왔습니다. 성경의 권위가 땅바닥까지 떨어졌을 때 세계 대전이 터졌습니다. 성경은 인간이 편집한 한 권의 책이라고 자유주의자들이 주장했을 때, 사람들은 도덕성을 잃어버렸습니다.

하나님 나라 만드는 비결

성경의 권위가 높아지면 사회가 안정됩니다. 하나님이 높아지면 세상은 편안합니다. 그러나 하나님이 무시당하고 성경이 무시당하면 세상은 혼란에 빠지고 맙니다. 왜냐하면 하나님이 최종 권위자이시기 때문입니다. 하나님 자체가 권위입니다. 하나님은 질서와 권위로 이 우주를 창조하셨습니다.

자연 과학의 세계를 보십시오. 이 태양계와 은하계와 우주계에 자연 질서와 원리가 없다면, 이 지구가 제멋대로 운행한다면, 얼마나 불안하겠습니까? 언제 어느 때 위성이 충돌할지 모릅니다. 그러나 창조 이래로 우주계는 한 번도 사고가 없었습니다. 하나님이 만들어 놓으신 질서대로 움직이기 때문입니다. 하나님은 질서를 주시는 분입니다. 최종 권위를 가지신 하나님이 이 세계와 우주를 다스리시기 때문에, 이 세상은 사고 없이 움직여 온 것입니다.

자연계뿐만 아니라 하나님은 인간계에도 질서를 주셨습니다. 질서와 권위에 따라 세상을 살도록 만들어 주신 것입니다. 모든 영역에 이 질서와 권위의 원칙을 주셨습니다. 자연계는 지금까지 하나님이 주신 그 질서와 법칙에 따라 잘 진행해 왔지만, 인간은 죄를 짓고 하나님의 법칙과 권위를 무시해 버렸습니다. 전쟁과 죽음과 싸움과 시기와 미움과 질투와 혼란을 만든 것은 자연이 아니라 인간입니다. 하나님이 주신 질서와 권위를 무시했기 때문입니다.

지금처럼 민주화된 시대가 아닌, 우상 숭배하던 로마의 권력 밑에서 사도 바울은 담대하게 모든 그리스도인들에게 말했습니다. "너희는 각 사람 위에 있는 권위에 순종하라." 이것이 세상을 행복한 하나님의 나라로 만드는 비결입니다. 하나님은 교회의 머리로 예수 그리스도를 주셨고, 가정에는 남편을 그 가정의 머리로 주셨습니다. 그러므로 남편이 존경받을 만하든 그렇지 않든 간에 그 권위를 인정하십시오. 하나님이 그 권위를 주신 것이기 때문입니다. 남편들을 영적 지도자로 만드십시오. 그때 여러분의 가정이 바로 서게 될 것이며 교회도 바로 서게 될 것입니다. 남성들은 기죽지 말고 일어서십시오. 멋지게 주님을 섬기고 교회에서 영적 지도자로서의 역할도 하십시오.

학교에서 교수의 권위가 없다면 그것은 학교가 아닙니다. 나라에서 대통령의 권위가 없다면 나라꼴이 어떻게 되겠습니까? 이것이 하나님의 법칙입니다. "권위자를 세워 주고 존경하라. 권위자를 섬겨라." 이것이 오늘 이 세상을 변화시키는 하나님의 방법입니다.

왜 우리는 각 사람 위에 있는 권세를 인정하고 순종해야 합니까? 권세는 하나님으로부터 온 것이기 때문입니다. 그 권위를 잘못 사용한 책임이 우리에게 있기는 하지만 권위 자체는 하나님이 주신 것입니다.

조직과 나라에 책임자가 있습니다. 성경은 그것이 하나님으로부터 왔다고 말합니다. 왜냐하면 하나님이 최종 권위자이시기 때문입니다. 하나님은 전 인류, 전 우주의 최종 권위자이십니다. 하나님은 이 권위를 가지고 세상을 통치하시고 다스리십니다. 하나님은 이 질서가 무너지기를 원하지 않으십니다. 권세는 하나님이 정하셨습니다. 가정에서는 남편에게 다스리는 권세를 주셨고, 목회자에게는 목회를 하도록 권세를 주신 것입니다. 직장에도, 학교에도 권위를 주셨습니다.

그런데 죄인인 인간은 누군가 자기 위에 있는 것을 아주 불편해합니다. 그래서 자꾸 대들고 반항하고 냉소적으로 대하면서 상대를 끌어내립니다. 그것이 잘하는 일 같지만 결국은 망하게 되는 원인입니다. 다음 말씀을 보십시오.

> 그러므로 권세를 거스르는 자는 하나님의 명을 거스름이니 거스르는 자들은 심판을 자취하리라(롬 13:2).

좀 심하다 싶을 정도로 기록되어 있습니다. 위에 있는 권위를 무너뜨리는 자는 하나님의 법칙을 배반하는 자라고 말합니다. 그리고 심판을 받게 될 것이라고 합니다.

사탄은 이것을 압니다. 그래서 사회의 두 조직을 공격합니다. 첫 번째로 가정을 공격합니다. 이혼을 하면 부부만 불행한 것이 아니라 자녀도 불행해집니다. 그 자녀는 평생 마음에 상처를 안고 살아갈 수 있습니다. 주변에 있는 사람도 모두 불행하게 됩니다. 마귀는 어떤 방법으로든지 여러분의 가정을 파괴하려고 할 것입니다.

두 번째로 교회를 파괴하려고 합니다. 교회가 깨지면 모두 방황합니다. 영적 고아가 되는 것입니다. 또 마귀는 권위를 깎아내리려 합니다. 어떻게 해서든지 대통령의 권위를, 아버지의 권위를 무너뜨리려 합니다. 권위만 무너뜨리면 마귀 세상이 되기 때문입니다.

그러나 영적 권위, 의로운 권위가 있는 사회에는 마귀가 들어오지 못합니다. 군대에는 상사의 권위가 있어야 합니다. 명령에 권위가 있어야 합니다. 군대에서 명령 체계가 흔들리면 모두 흔들리는 것입니다. 그만큼 권위는 한 조직과 사회를 지켜 가는 데 있어서 중요한 열쇠가 됩니다.

어떤 정부가 있다고 가정합시다. 그런데 정권을 잡은 사람이 국민을 잘 다스리지 못하고 타락하여, 정권을 유지하는 수단으로서 권력을 과도하게 남용했습니다. 백성은 그것이 못마땅했습니다. 그래서 그 독재자를 몰아내려고 투쟁했고 결국은 몰아냈습니다. 이후에 새로운 사람을 그 자리에 데려다 놓았습니다. 그렇다고 잘될까요? 그렇지 않습니다. 지도자를 한번 몰아낸 경험이 있는 국민은 그 새 지도자를 진정으로 섬기지 않습니다. 마음에 들지 않으면 또 몰아냅니다. 그 후유증은 과거보다 더 심각하고 무서운 것입니다.

이것은 많은 교회들이 겪는 일 중의 하나입니다. 몇몇 교인들이 목사가 못마땅하다는 이유로 목사를 몰아내고 새 목사를 모셔 옵니다. 처음에는 좋습니다. 그러나 목사를 한번 몰아내 본 경험이 있는 사람들은 마음에 들지 않으면 또 내보냅니다. 그런 교회는 부흥하지 않습니다. 이 사람들은 권위를 무시해 본 경험이 있는 비참한 사람들입니다. 무서운 결과는 반복됩니다.

요즘 우리 사회가 이런 위기에 부딪혔습니다. 이제는 데모가 본능이 되었습니다. 소리 지르면 다 되는 줄 알고, 고발 천국이 되었습니다. 권위가 무너졌습니다. 학교의 권위가 무너지고 있습니다.

순종으로 사탄을 이겨야

총장의 권위가 흔들리면 교육이 안 되고 아버지의 권위가 무너지면 훈육이 안 됩니다. 목회자의 권위가 무너진 곳에서는 목회가 되지 않습니다. 성경은 우리의 권위자가 누구든지 간에 그 권위 자체를 존경하라고 말합니다. 그래야만 조직이 하나님이 원하시는 방향으로 만들어진다는 것입니다. 이것이 이 장의 핵심입니다. 3절을 보겠습니다.

다스리는 자들은 선한 일에 대하여 두려움이 되지 않고 악한 일에 대하여 되나니 네가 권세를 두려워하지 아니하려느냐 선을 행하라 그리하면 그에게 칭찬을 받으리라(롬 13:3).

결국 권위라는 것은 하나님이 주신 것입니다. 하나님으로부터 온 것이며 하나님이 그렇게 만드신 것입니다. 대개 그 사람이 미우면 그가 가진 권위까지 거부하게 됩니다. 그 사람이 마음에 들지 않을 수 있습니다. 그러나 '권위' 그 자체를 거부하면 큰일 납니다. 그래서 마귀는 권위 대신 권위주의를 만들었습니다. 권위는 아름다운 것이지만 권위주의는 천한 것입니다.

사탄은 우리에게 두 가지 일을 합니다. 첫째는 권위를 가진 사람에게 가서 속삭입니다. "너는 권력을 쓸 수 있고 돈이 있지 않느냐, 이 권력을 적당히 써라. 반은 백성을 위해 쓰고 반은 너 자신을 위해 써라. 권력을 유지하는 데 써라. 정보를 독점해라." 마귀가 끊임없이 속삭입니다. 아주 합리적으로 설득합니다.

두 번째로 권위 밑에서 일하는 사람에게 갑니다. "너는 바보냐. 왜 이렇게 당하기만 하느냐, 데모도 할 수 있고 화염병도 던질 수 있다. 이건 말도 안 된다. 끌어내려라. 화형대에 올려라. 사람들을 선동해라." 그러면서 권위에 대해 냉소적인 태도를 갖게 합니다. 권위를 존경하거나 받들거나 세워 주는 일을 못 하게 합니다. 이렇게 함으로써 사람들을 권위에 순종하지 않게 만듭니다. 이런 말들은 굉장히 설득력이 있습니다. 이런 식으로 사람들의 마음을 흥분시키고 권위에 순종하지 않도록 유도함으로써, 이 세상을 무정부 상태로 만들려고 합니다. 누구도 책임지지 않고, 소리 지르는 사람이나 숫자가 많은 편이 이기게 만들려고 합니다.

4절에서는 좋은 권위, 진정한 권위가 바로 세워졌을 때 하나님의 나라와 통치가 이루어진다고 말합니다. 진정한 권위는 나쁜 것을 몰아내고 좋은 것을 보호하기 위하여 하나님이 위임하시고 기름 부어 주신 것입니다.

> 그는 하나님의 사역자가 되어 네게 선을 베푸는 자니라 그러나 네가 악을 행하거든 두려워하라 그가 공연히 칼을 가지지 아니하였으니 곧 하나님의 사역자가 되어 악을 행하는 자에게 진노하심을 따라 보응하는 자니라(롬 13:4).

> 그러므로 복종하지 아니할 수 없으니 진노 때문에 할 것이 아니라 양심을 따라 할 것이라(롬 13:5).

우리는 복종하지 않을 수 없습니다. 어떤 때는 싫고 마음이 어렵습니다. 그래도 순종하는 것은, 진노 때문이 아니라 양심 때문입니다. 이 말씀이 우리에게 얼마나 축복인지 모릅니다. 우리가 진정으로 권위를 높여 주고 살려 줄 때, 우리가 상상할 수 없었던 이상 사회가 도래한다고 말하고 있기 때문입니다. 이 세상을 세상 법으로만 지배하면 위기가 옵니다. 그러나 하나님의 법이 지배하고 양심의 법이 지배하면 천국이 옵니다.

세상 속 그리스도인의 자세

우리는 이 세상 나라에서 살면서 세금을 냅니다. 그러나 내지 않으려고 속이는 사람들이 있습니다. 정부에서는 어떻게든지 세금을 내게 하려고 합니다. 그래서 계속 싸웁니다. 이것이 세상입니다.

그러나 '세금 내는 것이 내게 복이다, 세금은 꼭 내야 한다'고 생각해 봅시다. 국민은 어떻게 하면 세금을 많이 낼까 고민하고, 국가는 어떻게 하면 세금을 덜 거둘까 연구하는 그런 사회가 오면 얼마나 좋겠습니까? 이것이 권위에 순종하는 사회입니다. 진노 때문이 아니라 양심 때문에 그렇게 하는 것입니다. 그리스도인은 바로 이런 사회를 만들어야 합니다.

왜 사람들이 세금을 내지 않으려고 할까요? 그것은 세금을 어디에 쓰는지 잘 모르기 때문입니다. 거기에 대해 의심이 있기 때문입니다. 만일 세금으로 도로를 만들고 항만을 만드는 것을 믿을 수 있다면 세금 내는 데 갈등하지 않을 것입니다. 그런데 돈을 얼마만큼 어디에 쓰는지 알 수가 없어서 그렇습니다. 그것은 교회도 마찬가지입니다. 헌금을 냈는데 어디에 썼는지 모른다면 우리의 마음이 답답할 것입니다.

너희가 조세를 바치는 것도 이로 말미암음이라 그들이 하나님의 일꾼이 되어 바로 이 일에 항상 힘쓰느니라(롬 13:6).

성경은 세금을 잘 내라고 말합니다. "세금을 깎지 말고 속이지 말라. 숨기지 말라. 어떻게든 세금을 더 낼까 생각하라"고 합니다. 사업하는 사람은 우리나라에서 세금을 제일 많이 내는 기업이 되겠다는 꿈을 가지기 바랍니다.

> 모든 자에게 줄 것을 주되 조세를 받을 자에게 조세를 바치고 관세를 받을 자에게 관세를 바치고 두려워할 자를 두려워하며 존경할 자를 존경하라(롬 13:7).

이 얼마나 아름다운 얘기입니까. 율법이 아니라 양심으로 하나님이 세우신 권위에 순종하기 시작하면 이런 사회가 온다는 것입니다.

두 가지 결론을 내리고 싶습니다. 첫째는, 우리 중에 권위를 사용하는 위치에 있는 사람에게 말하고 싶습니다. 다른 사람을 부리는 위치에 있는 사람, 부장일 수도 있고 이사일 수도 있고 자기 기업을 하는 사람일 수도 있습니다. 여러분에게 하나님이 권위를 주셨습니다. 이 권위를 선하게 사용하십시오. 권위를 잘못 사용하면 사람들이 다 떠나갑니다.

하나님은 오늘 우리에게 권위를 맡겨 주셨습니다. 아버지가 술 마시고 타락하고 매일 늦게 들어오면 아이들은 집을 나갑니다. 들어오지 않습니다. 아버지를 싫어합니다. 이 세상은 권위를 잘못 쓰면 지옥이 돼 버립니다. 그러나 하나님이 우리에게 맡겨 주신 권위를 잘 사용하면 천국이 됩니다. 아버지로서의 권위를 잘 사용하면, 아이들이 학교 끝나자마자 다른 데 가지 않고 집으로 옵니다. 집이 좋기 때문입니다. 그런 가정이 되기를 바랍니다. 그런 회사가, 그런 학교가 되기를 바랍니다. 지배하는 권위가 아니라 섬기는 권위, 소유하는 권위가 아니라 나누는 권위, 이것이 권위를 잘 사용하는 법입니다.

저는 교회에서 큰 행사를 할 때 그것을 보았습니다. 자원봉사하신 분들은 모두 바쁜 분들이셨습니다. 모두 직업을 가지고 있지만 짬짬이 와서 섬기셨습니다.

그것이 권위입니다. 남을 통제하고 지배하는 리더는 사람들이 따라가지 않습니다. 그러나 발을 씻어 주고 따라가면 그 사람 앞에 머리 숙입니다. 이것이 이 세상을 변화시키는 권위입니다. 하나님이 주시는 권위입니다. 예수님은 하나님이시지만 인간이 되셨고 종이 되셨고 발을 씻어 주셨고 십자가에서 돌아가셨습니다. 여기에 예수님의 권위가 있습니다. 그래서 많은 사람들이 예수님을 따르는 것입니다.

얼마나 희생해 보았습니까? 마음으로는 모두 할 수 있습니다. 그러나 몸으로 해야 합니다. 시간을 드려야 합니다. 쓰레기라도 주워야 합니다. 이것이 권위입니다. 그런 권위를 가지고 있으면 사람들이 그를 존경하고 따르게 되어 있습니다. 그 밑에 있는 사람들은 다 행복해집니다. 그저 폼만 잡고 명함이나 거창하게 만들어 과시하는 사람은, 남들을 부릴 수는 있지만 사람들이 따르지 않습니다. 존경하지 않습니다. 어떤 직업에 종사하든지, 남을 거느리고 계시는 분들은 예수님이 말씀하시는 권위를 사용해 보십시오.

두 번째, 남의 밑에 있는 분들에게 말합니다. 혹시 위에 계신 분이 못마땅하고 불편하고 따르고 싶지 않을지라도 따르십시오. 이것이 성경의 말씀입니다. 위에 계신 분을 비판하고 흠집 내고 끌어내리지 마십시오. 그것은 자기 자신을 죽이는 일입니다. 성경은 이렇게 말했습니다. "너를 박해하는 자를 저주하지 말고 축복하라." 복수하지 마십시오. 자기의 인격이 상처를 받습니다. 욕하는 것만큼 자기의 인격이 더러워집니다. 비록 싫더라도 따라가십시오.

정말 순종하면 상대방은 변화되기 마련입니다. 이것이 본문을 통해 주님이 우리에게 주시는 말씀입니다. 권위가 있습니까? 잘 사용하십시오. 권위 밑에 있습니까? 순종하십시오. 이것이 하나님 나라를 만드는 하나님의 방법입니다.

23

사랑에 빚진 삶

로마서 13:8-10

앞 장에서 우리는 '권위에 순종하라'는 내용을 살펴보았습니다. 우리가 정말 예수님을 믿고 하나님을 사랑한다면 하나님이 주신 권위에 순종해야 합니다. 가정에서, 학교에서, 사회에서, 직장에서 순종해야 합니다.

사탄은 권위 체제를 무너뜨리려고 합니다. 권위가 무너지면 혼란이 옵니다. 하나님을 믿는 사람들은 누구보다도 조직의 권위에 순종할 줄 알아야 합니다.

권위가 서면 사탄은 발붙일 곳이 없어지기 때문에 권위주의로 우리를 유혹합니다. 권세를 가진 사람에게, 권위를 사용하라고 하는 것이 아니라 권위주의를 가지라고 속삭입니다. 또 권위 밑에 있는 사람들에게는 그 권위주의에 반항하라고 유혹합니다. 그러면 이 세상이 혼돈 가운데 빠지게 됩니다.

권위를 가진 사람들은 권위를 잘 사용해야 합니다. 하나님이 주신 권위를 남용해서는 안 됩니다. 권위를 가지고 돈벌이를 하거나 권력의 수단으로 사용해서도 안 됩니다. 그러면 권위를 잃어버립니다. 권위 밑에 있는 사람들은, 비록 잘못된 권위이며 존경할 수 없는 권위라 할지라도 그 권위에 상처를 주면 안 됩니다. 우리가 이 세상에서 어떻게 살아야 하는가에 대해 하나님이 가르쳐 주신 원리입니다. 우리는 세상에 반항함으로써 변화시키는 것이 아니라 순종함으로써 변화시켜야 합니다.

사회생활이나 공적인 생활에 대해 이런 원리를 주셨다면 개인적인 삶에 대해서는 어떤 원리를 주셨습니까? 하나님께서는 "너희 몸을 하나님이 기뻐하시는 거룩한 산 제물로 드리라, 은사대로 살아라, 열심을 품고 주를 섬기라"(롬 12:1 참조)는 말씀을 주셨습니다. 뿐만 아니라 "너희를 박해하는 자를 저주하지 말고 축복하라, 악에게 지지 말고 선으로 악을 이기라"(롬 12:14, 21 참조)는 지침도 주셨습니다. 또한 조직 안에서 공동생활을 할 때 권위에 순종하라고 합니다. 우리도 언젠가는 권위자가 됩니다. 우리가 권위에 순종하지 않으면, 언젠가 권위자가 되었을 때 우리 밑에 있는 사람들이 순종하지 않게 됩니다. 악순환이 이루어집니다. 이 세상을 하나님이 원하시는 세상으로 만들기 위해서는, 권위주의가 아닌 권위에 순종하고 권위를 지키라는 것입니다. 권위 체계가 무너지면 모든 것이 무너집니다.

부채 인생

이번 장에서도 개인적인 그리스도인의 삶의 원리를 설명하고 있습니다.

피차 사랑의 빛 외에는 아무에게든지 아무 빚도 지지 말라 남을 사랑하는 자는 율법을 다 이루었느니라(롬 13:8).

개인의 삶의 원칙은 "사랑의 빚만 지라"는 것입니다. 사랑의 빚 외에는 다른 빚을 지지 말라는 것이 우리에게 주시는 말씀입니다.

우리는 여기서 빚에 대한 이야기를 듣습니다. 엄밀하게 보면 우리 인생 자체가 일종의 부채입니다. 태어날 때부터 우리는 부모님께 갚을 수 없는 부채를 안고 태어납니다. 내가 노력해서 세상에 태어나지 않았습니다. 내가 잘나서 태어난 것도 아닙니다. 원해서 태어난 것도 아닙니다. 어머니들은 아이를 잉태하면 열 달 동안 많은 고생을 합니다. 그것은 부채입니다. 어머니는 해산의 고통을 겪으면서 나를 세상에 태어나도록 해 주었습니다. 뿐만 아니라 성장해서 자립할 수 있는 성숙한 사람이 될 때까지 우리는 부모님의 도움을 받지 않을 수 없습니다. 양육비, 교육비, 의료비뿐만 아니라 돈으로 계산할 수 없는 부모의 사랑이 있습니다. 이것도 부채입니다. 우리가 잘된 것이 우리가 잘나서가 아닙니다. 잘난 부모든 못난 부모든, 우리는 그분들께 말할 수 없는 부채를 안고 자라온 것입니다. 그런데 모두 자기가 잘난 줄 압니다. 자기가 잘나고 똑똑해서 공부 잘하고 이만큼 성장한 줄 알지만 그렇지 않습니다.

국가도 마찬가지입니다. 나라가 얼마나 고마운지 생각해 보십시오. 만일 나라가 없다면 우리가 어떻게 되었겠습니까? 사실 내가 그렇게 잘난 것이 아닙니다. 나라가 보호해 주고 조직이 나를 잘 도와주었기 때문에 지금 이렇게 살아갈 수 있는 것입니다.

나라를 주신 하나님께 감사하십시오. 조금 싫고 불편한 점들도 있지만, 더 근본적인 것을 생각하십시오. 우리나라를 지켜야 합니다. 우리 민족이 잘 살아야 합니다. 나라가 있다는 것은 이루 말할 수 없이 큰 축복입니다.

우리가 지금까지 살 수 있는 것을 감사하십시오. 축복입니다. 어찌 제가 혼자 이렇게 될 수 있었겠습니까? 제 주변에 좋은 스승이 있었고, 좋은 이웃이 있었고, 친구들이 있었습니다. 그들이 모두 저를 도와주어서 제가 여기까지 왔다고 생각합니다. 인생은 일종의 부채입니다. 내가 잘나서 여기까지 온 것이 아니라 누군가의 사랑의 희생으로 온 것입니다.

거저 주신 구원

구원에 관해서는 더 말할 것도 없습니다. 왜냐하면 구원받는 데 있어서 내가 한 것이라고는 아무것도 없기 때문입니다. 나의 선행, 나의 노력이 나의 구원에 도움을 주지 않았습니다. 전적으로 하나님이 우리를 사랑하사 자기 아들 독생자 예수 그리스도를 세상에 보내 십자가에서 죽게 하심으로써 이루어진 것입니다. 우리가 한 일이라고는 받은 것밖에 없습니다.

이것이 우리가 받은 구원입니다. 그래서 사도 바울은 우리에게 "이 세상에서는 하나님이 만드신 권위에 순종하라. 개인적으로는, 구원을 받아 하나님을 믿는 사람이라면 피차 사랑의 빚 외에 아무 빚도 지지 말라"고 말씀하는 것입니다.

"피차 사랑의 빚 외에는 아무 빚도 지지 말라"는 말씀 속에서 우리는 몇 가지 중요한 교훈을 얻게 됩니다. 첫째, 이 말씀은 사랑받은 사람, 구원받은 사람에게 주시는 말씀입니다. 사랑받은 적이 없는 사람은 남을 사랑할 줄 모릅니다. 우리가 정말 예수 그리스도로 말미암아 감당할 수 없는 큰 구원을 받았고 그 구원이 진짜라면, 우리는 다른 사람을 용서하고 사랑할 수밖에 없습니다.

마태복음 18장 23-34절에서 예수님은 이런 비유를 들려주셨습니다. 어떤 주인이 있는데 그에게 일만 달란트 빚진 종이 있었습니다. 그 종을 불러서 빚을 갚으라고 했으나, 그는 빚을 갚을 능력이 없었습니다. 종은 빌었습니다. "조금만 기다려 주세요, 꼭 갚을게요. 그런데 당장은 어렵습니다." 그러자 주인은 종을 불쌍히 여기는 마음이 생겨 일만 달란트의 빚을 탕감해 주었습니다. 빚을 탕감받은 종은 너무나 기쁘고 즐거웠습니다. 그 종이 주인집에서 나오다가 자기에게 백 데나리온 빚진 동료를 만났습니다. 그를 보자마자 종은 "당장 빚 갚으라"고 소리 질렀습니다. 동료가 손이 발이 되도록 빌면서 사정했지만, 그 종은 동료를 감옥에 처넣어 버렸습니다. 옆에서 지켜보던 이들이 주인을 찾아가서 이 모든 사실을 말했고, 이야기를 들은 주인은 화가 나서 그 종을 불렀습니다. "악한 종아, 네가 빌기에 내가 네 빚을 전부 탕감하여 주었거늘 내가 너를 불쌍히 여김과 같이 너도 네 동료를 불쌍히 여김이 마땅하지 아니하냐"(마 18:32-33)라고 말하고 감옥에 집어넣었습니다.

우리는 이 비유의 말씀을 경청해야 합니다. 우리가 사랑을 받았다면 남에게 사랑을 베풀어야 하지 않겠습니까? 어떤 사람들은 태어날 때부터 좋은 부모님과 부유한 가정환경에서 자랍니다. 그분들은 감사해야 합니다. 세상에 수많은 사람들이 얼마나 고생하면서 자라는지 모릅니다. 우리가 손 하나 까딱하지 않아도 되는 환경에서 살았다면 가난한 자를 생각해야 하고, 머리가 좋아서 공부를 잘했다면 그렇지 못한 사람을 생각해 주어야 합니다. 특혜를 받은 사람들은 특혜를 받지 못한 사람들을 생각해 주어야 합니다. 이것이 하나님의 명령입니다. 우리는 적어도 우리가 받은 사랑의 십 분의 일은 남에게 베풀 줄 알아야 합니다.

복음에 빚진 자

두 번째, 사랑이란 갚아도 갚아도 다 갚을 수 없는 빚이라는 사실입니다. 사랑의 정의는 '갚을 수 없는 빚'입니다. 미완성의 빚입니다. 사랑은 갚으면 갚을수록 더 커집니다. 다 끝난 사랑은 없습니다. 진짜 사랑은, 하면 할수록 더 빚이 많아지는 것입니다.

로마서 1장 14절에서 사도 바울은, '헬라인이나 야만인이나 지혜 있는 자나 다 내가 빚진 자이며 복음에 빚진 자'라고 말했습니다. 그리스도인은 빚쟁이입니다. 빚을 져 봤습니까? 빚을 졌는데 갚을 수 없는 상황에 처해 봤습니까? 빚쟁이들이 집에 들어와 지키고 앉아 있는 경험을 해 봤습니까? 세상에서 제일 비참한 것이 죄의식과 빚쟁이에게 시달리는 것이라고 말하는 사람도 있었습니다. 빚지고 사는 것은 그렇게 어려운 것입니다.

빚진 자는 늘 죄인처럼 고개를 들지 못하고 삽니다. 그것이 빚쟁이입니다. 그리스도인은, 복음을 전해 주어야 할 사람이 많기 때문에 늘 빚쟁이같이 느껴지는 것입니다. 그래서 열심히 전합니다. 예수님을 믿는 사람들은 빚진 마음으로 살아야 합니다. 복음을 전하지 못한 빚진 마음으로 살아야 합니다. 로마서 8장에서 바울은 빚졌다는 얘기를 또 한 번 합니다.

> 그러므로 형제들아 우리가 빚진 자로되 육신에게 져서 육신대로 살 것이 아니니라 너희가 육신대로 살면 반드시 죽을 것이로되 영으로써 몸의 행실을 죽이면 살리니 무릇 하나님의 영으로 인도함을 받는 사람은 곧 하나님의 아들이라(롬 8:12-14).

우리는 육신에 빚진 자가 아니며 육신의 노예가 아닙니다. 우리는 영에 빚진 자입니다. 우리는 이 거룩한 삶에 빚진 자들이라는 것입니다. 사랑의 빚은 갚아도 갚아도 갚아지지 않는 빚입니다. 사랑은 하면 할수록 부족하다고 느낍니다. 이만큼 하면 됐다고 할 수 없는 것입니다. "그만큼 해 주었으면 됐지!"라고 말하는 것은 사랑이 아닙니다.

"이것이 두 번째야! 세 번째는 국물도 없어"라고 말하는 것은 두 번째까지도 용서하지 않았다는 것입니다. 우리의 용서나 사랑은 이렇습니다. 부모들도 키울 때는 값없이 주지만 나이가 들면 보상을 받으려고 합니다. 왜냐하면 어른이 되면 뭐든지 섭섭해지기 때문입니다. 자식들에게 섭섭해하지 않는 부모는 없습니다. 젊었을 때 주었던 사랑을 보상받고 싶어 합니다. 그러나 보상받고 싶은 사랑은 주님의 사랑이 아닙니다. 주어도 주어도 더 주어야 할 것 같아야 참사랑입니다. 사랑하고 나서 잊어버리는 것이 사랑입니다.

그리스도인의 삶이란, 한마디로 말하면 값없는 사랑을 베푸는 삶입니다. 이것이 전부입니다. 하나님의 사랑 때문에 감격하고 그 사랑을 표현하지 않으면 견딜 수 없어서 눈물로 가슴앓이하는 사람들이 그리스도인들입니다. 하나님은 특히 가난하고 병들고 갈 곳 없고 지친 사람들을 사랑하라고 하십니다.

사랑할 수 있는 사람을 사랑하면 그것이 무슨 사랑이냐고 예수님은 우리에게 물으십니다. 사랑할 수 없는 사람까지 사랑하는 것이 사랑이라고 말씀합니다. 정말 어려운 처지에 있는 이들에게 시간을 내주고 돈을 쓰고 먹을 것을 줘 보십시오. 그러면 이상한 느낌이 듭니다. 마치 하나님이 내 가슴속에 계신 것 같은 느낌이 듭니다. 가난한 자를 도와주면 하나님이 옆에 계신 것 같습니다. 하나님은 항상 가난한 자들과 함께 계십니다. 사랑받지 못한 사람, 사랑받을 자격이 없는 사람, 나아가 원수까지도 우리가 사랑하기를 하나님은 원하십니다. 저는 가끔 인도에서 생애를 마친 마더 테레사를 생각합니다. 어떻게 그분은 그곳에서 평생을 지낼 수 있었을까요? 그분의 힘이었을까요? 아닙니다. 하나님의 힘입니다.

「다니엘 신부」라는 작은 책이 생각납니다. 그 사람은 의사였습니다. 원주민 한센병 환자들을 전도하기 위해 하와이 몰로카이섬에 갔는데, 그들은 다니엘 신부를 거부합니다. "당신은 건강한 사람이고 우리는 한센병 환자인데 어떻게 당신이 우리를 알 수 있습니까?"라고 물으면서 받아들이지 않았습니다. 그때 다니엘은 결심하고 한센병의 균을 자기 몸에 집어넣습니다. 그리고 증상이 나타나기를 기다립니다. 그러던 어느 날 자기 몸에 한센병 증상이 나타났습니다. 그는 너무나 기뻐하며 환자들에게 찾아가서 "나도 당신과 같은 환자요"라고 말합니다. 그때 그들이 마음의 문을 열고 다니엘을 받아들였고, 결국 섬 전체가 복음화되었다는 이야기입니다. 다니엘 신부는 그 환자들을 사랑했기 때문에 스스로 한센병 환자가 되었습니다. 예수님이 우리에게 말씀하시는 사랑이 이것입니다.

율법을 완성한 사랑

세 번째, 1절에서 또 하나의 재미있는 사실을 발견하게 됩니다. 남을 사랑하는 자는 율법을 다 이루었다는 말입니다. 사랑의 행위는 미완성이지만, 그 미완성의 과정을 통해 율법이 완성된다는 것입니다. 아주 놀라운 말씀입니다. 이 말씀은 로마서 7장부터 되돌아보아야 합니다.

7장에서 사도 바울은 기막힌 고민을 합니다. 예수님을 믿고 난 다음에 그가 하는 고민은, 하나님의 율법은 선하고 의롭고 완전한데 육의 몸을 가지고 있는 인간은 완전한 율법을 지킬 수가 없다는 것입니다.

우리도 예수님을 믿고 나서 이와 같은 갈등과 고민이 있을 것입니다. 왜냐하면 마음은 원하는데 그 원하는 대로 살 수가 없기 때문입니다. 질투하지 말아야 하는데 자꾸 합니다. 분노를 품지 말아야 하는데 분노가 생깁니다. 사랑해야 하는데 자꾸 미움이 생깁니다.

그러므로 내가 한 법을 깨달았노니 곧 선을 행하기 원하는 나에게 악이 함께 있는 것이로다 내 속사람으로는 하나님의 법을 즐거워하되 내 지체 속에서 한 다른 법이 내 마음의 법과 싸워 내 지체 속에 있는 죄의 법으로 나를 사로잡는 것을 보는도다 오호라 나는 곧 곤고한 사람이로다 이 사망의 몸에서 누가 나를 건져내랴(롬 7:21-24).

예수님을 믿는다고 모든 고민이 다 사라지기를 기대하지 마십시오. 죄를 짓고 싶지 않은데 죄를 계속 짓는 자기 자신에 대한 갈등이 있습니다. 이것이 인간입니다. 마음으로는 하나님의 법을 사랑하지만, 육신은 자꾸만 죄의 법에 끌려가는 것을 누구나 경험합니다.

그렇다면 예수님을 믿는 것은 계속되는 갈등의 연속일까요? 그렇지 않습니다. 사도 바울은 이 문제에 대해서 위대하고 명쾌한 해답을 말합니다.

> 그러므로 이제 그리스도 예수 안에 있는 자에게는 결코 정죄함이 없나니 이는 그리스도 예수 안에 있는 생명의 성령의 법이 죄와 사망의 법에서 너를 해방하였음이라(롬 8:1-2).

비록 늘 갈등하며 살 수밖에 없는 사람이지만, 생명의 성령의 법이 임하시면 이 육신의 욕망이 내 몸에서 빠져나가기 시작한다는 것입니다. 우리가 성령 충만하게 되기를 원합니다. 인간의 육은 율법을 지킬 수 없습니다. 그러나 하나님의 영은 율법을 섬길 수가 있습니다. 갈등을 느낄 때마다 혼자 헤어나려고 애쓰지 마십시오. 우리 힘으로나 경험으로나 지식으로는 되지 않습니다. 종교로도 안 됩니다. 방법은 단 한 가지입니다. 성령을 사모하십시오. 나의 실수와 부족함과 한계를 고백하면서 하나님께 항복하십시오. "내 힘으로 해 보았더니 안 됩니다. 저를 도와주십시오"라고 말할 때 성령님이 내 몸에 들어오셔서 육을 몰아내기 시작합니다. 육의 생각을 깨 버리기 시작합니다. 그때, 성령으로 말미암아 하나님의 법을 섬길 수 있는 영적 능력을 우리에게 부어 주십니다.

죄를 이기는 사랑의 힘

성령님이 우리 안에 들어오셔서 내 육신의 문제를 해결해 주시고 나면, 하나님의 사랑이 우리 마음에 부어지기 시작합니다. 그러나 거기서 끝나면 우리는 다시 육신으로 돌아가게 됩니다. 하나님의 사랑이 부어질 때 그 사랑을 잡아야 합니다. 사랑으로 행동하고 살기 시작하면, 어렵고 힘들고 고통스러워도 성령 충만한 삶을 살게 됩니다.

예수님을 믿다가 회의가 생기고 갈등이 생기는 사람은 나가서 전도해 보십시오. 그러면 회의와 갈등이 순식간에 사라집니다. 전도하면서 "사실은 나도 고민이 많아"라고 말할 수는 없기 때문입니다. 대신 "하나님은 살아 계십니다!"라고 외치게 됩니다. 그럴 때 성령이 임하십니다. 그래서 다시 육신의 삶으로 돌아갈 기회를 주지 않습니다.

성령이 임하면 사랑의 행동을 하십시오. 구제하고 도와주고 전도하십시오. 이 일을 계속하면 뒤로 물러나지 않습니다. 그러나 성령 받고 그것으로 끝나면 다시 원래 자리로 돌아갑니다. 성령 받고 나서 우리가 해야 할 일은 빚을 갚는 것입니다. 몸으로 봉사하십시오. 사랑의 빚을 갚으십시오. 그럴 때 우리의 믿음이 자라납니다. 이런 일을 할 때는 고통스럽고 손해 보는 것 같지만 언젠가 열매를 맺게 될 줄 믿습니다.

> 간음하지 말라, 살인하지 말라, 도둑질하지 말라, 탐내지 말라 한 것과 그 외에 다른 계명이 있을지라도 네 이웃을 네 자신과 같이 사랑하라 하신 그 말씀 가운데 다 들었느니라(롬 13:9).

왜 사랑이 율법의 완성인지 9절에 그 답이 있습니다. 사람들이 왜 간음을 할까요? 그 상대를 사랑하지 않기 때문입니다. 상대를 쾌락의 대상과 이용물로만 생각하기 때문에 간음하는 것입니다. 왜 살인을 합니까? 사랑하는 사람은 살인하지 않습니다. 오히려 자신이 희생합니다. 도적질하는 이유도 사랑하지 않기 때문입니다. 사랑하는 사람에게는 무엇이라도 갖다 주려고 합니다. 왜 탐욕이 생깁니까? 사랑하지 않기 때문입니다. 사랑하십시오. 그러면 간음도 살인도 도적질도 하지 않습니다. 사랑하는 사람의 물건을 어떻게 도적질할 수 있습니까?

그러나 인간은 단 한 번도 간음하지 않는다고 단언할 수 없습니다. 혹 간음하지 않더라도 음욕은 품을 수 있습니다. 그것을 막을 길이 없습니다. 도적질하지 않아도 탐심을 막을 길이 없습니다. 우리는 율법을 이룰 수 없습니다. 그러나 길이 있습니다. 사랑하십시오. 그래서 사랑은 율법의 완성입니다.

> 사랑은 이웃에게 악을 행하지 아니하나니 그러므로 사랑은 율법의 완성이니라(롬 13:10).

성령 받기를 바랍니다. 성령 충만하십시오. 성령이 임하면 사랑이 부어지기 시작합니다. 그것을 놓치지 마십시오. 시간을 놓치면 모두 사라집니다. 사랑의 충동이 생겼을 때 결심하고, 결단하십시오. 사랑의 행동을 시작하십시오. 그때 우리 믿음은 멈추지 않고 자라나기 시작할 것입니다.

24

자다가 깰 때

로마서 13:11-14

요즘 우리 사회는 경제적 위기를 겪고 있습니다. 경제 붕괴는 정치적 타락에서부터 옵니다. 정치가 타락하지 않으면 경제는 망할 수가 없습니다. 좋은 정치 밑에서는 좋은 경제가 서기 때문입니다. 정치의 타락은 정치가가 타락해서가 아닙니다. 국민의 도덕성이 타락했기 때문입니다. 그것을 견제할 만한 도덕성이 없을 때 정부는 타락하는 것입니다.

국민의 도덕성 타락은 그 도덕을 지킬 만한 영적인 힘이 없기 때문입니다. 따라서 도덕의 타락은 종교의 타락에서 오는 것입니다. 오늘날 교회가 자기 역할을 다하지 못했고 목사가 맡은 역할을 다하지 못했습니다. 종교가 전통과 타성과 물질의 노예가 되고 양적인 성장과 부에 만족하고 있을 때 국민의 양심과 도덕은 타락하게 되는 것입니다.

하나님의 경고

하나님은 그동안 우리에게 많은 경고를 보여 주셨습니다. 그러나 오만한 인간들은 권력과 돈을 믿고 하나님의 경고를 무시했습니다. 일부 재벌들은 권력을 믿고 기업을 분수에 넘치게 확장하였습니다. 그것을 보고 과격한 노조들이 일어났습니다. 노조들은 자신들의 조합을 정치 세력화해서 전쟁에 가까운 투쟁을 했습니다.

우리 국민의 도덕성은 어찌 되었습니까? 이루 말로 설명할 수 없습니다. 곳곳에 쾌락의 문화가 생겨났고, 졸부들의 파렴치한 행각들은 지존파 같은 범죄자들을 낳았습니다. 이와 비슷한 범죄들은 한 달이 멀다 하고 일어났고, 성수대교가 무너지고 삼풍백화점이 붕괴하기도 하였습니다.

이것은 하나님의 사인이었습니다. 빨간불이 계속 켜졌던 것입니다. 정신 차리고 회개해야 할 때, 우리는 최고급 수입품들과 사치품들을 마구 들여왔습니다. 백화점마다 성시를 이루었습니다. 쾌락 문화는 온 세상을 뒤덮었습니다.

계속해서 지하철 사고, 비행기 추락 사고가 일어났고, 백주에 인신매매가 자행되었으며, 장소를 불문한 온갖 성적 범죄로 우리나라 전역이 오염되었습니다. 주간지를 보십시오. 스포츠 신문을 보십시오. 그들은 성을 상품화하기 시작했고 언론은 성과 타협하기 시작했습니다. 미신과 타협했습니다. 오늘의 운세를 점치기 시작했습니다. 자식이 아버지를 죽이고 어린 소녀가 임신하고 젊은 여인들이 납치되어 창녀촌에 팔려갔습니다. 최근에는 자녀들을 학교에 보내기가 무서울 만큼 교내 폭력 문제가 심각해졌습니다.

우리 사회는 끝없이 추락했습니다. 그런데도 우리는 하나님의 경고를 무시했습니다. 이렇게 하고서도 매 맞지 않을 수 있습니까? 이 결과가 당연하다고 생각되지 않습니까? 우리가 살 수 있는 길은 오직 하나밖에 없습니다. 하나님이 마지막 경고등을 켜고 계십니다. "몇 년 지나면 괜찮아지겠지." 구약의 잘못된 예언자들이 했던 말입니다. "평안하다, 평안하다. 하나님은 사랑이시다. 우리를 용서하신다. 한 번 봐주실 것이다." 이렇게 우리를 적당히 넘어가게 하는 유혹이 있습니다.

그러나 그렇지 않습니다. 하나님의 경고입니다. 지금 여기에서 우리가 하나님 앞에 무릎을 꿇고 가슴을 찢으며 회개하지 않으면 우리는 어디로 갈지 알 수 없습니다. 하나님이 우리를 용서하신다고 해서 문제가 해결되는 것이 아닙니다. 고통과 수모를 모두 겪어야 합니다.

동터오는 새벽

그리스도인들은 어떻게 살아야 합니까? 로마서 12장은 "너희 몸을 하나님이 기뻐하시는 산 제물로 드리라"고 말씀합니다. 또 "받은 은사대로 살라. 그리고 원수를 미워하지 말고 너를 박해하는 자를 저주하지 말고 축복하라"고 말씀합니다. 로마서 13장에서는 "권위에 순종하라, 사랑은 율법의 완성이다"라고 합니다.

이와 같이 사도 바울은 그리스도인이 어떻게 살아야 하는가에 대해 말하다가, 다음 말씀에서 이제 상황이 급박해졌으니 이 상황을 무시하지 말고 정신 차리고 들으라며 분위기를 바꿉니다.

> 또한 너희가 이 시기를 알거니와 자다가 깰 때가 벌써 되었으니 이
> 는 이제 우리의 구원이 처음 믿을 때보다 가까웠음이라(롬 13:11).

지금은 '자다가 깰 때'라고 사도 바울은 말하고 있습니다. 이제
'일어나라'는 말이 아니라 '벌써 되었다'고 말하고 있음에 주목하
십시오.

두 번째, "우리 구원이 처음 믿을 때보다 가까웠다"라며 또 한
번 '때'에 관한 얘기를 하고 있습니다. 구원은 세 가지 시제를 가지
고 있습니다. 우리가 예수님을 믿음으로 구원받았고, 현재 예수님
을 믿음으로 구원받아 성화하고 있으며, 마지막 날 우리는 완전한
구원인 영화에 이르게 될 것입니다. 이와 같은 세 시제 중에서 우
리가 처음으로 예수님을 믿을 때는 하나님의 자녀답게 살지 않아
도 용납해 주십니다. 왜냐하면 아는 것이 없기 때문입니다. 성경도
잘 알지 못하고 교회 생활도 익숙하지 않기 때문입니다.

그러나 이제는 그렇지 않다는 말입니다. 이제 예수님을 믿은 지
십 년이 지났으니 장난하지 말고 감정 놀이하지 말라는 것입니다.
또 변명도 받아들일 수 없다고 말합니다. 이제는 처음 믿던 때가
아니라는 것입니다. 우리의 구원이 처음 믿을 때보다 가까웠다는
말입니다. 이제 우리의 믿음은 완성 단계에 들어가야 한다는 것입

니다. 초보 단계에서 벗어나, 생각과 행동과 말을 책임지는 존재가 되어야 한다는 것입니다. 구원을 완성하는 단계에 가까이 있다는 뜻입니다.

세 번째, 12절을 보십시오.

> 밤이 깊고 낮이 가까웠으니 그러므로 우리가 어둠의 일을 벗고 빛의 갑옷을 입자(롬 13:12).

밤이 깊고 낮이 가까웠다는 말은 새벽이 가까웠다는 말입니다. 역사의 동이 트고 있다는 말입니다. 주님이 다시 오실 날이 멀지 않았는데, 어둠 속에서 머뭇거리며 잠만 자고 있을 거냐고 묻는 것입니다. 이 말씀 때문에 어거스틴이 회심했습니다.

전에는 변명이 통했습니다. 괜찮을 것이라고 생각했습니다. "괜찮아, 하나님이 도와주실 거야. 평안할 때야." 이것이 구약의 잘못된 예언자들의 말이었습니다.

이제, 새벽닭 울음소리가 들리기 시작하고 기상나팔이 울리기 시작했습니다. 잠잘 때는 잠옷을 입습니다. 그러나 일터에 나갈 때는 작업복으로 갈아입고 나갑니다. 밤이 깊었다는 말은 새벽이 가까웠다는 말입니다. 본문 말씀은 우리에게 "이제는 자다가 깰 때이다. 구원은 완성 단계이다. 지금은 깊은 밤이 아니고 동이 터 오는 새벽이다"라고 말합니다.

어두움에서 빛으로

구원받은 우리에게 "너희들이 할 일은 어두움의 옷을 벗고 빛의 옷을 입는 것"이라고 말합니다. 어두움의 옷을 벗는다는 것은 무엇일까요? 우리는 13절을 통해 어두움의 옷을 벗는다는 것이 무엇인지 알 수 있고, 빛의 옷을 대신 입는다는 것이 무엇인지는 14절에서 찾을 수 있습니다. 13절을 먼저 보겠습니다.

> 낮에와 같이 단정히 행하고 방탕하거나 술 취하지 말며 음란하거나 호색하지 말며 다투거나 시기하지 말고(롬 13:13).

어두움의 옷을 벗기 위해 해야 할 네 가지가 있습니다. 이것은 또한 오늘 우리 사회가 변화되어야 할 네 가지 영역이며, 예수님을 믿고 세례받고 교회에 와서 주님을 사랑한다는 여러분의 삶에서 해결해야 할 영역입니다.

첫 번째, 낮에와 같이 단정한 삶입니다. 이 말을 반대로 생각해 보면, 밤에는 사람들이 우리를 볼 수 없기 때문에 무슨 옷을 입었는지 어떤 얼굴색을 하고 있는지 알 수가 없습니다. 그러나 낮에는 잘 보입니다. 낮에와 같이 단정한 삶이란 투명한 삶입니다. 우리의 삶이 투명해야 한다는 것입니다.

교회는 투명해야 합니다. 가리면 안 됩니다. 그런데 어떤 사람들은 숨기고 있는 일들이 너무 많습니다. 말 못 할 일이 너무나 많습니다. 부끄러움 없는 삶이 예수님이 원하시는 삶입니다. 어두움을 벗어 버리라는 것은, 우리 안에 숨겨져 있는 어두운 부분을 숨기지 말고 모두 뒤집어서 보여 주라는 말입니다.

시골집에 가 보면 마당에 수도가 있습니다. 그 수돗가 주변에 돌들이 놓여 있는데 그 돌을 치우면 밑에 지렁이들이 살고 있습니다. 지렁이들은 돌로 가려 주어야 안심하고 살 수 있습니다. 지렁이는 햇빛을 보면 죽습니다. 우리는 위에 있는 돌을 치워야 합니다. 이것이 낮에와 같이 단정히 행하는 삶입니다. 우리 안에 있는 어두운 부분을 제거해야 합니다.

두 번째, '방탕하거나 술 취하지 말라'는 말씀은 도덕적 영역의 타락을 지적하고 있습니다. 우리 사회는 술 취하는 사회입니다. 우리 민족은 술 마시는 문화가 특이합니다. 미국이나 유럽에서 식사할 때 술이 나오는데 그것은 하나의 음식입니다. 그래서 술 먹는 매너가 있습니다. 그런데 우리나라 사람들은 마구 먹습니다. 군대에는 폭탄주라는 것이 있습니다. 또 술을 먹으면 한 번으로 끝내지 않고 1차, 2차, 3차까지 마십니다. 술 먹고 자기만 기분 좋게 즐기는 것이 아니라, 밖에 나가서 아무 데나 토하고 고성방가도 합니다. 이것은 자기 몸을 학대하는 것이고 인격을 학대하는 것입니다. 이것이 우리의 술 문화입니다.

그러나 본문은 이렇게 말합니다. "방탕하지 말고 술 취하지 말라. 이것은 빛의 삶이 아니다. 어두움의 옷을 벗어 버리라."

세 번째, 음란하거나 호색하지 말라고 합니다. 오늘날 세상은 이미 바벨론의 음란 문화로 가득합니다. 제일 무서운 것은 언론 매체들입니다. 우리가 성을 이용하는 것이 아니라 성에게 잡힌 것입니다. 음란과 호색의 노예가 된 것입니다. 벗어나십시오. 거기서 벗어나 거룩한 예수님의 신부로 사십시오.

마지막으로, 다투거나 시기하지 말라고 합니다. 이것은 미움과 폭력입니다. 우리 사회는 미움과 폭력으로 얼룩져 있습니다. 거기에 한 가지 더해 마약까지 있습니다. 이것이 오늘 우리 사회를 구성하는 것들입니다. 정치를 봐도 경제를 봐도 무언가 숨기고 있는 것이 많은 것 같습니다. 마치 밤에 사는 사람들 같습니다.

오늘날 우리 사회를 보면, 방탕과 술 취하는 것, 음란과 호색, 미움과 폭력으로 가득 차 있습니다. 이런 어두움의 일을 떨쳐 버리지 않으면 심판이 옵니다. 심판이라는 말은 겁을 주기 위해서 하는 것이 아닙니다. 사실입니다. 지옥은 존재합니다.

우리는 이제 정치라는 것이, 경제라는 것이 그렇게 단순한 것이 아님을 알게 되었습니다. 잘못한 그 사람만 무너지지 않습니다. 모두 다 무너집니다. 예수님을 잘 믿는 사람도 떨어집니다. 다 죽습니다. 혼자만 살 수 없습니다. 진짜 불쌍한 사람들은 바로 우리입니다.

고난 극복의 선두에 서서

그런데 이것은 한꺼번에 기도한다고 해결될 문제가 아닙니다. 우리는 마땅히 당해야 할 일을 당해야 합니다. 수모를 당해야 합니다. 대가를 치러야 합니다. '회개'라는 과정을 거쳐야만 우리나라는 새로워집니다. 빛의 옷이란 무엇입니까? 14절을 보십시오.

> 오직 주 예수 그리스도로 옷 입고 정욕을 위하여 육신의 일을 도모하지 말라(롬 13:14).

빛의 옷이란 예수 그리스도의 옷입니다. 예수 그리스도는 길이요, 진리요, 생명입니다. 빛이 오면 어두움은 떠납니다. 우리에게는 어두움을 몰아낼 능력이 없습니다. 그러나 빛을 받아들일 능력은 있습니다. 내가 어두움을 몰아낼 수는 없지만, 빛이 내 안에 오면 그 빛이 어두움을 몰아냅니다. 그러므로 오늘 예수님을 영접하기 바랍니다. 예수님 앞에서 겸손하기 바랍니다. 왜냐하면 우리 안에 그분이 오시면, 안에 있던 어두움의 세력을 모두 몰아내 주시기 때문입니다.

우리는 그동안 여러 가지 환난을 겪어 왔지만, 요즘 우리가 겪고 있는 일들은 너무나 심각한 것들입니다. 어떻게 나라를 살릴 수 있겠습니까? 우리 모두 회개하고 뼈아픈 고통을 참아야 합니다. 어쩔 수 없습니다. 허리띠를 졸라매고 대가를 치러야 합니다. 잘못은 소수가 했지만 대가는 우리 모두 치러야 합니다.

다른 사람을 비판하지 않고 욕하지 않고 돌 던지지 않고 냉소적으로 반응하지 않으면서 이 일을 영적으로 바라볼 줄 아는 사람들, 우리의 책임으로 알고 십자가를 같이 지고 어린양의 고난에 동참하면서 이 민족을 구원해 낼 수 있는 사람들은 그리스도인들뿐입니다. 천국 시민으로 구원받았다는 우리가 이 난국을 헤쳐 나가야 합니다.

여러분에게 부탁합니다. 욕하지 마십시오. 분노를 터뜨리지 마십시오. 누군가에게 돌팔매질한다고 해서 문제가 해결되는 것이 아닙니다. 다른 사람을 욕하기는 아주 쉽습니다. 그러나 그리스도인은 욕하는 사람들이 아니라 고난을 받아들이는 사람들입니다. 우리 모든 그리스도인들과 교회는 세상의 소망입니다. 매일 모이는 조직은 교회밖에 없습니다. 군대 조직도 안 됩니다. 자발적으로 모이는 조직은 교회밖에 없습니다. 교인들이 회개하고 나라 살리기에 뛰어들어야 합니다.

교회와 성도는 세상의 소망

지금 세상 사람들은 모두 힘들고 무서우니까, 전쟁 때처럼 도망갑니다. 우리가 막아야 합니다. 우리가 정부를 신뢰해 주어야 합니다. 우리가 회개만 할 수 있다면 위기가 오히려 축복의 기회가 될 수 있다고 저는 생각합니다. 예수님을 믿는 사람으로서 훌륭한 국민이 되느냐, 그렇지 못하느냐를 시험하는 기회가 바로 위기의 때라고 생각합니다. 위기는 우리 힘으로 도저히 극복할 수 없습니다. 우리의 힘으로 바꿀 수 없습니다. 그러나 하나님이 바꾸어 놓으실 것입니다.

모든 기업들이 경제적 어려움에 처해 있습니다. 건강하고 실력 있는 중소기업들이 살아날 수 있는 길을 열어 줘야 합니다. 재벌 중심의 경제 구조가 아니라, 건강한 중소기업들이 권력에 의존하지 않고 소신껏 성실하게 장사할 수 있는 기회를 줘야 합니다.

우리가 다시 한번 살아날 수 있는 기회가 왔을 때 놓치지 말아야 합니다. 그리스도인 가운데 기도하는 기업가들, 성실한 기업가들이 많이 나오기를 기대합니다. 미래 산업에 알맞는 아이디어로 이 난세를 극복하여 경제를 살려야 합니다. 경제가 살면 전도할 일이 생깁니다.

망한 나라 국민이 외국에 가서 예수님을 믿으라고 하면 믿겠습니까? 예수님을 전하려면 그 나라 정치가 수준급이어야 하고 경제적으로 안정되어야 하고 문화 수준도 높아야 합니다. 그래야 그 나라 사람의 말을 듣습니다. 우리가 복음을 전하려면 우리 민족이 잘되어야 합니다.

우리 민족에게 이러한 일이 일어나게 하신 하나님께 감사드립니다. 우리를 다루시기 위해 채찍을 드셨습니다. 감사하십시오. 절망하지 마십시오. 국민을 격려하고 소망을 갖게 해 주어야 합니다. 지금은 자다가 깰 때가 되었습니다. 구원은 처음 믿을 때보다 훨씬 더 가까워졌습니다. 밤이 깊고 낮이 가까웠습니다.

25

약한 자를 대하는 자세

로마서 14:1-8

강자만이 살아남는 세상은 동물의 세계요 본능의 세계요 하나님이 없는 세계입니다. 하나님이 지배하시는 세계는 약자가 살 수 있는 세계입니다. 우리는 그런 세계를 만들어야 합니다.

믿음의 세계에서도 강한 믿음을 소유한 사람이 있는가 하면, 약한 믿음을 가진 사람도 있습니다. 본문은 이렇게 말합니다. "당신 주변의 믿음 없는 사람을 비판하지 말라." 그 사람은 세상에서 살다가 이제 왔기 때문에 믿음이 깊을 수가 없습니다. 아직 성경도 모르고 교회 생활도 모르기 때문에 생각하는 것과 말하는 것이 세상적입니다. 그래서 교회에 와서 잘난 척도 하고 실수도 합니다. 그런 사람을 아니꼽게 보거나 비판하거나 거부하지 말라고 합니다. 그런 사람들과 함께 살 수 있는 곳이 바로 교회이기 때문입니다.

수용하고 격려하는 믿음

믿음이 연약한 자를 너희가 받되 그의 의견을 비판하지 말라(롬 14:1).

여기서 중요한 단어는 '받되'입니다. 사람을 받아들이라는 뜻입니다. 우리는 좋은 사람은 받아들이지만 싫은 사람은 거부하고 배척합니다. 그렇게 하는 것은 하나님의 나라의 원칙이 아닙니다.

믿음이 약한 사람을 받아 주고 이해하고 격려해 주라는 말입니다. 받아 주고 이해하고 들어주는 것이 그들을 돕는 첫걸음입니다. 병든 사람을 치유하는 첫걸음입니다. 교회에는 병든 사람과 죄를 많이 지은 사람이 있어야 합니다. 그들을 껴안고 사랑하고 치유하고 고치는 공동체가 교회입니다. 믿음이 약한 자를 거부하지 말고 받아들이고 수용하라는 말입니다.

두 번째는 "그의 의견을, 즉 그가 이해하지 못하고 신뢰하지 못하는 부분을 비판하지 말라"는 말입니다. 우리의 가정에서 먼저 이런 일들이 일어나기를 바랍니다. 아내를 비판하지 말고 받아들이십시오. 남편을 비판하지 말고 받아들이십시오. 자녀들의 연약함과 약점을 받아들이십시오. 야단치고 채찍질하고 신경질 내지 마십시오. 받아들이십시오. 그러면 아이들은 살아납니다. 충고하고 야단치고 비판하면 아이들은 멀리멀리 떠납니다. 사랑 외에는 진정한 치유가 없습니다. 야단치고 비판해서는 사람이 변하지 않습니다. 이제 2절을 보겠습니다.

어떤 사람은 모든 것을 먹을 만한 믿음이 있고 믿음이 연약한 자는 채소만 먹느니라(롬 14:2).

어떤 음식은 먹어도 되고 어떤 음식은 먹지 말아야 한다고 말합니다. 구약에서 그렇게 말했기 때문입니다. 제사 음식은 먹으면 안 된다고 생각하는데 왜냐하면 귀신이 붙어 있다고 믿기 때문입니다. 이 말씀을 이렇게 생각하는 사람은 수용과 이해의 폭이 좁은 사람입니다. 이런 사람들을 성경은 믿음이 약한 사람이라고 말합니다. 무슨 일이든지 다 소화할 수 있는 사람이 믿음이 큰 사람입니다. 무슨 일을 만나든지 모두 수용할 수 있는 사람이 되기를 바랍니다.

좋은 것도, 싫은 것도, 모두 수용할 수 있는 사람을 성경에서는 성숙한 믿음이 있는 사람이라고 합니다. 자기만 생각하고 자기 생각만 옳다고 말하는 사람은, 믿음이 얕은 사람이라고 2절은 말하고 있습니다.

사도 바울은 이 문제에 대해 "모든 것이 가하나 모든 것이 유익한 것은 아니요 모든 것이 가하나 모든 것이 덕을 세우는 것은 아니니 누구든지 자기의 유익을 구하지 말고 남의 유익을 구하라"(고전 10:23-24)라며 조금 더 자세히 설명하고 있습니다.

이것은 믿음이 있는 사람에게 하는 말입니다. 믿음이 있는 사람은 무슨 음식을 먹어도 마음에 시험이 되지 않습니다. 그러나 어떤 사람은 그 음식을 먹으면 죄를 짓는 것 같아서 음식을 골라 먹습니다. 그럴 때 믿음이 있는 사람은 "나는 다 할 수 있지만 모든 것이 유익한 것이 아니고, 모든 것이 덕을 세울 수 있는 것이 아니기 때문에 상대방에게 유익하지 않으면 하지 않는다"는 태도를 취해야 합니다.

이것이 성숙한 믿음입니다. 나는 다 할 수 있지만, 상대방이 시험에 든다면 하지 않는 것입니다. 그것이 덕을 세우는 것입니다. 이런 사람이 성숙한 사람입니다. 사도 바울은 우리에게 그런 사람이 되라고 권하고 있습니다.

누구든지 자기의 유익이 아니라 남의 유익을 구하고, 내 기준이 아니라 그 사람의 기준에서 보라는 말입니다. 이런 이가 성숙한 사람이라는 것입니다. 사도 바울은 고린도전서에서 "무릇 시장에서 파는 것은 양심을 위하여 묻지 말고 먹으라 이는 땅과 거기 충만한 것이 주의 것임이라"(고전 10:25-26)라고 말씀합니다.

음식은 중요한 것이 아닙니다. 그러나 어떤 사람은 음식 먹는 것을 예수님 믿는 것보다 더 중요하게 여깁니다. 진정한 믿음을 가진 사람은 예수님한테 관심이 있습니다. 어떤 일을 할 때 예수님이라면 어떻게 하실까에 더 많은 관심이 있습니다. 예수님이 영광을 받으실 것인지 확인하고 그렇다고 판단되면 두말 않고 합니다. 전통과 습관과 형식은 중요하지 않습니다.

믿음이 없는 사람들은 형식을 봅니다. 그러나 믿음이 있는 사람은 내용을 봅니다. 믿음이 없는 사람은 주변을 봅니다. 그러나 믿음이 있는 사람은 예수님을 바라봅니다. 믿음이 없는 사람들은 방법을 보지만 믿음이 있는 사람들은 원리를 봅니다. 원리가 중요한 것입니다. 방법은 얼마든지 바꿀 수 있습니다. 그릇이 중요합니까, 그릇에 담긴 물이 중요합니까? 중요한 것이 무엇인지 선택해야 합니다. 그럴 때 하나님은 영광을 받으십니다. 이것이 정말 성숙한 신앙이기 때문입니다.

고린도전서 10장에서 바울은 계속 재미있는 말씀을 합니다. 만일 불신자 중에 어떤 사람이 여러 가지 음식을 차려 놓고 우리에게 밥을 먹자고 하면, 묻지 말고 그냥 먹으라고 합니다. 제사 음식이 올라왔어도 묻지 말고 먹으라고 합니다. 왜냐하면 그 사람을 구원하기 위해서입니다.

사도 바울은 겐그레아에서 머리를 깎습니다. 그곳 문화 때문이었습니다. 머리를 깎을 필요가 있으면 깎고 머리를 길러야 하면 기르십시오. 그 문화를 비판하기 시작하면 모든 것을 잃어버립니다. 그 수준까지 가야 합니다. 이방인에게는 이방인처럼, 유대인에게는 유대인처럼 해야 합니다.

사랑으로 얻는 자유함

신앙의 최고 절정은 자유함입니다. 영적인 자유함입니다. 율법이 나를 속박하지 못하게 하는 것입니다. 사랑은 자유함입니다. 정말 사랑하면 싫은 사람까지 포용할 수 있습니다. 그 사람의 방법이 틀렸고 내가 싫어하는 방법이지만, 그 사람을 사랑하기 시작하면 그 사람이 달라집니다. 놀라운 비밀입니다. 틀린 것을 계속 지적하면 그 사람은 고쳐지지 않습니다. 이것이 본문의 메시지입니다. 믿음이 약한 사람을 받아들이라는 것입니다. 비판하지 말고 받아들여서 사랑하면, 그 사람이 변하기 시작한다는 것입니다. 이것이 성경에서 우리에게 가르쳐 주는 메시지입니다.

어떤 불신자의 가정에 가서 밥을 먹게 되었는데 제사 음식이 나옵니다. 나는 괜찮기 때문에 먹을 수 있지만, 같이 따라온 다른 사람이 '어! 목사님이 제사 음식 드시네?'라며 시험에 들 것 같으면 먹지 말라는 것입니다. 연약한 그 사람의 믿음을 배려해서 먹지 말아야 합니다.

이것이 신앙입니다. 그렇게 살면 문제가 없습니다. 자기 것을 자꾸 주장하면 문제가 생기기 시작합니다. 고린도전서는 "누가 너희에게 이것이 제물이라 말하거든 알게 한 자와 그 양심을 위하여 먹지 말라 내가 말한 양심은 너희의 것이 아니요 남의 것이니 어찌하여 내 자유가 남의 양심으로 말미암아 판단을 받으리요 만일 내가 감사함으로 참여하면 어찌하여 내가 감사하는 것에 대하여 비방을 받으리요"(고전 10:28-30)라고 말씀합니다.

우리는 예수 그리스도를 믿음으로 말미암아 모든 것을 먹을 수 있고 할 수 있는 사람들입니다.

교파 안에 있으라고 하면 있고, 떠나라고 하면 떠나는 것입니다. 그것이 내 목적이 아니기 때문에 그렇습니다. 서울에 있느냐, 지방에 있느냐 하는 것도 중요하지 않습니다. 있으라고 하면 있고, 가라고 하면 가고, 하라고 하면 하고, 하지 말라고 하면 하지 않으면 됩니다.

저는 여러분이 이 단계에까지 이르기를 바랍니다. 감정과 미련에 억압되어서 고민하지 마십시오. 예수 그리스도를 바라보면서, 주님께 영광이 된다면 '나는 무엇이 되어도 좋다. 인정을 받아도 좋고 못 받아도 좋다'라고 생각하십시오. 이제 감정의 억압에서 벗어나기를 축원합니다.

먹는 자는 먹지 않는 자를 업신여기지 말고 먹지 않는 자는 먹는 자를 비판하지 말라 이는 하나님이 그를 받으셨음이라(롬 14:3).

무엇이든지 다 먹을 수 있는 사람은, 이것은 먹고 저것은 못 먹는 사람을 보면 우스울 수 있습니다. 그러나 그렇게 생각하지 말라는 것입니다. '저 사람은 아직 믿음이 작으니 그럴 수밖에 없구나. 내가 조금 더 기다려 주고 지켜 주면 좋아질 것이다'라고 생각하라는 것입니다. 자꾸 따지고 야단치지 말라고 합니다. 이와 반대로, 먹는 것에서 항상 걸리는 사람은 뭐든지 다 먹는 사람을 향해 잘난 척한다고 욕하지 말라는 것입니다.

하나님이 용서하셨다면 우리도 용서해야 합니다. 하나님이 사랑하셨다면 사랑해야 합니다. 중요한 것은 미움이 아니고 사랑이며, 정죄가 아니고 용서입니다. 성경 본문이 우리에게 간절히 부탁하는 것은 비판하지 말고 판단하지 말라는 것입니다.

잘못은 고쳐져야 합니다. 그러나 사랑으로 고쳐야 참으로 축복입니다. 사탄을 용납할 수는 없습니다. 고쳐야 합니다. 그러나 그 방법이 비판이 아니고 사랑이며 정죄가 아니고 격려여야 합니다. 비판하고 정죄하고 판단하게 되면 우리가 하나님 자리에 앉게 됩니다.

가끔 주변을 둘러보면, 심판하는 데 있어서 하나님보다 한 수 위에 있는 사람들이 있습니다. 하나님이 참으신다면 우리도 참아야 합니다. 하나님이 사랑하셨다면 우리도 사랑해야 합니다. 나 같은 것도 사랑하시지만 하나님은 그 사람도 사랑하십니다. 비판하지 말고 정죄하지 마십시오. 오히려 이해하고 사랑하고 격려하십시오. 혹시 상대가 실수했거든 같이 울어 주십시오. 사랑으로 격려하고 축복하고 울어 주십시오. 그렇게 하는 사람이 그리스도인입니다.

그러므로 남을 판단하는 사람아, 누구를 막론하고 네가 핑계하지 못할 것은 남을 판단하는 것으로 네가 너를 정죄함이니 판단하는 네가 같은 일을 행함이니라(롬 2:1).

어찌하여 형제의 눈 속에 있는 티는 보고 네 눈 속에 있는 들보는 깨닫지 못하느냐(마 7:3).

남의 하인을 비판하는 너는 누구냐 그가 서 있는 것이나 넘어지는 것이 자기 주인에게 있으매 그가 세움을 받으리니 이는 그를 세우시는 권능이 주께 있음이라(롬 14:4).

예수님은 자꾸 세워 주시는데 너는 왜 자꾸 허무느냐고 말합니다. 우리가 직장에서, 학교에서, 가정에서, 세워 주는 사람이 되기를 축원합니다. 허무는 사람이 되지 마십시오. 허물어야 할 일이 있다면 하나님이 하실 것입니다. 심판하는 분도, 원수를 갚는 분도 하나님이십니다. 우리는 사랑하기만 하면 됩니다. 무슨 일을 만나든지, 어떤 사람을 만나든지, 그 사람의 좋은 것만을 얘기하십시오. 격려하십시오. 축복해 주십시오.

그런데 어떤 사람은 너무 날카롭습니다. 자기는 못 속인다느니, 척 보면 안다느니 하면서 정죄하는 것은 좋지 않습니다. 우리가 누군가를 손가락으로 가리킬 때, 세 손가락은 자기를 향하고 있다는 사실을 잊지 마십시오. 남의 잘못을 들추는 일에 예민하지 마십시오. 알아도 모르는 척하십시오. 그리고 사랑하십시오.

판단이 아니라 격려를

제일 위대한 것은 속아 주는 것입니다. 상대가 나를 속이는 것을 알면서도 속아 주는 것입니다. 그것이 해답입니다. 예수님은 속아 주셨습니다. 제자들이 형편없다는 것을 예수님은 더 잘 알고 계셨습니다. 그러나 예수님은 그들을 제자로 삼으셨습니다. 형편없는 사람들에게 "넌 형편없어"라고 말하지 않으시고 "넌 진실해, 네가 무화과나무 아래 있을 때 봤어"라고 말씀하셨습니다. 이것이 얼마나 기가 막힌 선포입니까? "넌 훌륭해, 넌 앞으로 큰일 할 거야"라고 말해 주신 것입니다.

자녀들에게 공부 못한다고 야단치는 부모가 아니라 격려하는 부모가 되기를 바랍니다. 좀 잘못한 일이 있어도 수용하고 격려하면, 지금 당장은 아니지만 얼마 되지 않아 자녀들은 위대한 사람들이 될 것입니다. 부모가 그렇게 축복했기 때문입니다. 매일 쓰다듬어 주고 사랑해 주고 안아 주고 격려해 주고 축복해 주면 자녀들은 잘될 수밖에 없습니다.

여러분의 남편을 축복해 주십시오. 매일 축복해 주십시오. 인간은 사랑을 먹고 자라고 용서를 먹고 자랍니다. 인간은 누구나 실수할 수 있습니다. 완전한 인간이 어디 있습니까? 우리는 모두 용서받아야 하고 위로받아야 하고 격려받아야 합니다.

남을 판단하기 시작하면 '나는 옳고 너는 틀리다' 혹은 '이것은 선이고 저것은 악이다'라고 양분하게 됩니다. 이것이 바로 선악과입니다. 사탄이 인간을 타락시키기 위해서 아담과 이브에게 준 그 선악과입니다. 선악과라는 것은, 나쁜 짓이나 도둑질을 하라는 것도 아니고 간음하라는 것도 아닙니다. 단지 '이것은 옳고 저것은 그르다. 이것은 좋고 저것은 나쁘다'라고 구분하라는 것입니다.

사람만 만나면 '이 사람은 맞고 저 사람은 틀리다'라고 하는 것입니다. 정의감을 앞세워서 '우리 선생님은 이것이 나쁘고, 우리 사장님은 이것이 나쁘다'라는 말만 합니다. 그런데 알고 보니 그것이 선악과입니다. 그러니 선악과를 먹으면 어떻게 됩니까? 매일 싸우게 됩니다. '너는' 이라는 말을 자주 쓰게 됩니다.

북한이 옳습니까, 남한이 옳습니까? 이스라엘이 옳습니까, 아랍이 옳습니까? 모두 다 자기가 옳다고 합니다. 그래서 싸웁니다. 남편이 옳습니까, 아내가 옳습니까? 부모가 옳습니까, 자식이 옳습니까? 자식들이 부모에게 얼마나 분노하는지 아십니까? 그러나 부모들은 '내가 너희들에게 얼마나 잘해 주었는데 그럴 수 있느냐'라고 생각합니다.

자식은 생각이 전혀 다릅니다. 부모가 자기 인생을 망쳤다고 말합니다. 누가 옳습니까? 이것이 바로 선악과입니다. 사탄은 그 선악과를 아담과 이브뿐만 아니라 우리에게도 매일 아침에 밥 먹듯 먹이고 있습니다.

생명나무를 먹어야

선악과를 먹은 사람들은 모두 시비를 따지고 비판하고 판단하고 정죄합니다. 화가 나고 불편합니다. 그래도 교회에 가서 설교 듣고 찬송하지만, 곧 선과 악을 구분하기 시작합니다. 그것이 몸에 습관이 되었습니다. 초등학교에 들어가면서부터 배웠기 때문입니다.

우리는 선악과 대신에 생명나무를 먹어야 합니다. 생명나무는 바로 예수 그리스도이십니다. 생명나무를 먹으면 미운 점이 잘 보이지 않고 정죄할 것이 보이지 않고 비판할 것이 보이지 않습니다. 용서하고 축복하게 됩니다. 입만 열면 축복의 말이 나오고 격려하는 말이 나옵니다. 그를 세워 주는 것입니다. 이것이 바로 생명나무입니다. 우리가 선악과를 그만 먹고 생명나무를 먹게 되기를 축원합니다. 그런데 생명나무를 먹는다고 곧바로 그렇게 되지는 않습니다. 몇 달을 먹어야 겨우 사인이 있습니다. '약한 자를 받아 주고 그를 비판하지 마십시오.'

> 어떤 사람은 이날을 저 날보다 낫게 여기고 어떤 사람은 모든 날을 같게 여기나니 각각 자기 마음으로 확정할지니라 날을 중히 여기는 자도 주를 위하여 중히 여기고 먹는 자도 주를 위하여 먹으니 이는 하나님께 감사함이요 먹지 않는 자도 주를 위하여 먹지 아니하며 하나님께 감사하느니라(롬 14:5-6).

어떤 사람들은 먹는 것을 가지고 이렇게 싸우는데, 교회에 와 보면 날짜 가지고 싸우는 사람들도 있습니다. 날짜 가지고 싸우다가 이단도 생겼습니다. 토요일이 주일이다, 일요일이 주일이다, 이 문제를 가지고 싸웁니다. 예수님 당시에도 그랬습니다. 예수님이 안식일에 병을 고치셨더니, 사람들이 병 고친 것에는 관심 없고 왜 안식일에 했느냐고 따져 묻습니다. 그러자 예수님이 "내가 안식일의 주인이다"(마 12:8 참조)라고 말씀합니다. 우리 중에도 이런 그리스도인들이 참으로 많습니다.

주일은 안식일이며 축복 된 날입니다. 그러면 주일만 거룩하게 살고 나머지 날들은 마음껏 죄짓고 살아도 됩니까? 십일조도 중요합니다. 그러나 십의 일만 드리고 나머지는 내 마음대로 써도 됩니까? 교회 와서 봉사할 때는 거룩하게 하고 나가서는 욕하고 살아도 됩니까? 아닙니다. 제멋대로 사는 것은 위선입니다. 그것은 하나님 말씀을 가지고 장난하는 것입니다.

안식일을 귀하게 여기는 사람은 나머지 날들도 엉망으로 살지 않습니다. 십일조를 드려서 하나님 돈으로 구별하는 사람은 나머지도 가치 있게 씁니다. 하나님을 위해서 봉사하는 사람은 그 삶 전체가 하나님께 드려지기를 원하는 것입니다. 먹어도 주를 위하여 먹고, 먹지 않아도 주를 위하여 먹지 않습니다.

이날이 좋다고 하든 저 날이 좋다고 하든, 모두 주를 위한 것이어야 합니다. 방법이 중요한 것이 아니라 내용이 중요합니다.

우리 중에 누구든지 자기를 위하여 사는 자가 없고 자기를 위하여 죽는 자도 없도다 우리가 살아도 주를 위하여 살고 죽어도 주를 위하여 죽나니 그러므로 사나 죽으나 우리가 주의 것이로다(롬 14:7-8).

얼마나 놀라운 말씀입니까! 우리가 이런 신앙 고백을 드릴 수 있는 사람이 되기를 원합니다. "주님! 망해도 좋습니다. 일찍 죽어도 좋습니다. 그것이 내게 중요한 것이 아니라, 내가 만일 병들었다고 할지라도 그것을 통해 하나님께 영광을 돌릴 수 있다면 괜찮습니다."

내 사랑은 변할 수 없고 내 헌신은 변할 수 없는 것입니다. 주님을 향한 내 뜨거운 마음은 변할 수 없습니다. "살아도 주를 위하여 살고 죽어도 주를 위하여 죽나니 사나 죽으나 우리가 주의 것"이라고 고백하는 사람은 그 어떤 것으로도 불행해지지 않습니다. 어떤 누구도 그를 좌절시킬 수 없습니다. 그런 사람이 되십시오.

26

하나님 나라의 가치

로마서 14:9-23

구원의 특징은 깨어진 교회가 회복되는 것입니다. 시편은 "형제가 연합하여 동거함이 어찌 그리 선하고 아름다운고"(시 133:1)라고 말씀합니다.

세상에서 가장 아름다운 모습이 있다면 형제가 서로 격려하고 도와주는 것입니다. 형은 동생을 돕고 동생은 형을 신뢰하는 그런 가족들이 있습니다. 반면 어떤 형제들은 무섭게 싸웁니다. 서로 만나지도 않고 미워합니다.

초대 교회의 특징은 아름다운 교제였습니다. 그들은 예수님을 믿고 성령을 체험하고 난 후, 집에 모여 함께 떡을 떼고 찬송을 부르면서 헤어질 줄을 몰랐습니다. 뿐만 아니라 그들은 물건까지 나누어 쓰는 진짜 가족이 되었습니다. 이것이 교회입니다. 교회의 축복은 서로 만나서 사랑을 나누는 것입니다.

형제이므로 사랑하라

교회에는 교제할 수 있는 정말 좋은 모임이 두 곳 있습니다. 그중 하나는 예배입니다. 일주일 동안 세상 한복판에서 여러 부류의 사람들과 만나 투쟁하듯 일하다가, 주일날 하나님 앞에 와서 예수님 믿는 사람들끼리 모여 찬양하고 눈물 흘리며 교제하는 것입니다. 교회에서 예배보다 더 중요한 모임은 없습니다.

예배만큼 중요한 것이 또 하나 있다면 순모임입니다. 예배 시간에는 여러 사람이 함께 모여 있기 때문에 개인적인 기도나 관심을 나누기가 어렵습니다. 그러나 순모임에 가면 소수의 사람들이 모여서 같이 찬송을 부르고 성만찬을 나누고 기도도 합니다. 그러면서 서로의 깊은 사정을 들어주기도 하고 격려하기도 하고 사랑하기도 합니다. 세상에서 볼 수 없는 가장 아름다운 교제를 할 수 있습니다.

그렇지만 종종 유감스러운 일도 생깁니다. '한 피 받아 한 몸 이룬' 서로 사랑해야 할 형제들이, 자기도 모르는 사이에 시험 들고 상처받고 참다가, 어느 날 갑자기 비판하고 정죄하며 급기야는 대면조차 하지 않게 되는 경우도 있습니다.

교회에 나오지 않는 이유를 물어 보면 "누구 때문에 나가지 않는다"라고 말하는 일까지 생깁니다. 혹은 교회는 나오지만, 순모임에는 가지 않습니다. 재미가 없고 상처를 받은 것입니다. 왜 이런 상처가 생길까요? 사랑해야 할 형제들 간에 왜 이런 갈등이 생길까요? 1절과 10절에서 그 이유를 설명해 줍니다.

믿음이 연약한 자를 너희가 받되 그의 의견을 비판하지 말라(롬 14:1).

첫째, 믿음이 연약한 사람들이 있는데, 그들은 외적으로 다 성장했고 지식도 많지만 생각하는 것은 여전히 세상적입니다. 이때 교회에 오래 다니고 믿음 좋다고 하는 사람들이 그들을 받아들이지 않고 비판하면, 그들은 상처를 받고 결국 교회 안의 사랑의 관계는 깨어집니다.

여기서 말하는 것은 서로 믿음이 좋은 사람들과의 관계입니다. 상대도 믿음이 좋고 나도 믿음이 좋은데, 서로 문화적으로 성격적으로 감정적으로 차이가 있을 수 있습니다. 그러나 형제를 판단하고 업신여길 때 사랑의 관계는 깨어지고, 서로 시험에 들어서 어려움을 겪는 경우들을 볼 수 있습니다.

네가 어찌하여 네 형제를 비판하느냐 어찌하여 네 형제를 업신여기느냐 우리가 다 하나님의 심판대 앞에 서리라(롬 14:10).

10절에서는 우리가 서로 판단하거나 비판하거나 무시하지 말고, 존경하고 사랑하며 하나가 되어야 할 이유를 두 가지로 설명하고 있습니다.

첫째는 형제이기 때문입니다. 우리는 서로 원수가 아니고 형제입니다. 아브라함은 창세기에서 롯에게 "네 목자나 내 목자를 싸우게 하지 말자 우리는 한 골육이라"고 말했습니다. 우리 역시 가족입니다.

가족은 서로 돌보고 격려하고 사랑해야 합니다. 가족 중에는 공부를 잘하는 아이도 있고 못 하는 아이도 있습니다. 한 어머니의 태에서 나왔지만 어떤 아이는 건강한데 어떤 아이는 건강하지 못할 수도 있습니다. 어떤 아이는 상처를 잘 받고, 어떤 아이는 일이 잘 안 풀리기도 합니다. 이것이 가족입니다. 다 잘되는 게 아닙니다. 그렇지만 가족은 그 모든 것이 하나가 되어 살아가는 것입니다.

인간이라고 하는 존재는 얼마나 추하고 허물이 많은지 모릅니다. 눈감아 주고 모른 척하면서 살아가는 것이지, 있는 그대로 보면 추해서 볼 수가 없습니다. 자녀라는 존재도 얼마나 약하고 실수가 많은지 모릅니다. 자녀가 똑똑하고 잘났기 때문에 부모가 사랑하는 것이 아닙니다. 모두 감싸주고 이렇게 저렇게 관리해서 성인을 만드는 것입니다.

하나님이 우리를 그렇게 하십니다. 우리의 모습 그대로 보면 우리는 이미 죽었을 것입니다. 그런데 하나님은 끝까지 여러분을 붙드시고 세워 주시고 격려해 주십니다. 그래서 성경은 우리에게 믿음이 약한 자들을 비판하지 말고 참아 주라고 합니다. 기다려 주라는 것입니다. 그 사람은 그런 과정을 통해서 성장하고 성숙해집니다.

형제를 판단하고 업신여기지 마십시오. 업신여긴다는 말은 낮추어 본다는 말입니다. 남을 업신여기고 낮추어 보지 말라는 이유는, 대부분 자기만 잘난 줄 알지만 그렇지 않기 때문입니다. 당신이 가장 많이 틀렸을지도 모릅니다. 남을 야단치고 비판하는 당신이, 더욱 실수가 많을지도 모릅니다. 그래서 10절은 "우리가 형제이기 때문에 사랑해야 한다"고 말씀하는 것입니다.

하나님의 심판대

형제를 사랑해야 할 두 번째 이유는, 우리가 다 하나님의 심판대 앞에 서게 될 것이기 때문이라고 말합니다. 대개의 경우, 교회에서 타인을 비방하는 사람이 제일 문제가 많습니다. 그 사람에 대해서 불평하는 다른 사람들이 많습니다. 피장파장이라는 것입니다. 가해자나 피해자나 엄밀한 의미에서 똑같은 것입니다. 잘했다고 주장하지만 하나님 보시기에는 모두 같습니다.

11절에서는 하나님 앞에 모든 무릎이 꿇게 되고 모든 혀가 진실을 말하게 될 것이라고 했는데, 이는 "하나님 앞에서는 내가 잘났다고 말할 수 없을 것"이라는 뜻입니다. 13절을 보십시오.

그런즉 우리가 다시는 서로 비판하지 말고 도리어 부딪칠 것이나 거칠 것을 형제 앞에 두지 아니하도록 주의하라(롬 14:13).

우리는 여기에서, 인간에게는 비굴함과 고약스러운 부분이 있다는 사실을 알게 됩니다. 누가 나보다 더 많은 사랑을 받는다거나 잘된 일이 있으면 질투하고 시기합니다. 가족 간에도 그럴 수 있습니다. 부모가 한 자녀를 편애한다고 느낄 때, 다른 자녀는 말은 못 하지만 속상해합니다. 그리고 불만을 품습니다. 불만을 표현하지는 않지만, 축복도 하지 않습니다. 그래도 이 정도는 괜찮습니다. 어떤 사람은 형제가 넘어질 것 같은 곳에 걸림돌을 가져다 놓고 넘어지기를 기다립니다. 또는 넘어질 것을 알면서도 모른 체합니다. 형제를 비판하고 판단하는 인간에게 이런 추악한 모습이 있습니다.

13절을 통해 성경은 단호하게 두 가지를 말합니다. 첫 번째는, 이제 더 이상 형제를 비판하지 말고 판단하지 말라는 것입니다. 두 번째는, 걸림돌에 다른 사람이 걸려 넘어지기 전에 치우라는 것입니다. 이것이 사랑입니다.

사도 바울은 14절에서 중요한 결론을 내립니다.

내가 주 예수 안에서 알고 확신하노니 무엇이든지 스스로 속된 것이 없으되 다만 속되게 여기는 그 사람에게는 속되니라(롬 14:14).

어떤 사람들은 제사 음식을 가지고 이것은 제사 음식이니까 귀신이 있을 것이라고 생각합니다. "고기는 먹어서는 안 되고 채소는 먹어도 된다"는 율법을 만들어 놓았습니다. 그러나 바울은 음식 자체가 속된 것이 아니라, 그 음식을 속되다고 말하는 그 사람이 속된 것이라고 말합니다. 아주 놀라운 원리입니다.

속되다고 여기는 자

돈도 그렇습니다. 돈을 잘못 쓰는 사람이 나쁜 것이지 돈 자체가 나쁜 것은 아닙니다. 그러나 우리는 모든 것들에 대해 율법과 전통, 제도를 만들어서 인간을 그것들의 노예로 만듭니다. 이 모든 문제는, 성경과 하나님의 기준으로 보지 않고 자기 기준으로 본다는 것입니다. 니체는 '하나님이 없다'고 말했습니다. 하나님이 죽었습니까? 아닙니다. 니체의 마음속에서 하나님이 죽은 것입니다. 모든 것이 속된 것이 아닙니다. 속되다고 하는 사람에게만 속된 것입니다. 15절을 보십시오.

> 만일 음식으로 말미암아 네 형제가 근심하게 되면 이는 네가 사랑으로 행하지 아니함이라 그리스도께서 대신하여 죽으신 형제를 네 음식으로 망하게 하지 말라(롬 14:15).

주님은, 누군가가 미워하는 그 형제를 위해서도 십자가에 못 박혀 돌아가셨다는 사실을 기억하십시오. 인간의 오만은 '나만 사랑하라'는 것입니다. 다른 사람을 사랑하면 기분이 나빠집니다. 사람들은 자기만 특별한 대우를 받고 싶어 합니다.

그러나 하나님은 그 사람도 사랑하십니다. 우리의 사랑은 누군가를 더 사랑하거나 덜 사랑하는 데 문제가 있습니다. 예수님을 믿는 사람들은 더 사랑하는 것도, 덜 사랑하는 것도 없어야 합니다. 더 사랑하면 감정이 들어갑니다. 감정이 들어가면 상처가 생기게 마련입니다. 예수 그리스도 안에서 온전한 자유와 평화와 기쁨이 있는 사람이 진짜 예수님을 믿는 사람입니다.

하나님의 나라는 전통이나 제도나 방법이나 습관이 아닙니다.

> 그러므로 너희의 선한 것이 비방을 받지 않게 하라 하나님의 나라는 먹는 것과 마시는 것이 아니요 오직 성령 안에 있는 의와 평강과 희락이라(롬 14:16 - 17).

하나님의 나라는 의와 평강과 기쁨이 있습니다. 먹고 마신다고 행복해지지 않습니다. 행복은 배부른 데서 시작되지만 그것이 끝은 아닙니다. 음식을 잘 먹으면 기분이 좋습니까? 가끔 그렇습니다. 그러나 대개 지나치게 많이 먹고 나면 기분이 나빠지고 후회합니다. 거기에 하나님의 나라가 있지 않습니다. 배부르다고 행복해지지 않습니다. 동물은 그럴 수 있지만 인간은 그렇지 않습니다.

의와 평강과 기쁨의 나라

이 세상은 의로운 것보다는 이익을 추구합니다. 이익이 선이라고 말하지만, 사실 그렇지 않습니다. 의롭게 살아야 합니다. 정직하게 살아야 합니다. 하나님의 나라는 의와 평강과 기쁨이 있습니다.

우선, 하나님의 나라는 평강이라고 말했습니다. 평강의 반대되는 개념은 투쟁입니다. 오늘날 우리 사회는 투쟁과 폭력으로 물들었습니다. 저는 아무리 이유가 선하다고 할지라도 투쟁하는 일에는 동의할 수 없습니다. 투쟁의 목표는 이익을 쟁취하는 것입니다. 그것이 고용주가 되었든 노동자가 되었든, 자기 이익을 위해 남을 죽이고 투쟁하는 것은 옳은 일이 아닙니다. 같이 잘 살아야 합니다. 그리고 방법은 평화로워야 합니다. 하나님의 나라는 평강입니다. 투쟁과 폭력이 아닙니다.

어떤 사람이 훔친 물건을 손에 가득 쥐고서, 긴장과 불안과 초조함 가운데 서 있다고 생각해 보십시오. 그 사람의 얼굴에는 절대로 평화가 있을 수 없습니다. 남의 물건을 훔친 사람은, 맛있는 음식을 먹어도 평화가 없고 밍크코트를 입어도 평화가 없습니다. 훔친 비싼 시계를 차 봐야 가슴만 두근거립니다. 평화가 없습니다. 땀 흘려 노력한 자에게만 평강이 있습니다. 하나님의 나라는 먹고 마시는 것이 아니라 의와 평강과 기쁨입니다.

요즘 우리 사회는 기쁨을 추구하지 않고 쾌락을 추구합니다. 쾌락을 추구하는 사회에는 영적인 기쁨이나 보람, 감사, 감격이 없습니다. 오늘 현대인의 눈에는 눈물이 없습니다. 모든 것이 부유해지면 인간들은 감사를 잃어버립니다. 배고파야 감사가 있습니다. 부족해야 귀한 줄 압니다. 쾌락을 추구하는 사회가 아니라 기쁨이 넘치는 사회, 투쟁과 폭력이 있는 사회가 아니라 평화가 있는 사회, 불의와 이익만이 있는 사회가 아니라 하나님의 공의와 정의가 강물처럼 흐르는 사회가 우리가 추구해야 할 사회입니다. 하나님을 믿는 사람들이 바라보아야 할 사회입니다.

> 이로써 그리스도를 섬기는 자는 하나님을 기쁘시게 하며 사람에게도 칭찬을 받느니라(롬 14:18).

하나님의 의와 평강과 기쁨을 누리는 사람은, 하나님께 축복을 받고 사람에게도 칭찬을 받는 사람입니다. 하나님께 복을 받고, 사람에게도 칭찬받는 사람들이 되기를 축원합니다.

칭찬받는 것은 좋은 일이지만 그것보다 중요한 것은 누구에게 칭찬을 받느냐 입니다. 깡패나 도둑에게 칭찬받는 것은 좋은 일이 아닙니다. 하나님으로부터 칭찬을 받으십시오. 저는 어렵고 고통스러운 시대에 교회가 무엇을 어떻게 해야 할까 생각합니다. 교회가 이 나라에서 무슨 역할을 해야 하고 목사는 무슨 역할을 해야 할까, 잠을 설치면서 고민합니다. 대답은 명료했습니다. 온 국민으로 하여금 회개하게 하고 하나님 앞에 겸손히 돌아오게 하는 일입니다. 하나님의 의가 지배하는 사회, 하나님의 평화가 있는 사회, 쾌락이 아니라 영적 기쁨과 정신적 가치를 인정하는 사회로 만들어야 합니다. 이것은 우리의 숙제입니다.

> 그러므로 우리가 화평의 일과 서로 덕을 세우는 일을 힘쓰나니 음식으로 말미암아 하나님의 사업을 무너지게 하지 말라 만물이 다 깨끗하되 거리낌으로 먹는 사람에게는 악한 것이라 고기도 먹지 아니하고 포도주도 마시지 아니하고 무엇이든지 네 형제로 거리끼게 하는 일을 아니함이 아름다우니라(롬 14:19-21).

우리가 이 민족의 평화의 제물이 되었으면 좋겠습니다. 교회가 세상에 덕을 세우는 모습이 회복되었으면 좋겠습니다. 화평하게 하는 일과 덕을 세우는 일에 힘쓰고, 음식으로 인하여 하나님의 사업을 무너지게 하지 마십시오. 전통이나 제도나 방법으로 하나님의 일을 무너뜨리지 마십시오.

만물이 모두 정하게 창조되었는데 거리낌으로 먹는 사람이 문제입니다. 그렇게 만든 것은 인간입니다. 아무리 겉치레를 아름답게 해 봐야 인간의 내부는 썩는 것입니다. 칼빈이 말한 대로 인간의 내부는 악의 제조 공장입니다. 가만히 놔두면 썩어 버리고 부패하는 것이 인간의 본성과 이성입니다.

먹는 문제 때문에, 즉 음식으로 인하여 하나님의 사업을 무너뜨리지 마십시오. 고기를 먹느냐 먹지 않느냐에 문제가 있는 것이 아닙니다. 형제를 시험 들게 하지 마십시오. 이것이 중요합니다.

이 모든 말씀은 7절에서부터 시작됩니다. "우리 중에 누구든지 자기를 위하여 사는 자가 없고 자기를 위하여 죽는 자도 없도다." 기준이 무엇입니까? 내가 기분이 나쁘면 그 일은 악이고 내가 기분이 좋으면 의라고 생각하는 것입니다.

무엇이 기준인가

왜 형제를 미워하고 비판합니까? 자기가 기준이 되기 때문입니다. 그러나 성경은 "너도 심판을 받아야 한다"고 말합니다. 그러므로 자기를 기준으로 삼지 말고 하나님을 기준으로 삼으십시오. 하나님도 이렇게 생각하시는가, 성경도 이렇게 말하는가를 생각하십시오.

화를 내고 소리 지르는 일이 성경에 있으면 그대로 하십시오. 그러나 그것이 성경에 없다면 하지 마십시오. 형제를 비판하지 말고 잘난 척하지 마십시오. 이것이 성경의 메시지입니다. 자기중심으로 하지 말라는 뜻입니다.

7절에서 "자기를 위하여 살지 말라"고 하는 것입니다. 다른 사람을 기쁘게 하라는 것입니다. 모든 남편들은 아내를 위해 사는 것입니다. 아내를 기쁘게 하는 일이라면 무엇이든지 다 하십시오. 빨래하라고 하면 빨래하고 아기 보라고 하면 아기 보고 그러면 됩니다. "날 뭘로 알고 그러냐"고 말하지 마십시오. 또한 아내들은 "나는 남편의 종이요" 하면서 살고, 목사는 "나는 성도들의 종이요" 하면서 살라는 것입니다. 자기 자존심, 체면이 문제입니다. 나를 기준으로 생각하지 말고 상대의 기준으로 생각하십시오. 그 사람이 좋으면 좋은 것이라고 생각하십시오.

갈라디아서는 "내가 그리스도와 함께 십자가에 못 박혔나니 그런즉 이제는 내가 사는 것이 아니요 오직 내 안에 그리스도께서 사시는 것이라 이제 내가 육체 가운데 사는 것은 나를 사랑하사 나를 위하여 자기 자신을 버리신 하나님의 아들을 믿는 믿음 안에서 사는 것이라"(갈 2:20)라고 말씀합니다. 성숙한 그리스도인은 여기까지 이르러야 합니다.

우리는 로마서 12장에서 "자기 몸을 하나님이 기뻐하시는 산 제물로 드리라"는 말씀을, 13장에서는 "원수까지 사랑하고 너를 핍박하는 자를 저주하지 말고 축복하라"는 말씀을 들었습니다. 그런데 14장에 와서는 아예 기준을 바꾸어, 내 기준으로 살지 말고 상대방의 기준으로 살라고 합니다.

'사나 죽으나'라는 말은 이미 죽었다는 뜻입니다. "나는 이미 죽었다"는 말입니다. 22절을 보십시오.

네게 있는 믿음을 하나님 앞에서 스스로 가지고 있으라 자기가 옳다 하는 바로 자기를 정죄하지 아니하는 자는 복이 있도다(롬 14:22).

이런 믿음의 소신을 가진 사람은, 복이 있고 자유가 있습니다. 기준을 바꾸어 살기 때문에 나를 괴롭힐 사람은 아무도 없습니다.

여러분은 인기 만점일 것입니다. 왜냐하면 상대방 기준으로 살기 때문입니다. 어느 위원회에 가든지, 어느 순모임에 가든지, 어느 봉사직에 가든지, 시키는 대로 하겠다고 말한다면 천국을 맛보게 될 것입니다.

의심하고 먹는 자는 정죄되었나니 이는 믿음을 따라 하지 아니하였기 때문이라 믿음을 따라 하지 아니하는 것은 다 죄니라(롬 14:23).

기준을 바꾸십시오. 그리고 믿음으로 하십시오. 그렇게 할 때, 의와 평강과 기쁨이 나타날 것입니다.

27

이웃을 기쁘게 하라

로마서 15:1-6

사도 바울이 로마서 12장 이후에 계속해서 우리에게 주는 메시지는 "그리스도인의 삶은 어떠해야 할 것인가?"입니다. 12장에서 말하고 있는 그리스도인의 삶은, 우리 몸을 하나님이 기뻐하시는 거룩한 산 제물로 바치는 것입니다. 13장에서는 위에 있는 권세들에게 순종하는 것이라고 말합니다. 14장에서는 믿음이 연약한 자를 비판하지 않고 돌보는 것이라고 합니다.

연약한 자를 도우라

로마서 15장에서는 무엇이라고 말하고 있습니까?

> 믿음이 강한 우리는 마땅히 믿음이 약한 자의 약점을 담당하고 자기를 기쁘게 하지 아니할 것이라(롬 15:1).

사도 바울은 진정으로 예수님을 믿는다면 자기를 위해서 살지 말라고 명령하고 있습니다. 자기 자신을 기쁘게 하기 위해서 우리가 존재하는 것이 아니라는 말입니다. 예수님을 믿는 우리가 존재하는 이유는 하나님의 영광을 위해서입니다. 그리고 이 세상에 버려진 수많은 영혼들과 가난한 영혼들과 외로운 영혼들을 돌보고 사랑하라고, 하나님이 우리에게 시간과 돈과 모든 것들을 허락하셨습니다.

믿음이 강한 우리는 마땅히 연약한 자의 약점을 담당하고 자신을 기쁘게 하기 위하여 살지 말 것을 강조하고 있습니다.

모든 문제는 자기만 해결되면 됩니다. 결국 문제는 자신입니다. 싸움은 마귀와의 싸움이 아니고 자기와의 싸움입니다. 우리는 마귀와 싸워서 이길 수 있습니다. 그러나 패배하는 이유는 우리 자신이 자기 안에서 먼저 무너지기 때문입니다.

예수님은 "누구든지 나를 따라오려거든 자기를 부인하고 자기 십자가를 지고 나를 따를 것이니라"(마 16:24)라고 말씀하셨습니다. 예수님을 믿는 사람들의 삶의 열쇠는 무엇입니까? 자기를 부인하는 삶입니다. 자기를 십자가에 못 박는 것입니다. 우리의 모든 문제는 자기 자신이 죽지 않아서, 깨지지 않아서 생기는 것입니다.

자기 자신이 다 깨지기를 축원합니다. 로마서 15장 1절에서 우리는 두 가지를 배우게 됩니다.

첫 번째는 강한 자가 마땅히 약한 자의 약점을 담당해야 한다는 것입니다. 우리에게 있는 강한 믿음은 자랑하라고 주신 것이 아닙니다. 우리에게 은사와 능력을 주신 것은 자랑하라고 주신 것이 아니라 봉사하라고 주신 것입니다.

왜 우리가 믿음이 연약한 자의 약점을 담당해야 합니까? 세상에서는 강한 자가 판을 칩니다. 그리고 강한 자가 존재할 수 있는 것은 약한 자의 약점을 이용하기 때문입니다. 형제의 약점이나 아내의 약점을 이용해서 장난하지 마십시오. 남편의 약점을 가지고 말하지 마십시오. 그런 행동은 예수님을 믿지 않는 사람들이나 하는 것입니다. 약점이 있다면 보호하십시오. 그 약점은 우리가 사랑해야 할 부분입니다.

왜 우리는 연약한 형제의 약점과 치명적인 상처를 보호해야 합니까? 예수님이 그렇게 하셨기 때문입니다. 도덕 때문에 그런 것이 아닙니다. 휴머니즘 때문에 그런 것이 아닙니다. 선행이나 윤리 때문에 다른 사람을 도와주라는 것이 아니라, 예수님이 그렇게 하셨기 때문에 하라는 것입니다.

이것이 복음입니다. 예수님은 우리의 연약함을 아시고 사랑하셨습니다. 예수님은 우리가 죄인임을 알고도 사랑하셨습니다. 예수님은 우리의 죄를 대신 지셨고, 우리의 질병과 절망도 대신 짊어지셨습니다.

만약 예수님이 우리의 약점을 파고들었다면 우리는 살길이 없었을 사람들입니다. 예수님이 우리의 죄나 실수를 지적하시고 심판하셨다면 이곳에 살아남을 사람은 하나도 없습니다. 모두 다 예수님이 눈감아 주시고, 못 본 척하시고, 안 들은 척해 주셨기 때문에 우리가 여기에 있는 것입니다.

우리가 그렇게 은혜로 말미암아 용서를 받았으니, 우리도 연약한 형제를 도와주라는 것입니다. 연약한 점을 비판하지 말고 감싸 주라는 것이 로마서 14장과 15장에서 반복해서 우리에게 말씀하 시는 내용입니다.

우리가 약한 자를 도와주면 그때부터 예수님을 느끼기 시작합 니다. 이것은 중요한 사실입니다. 우리가 누군가를 조건 없이 용서 한다든지 그 사람의 약점을 덮어 주면, 놀랍게도 바로 그 순간 가 슴속에 예수님이 살아 계신 것을 느낍니다. 우리가 아무리 좋은 말 과 옳은 말로 비판해도 그곳에는 예수님이 계시지 않습니다.

자기를 기쁘게 하지 말라

1절에서 발견하는 두 번째 메시지는, 자기를 기쁘게 하지 말라는 것입니다. 우리가 좋은 옷 입는 것, 학교에 가는 것 등은 모두 자신 을 기쁘게 하는 행위입니다. 반지가 예쁘니 안 예쁘니, 화장품이 내 얼굴에 맞느니 안 맞느니 하는 것도 자기를 기쁘게 하는 행동들 입니다.

남편은 아내를 기쁘게 하기 위해 존재합니다. 또 남편을 기쁘게 하기 위해 아내가 존재합니다. 그 사실을 믿을 때 가정에 평화가 옵니다. 성경은 말합니다. "너를 기쁘게 하지 말라. 너의 쾌락을 위 해 살지 말라." 왜냐하면 예수님이 그렇게 하셨기 때문입니다.

베드로전서는 "이를 위하여 너희가 부르심을 받았으니 그리스도도 너희를 위하여 고난을 받으사 너희에게 본을 끼쳐 그 자취를 따라오게 하려 하셨느니라"(벧전 2:21)라고 말씀합니다. 또 다음 말씀을 보십시오.

> 우리 각 사람이 이웃을 기쁘게 하되 선을 이루고 덕을 세우도록 할 지니라(롬 15:2).

기쁘게 하는 데에도 법칙이 있습니다. 선을 이루고 덕을 세우라는 것입니다. 다른 사람을 도와준다고 술집에 데려가서는 안 됩니다. 남을 기쁘게 한다고 도박장에 데려가면 안 됩니다. 그것은 선을 이루는 것도 아니고 덕을 세우는 것도 아닙니다. 남을 도와주되 선을 이루고 덕을 세워야 합니다. 그 이유는 예수님이 자기를 기쁘게 하지 않으셨기 때문입니다.

> 그리스도께서도 자기를 기쁘게 하지 아니하셨나니 기록된 바 주를 비방하는 자들의 비방이 내게 미쳤나이다 함과 같으니라(롬 15:3).

왜 우리가 남에게 선을 베풀고 약자를 도와주고 가난한 자를 도와줍니까? 세상 사람들은 자비심과 도덕심으로 '약한 사람을 돕는 것은 좋은 일이지, 노인들을 돕는 것은 좋은 일이지'라고 생각합니다. 그들은 도덕성에 기초해서 그런 선행을 하지만, 성경은 '예수님이 그렇게 하셨기 때문'에 우리가 그렇게 해야 한다고 말합니다.

왜 우리는 자기를 기쁘게 하면 안 됩니까? 예수님이 자기를 기쁘게 하시지 않았기 때문입니다. 예수님은 자기를 위해서는 십자가를 지실 필요가 없었지만, 우리를 위해서 십자가를 지셨습니다. 따라서 다른 사람을 위해 고생할 때 '왜 내가 이런 고생을 하는가'라고 생각하지 마십시오. '왜 나만 해야 하는가'라는 생각도 하지 마십시오. 우리가 그 일을 하게 된 것도, 손해 보는 것도 축복입니다. 다른 사람은 다 떠나고 당신 혼자 남아서 청소하게 되는 것도 축복입니다. 예수님이 그렇게 하셨습니다.

자신을 기쁘게 하면서 살지 말고 자식들과 부모님을 기쁘게 해 드리면서 사십시오. 이 목적을 가지고 사십시오. '내가 회사를 다니는 목적은 사장을 돕기 위해서다'라고 생각하십시오. 그러면 우리에게 복이 옵니다. 과분하게 일하십시오. 정해진 시간만 일하지 말고 시간을 초과해서 일하십시오. 그러면 복이 옵니다. 성경의 놀라운 진리입니다. 예수님은 자기를 위하여 기쁘게 하시지 않았습니다.

베드로전서는 "그는 죄를 범하지 아니하시고 그 입에 거짓도 없으시며 욕을 당하시되 맞대어 욕하지 아니하시고 고난을 당하시되 위협하지 아니하시고 오직 공의로 심판하시는 이에게 부탁하시며 친히 나무에 달려 그 몸으로 우리 죄를 담당하셨으니 이는 우리로 죄에 대하여 죽고 의에 대하여 살게 하려 하심이라 그가 채찍에 맞음으로 너희는 나음을 얻었나니"(벧전 2:22-24)라고 말씀합니다.

예수님은 "여우도 굴이 있고 공중의 새도 거처가 있으되 인자는 머리 둘 곳이 없다"(마 8:20)라고 말씀하셨습니다. 셋방에 사는 것을 감사하십시오. 자기 집이 없다는 것을 너무 불평하지 마십시오. 예수님은 그런 셋집도 없으셨습니다.

내 것은 모두 남의 것

예수님은 자기 시간도 없이 철저하게 빼앗긴 삶을 사셨습니다. "내 시간이 없다. 내 공간이 없다"고 말하지 마십시오. 그것이 정상입니다. 내 것은 모두 남의 것입니다. 이것이 하나님을 믿고 사는 삶입니다. 그러한 축복이 우리에게 있기를 바랍니다.

누군가에게 나의 건강도, 시간도 빼앗기는 삶, 사랑의 착취를 당하면서 사는 삶이 그리스도인의 삶입니다. 하나님 섬기다가 죽으면 얼마나 좋습니까? 배부르게 살다가 좋은 곳에서 고통 없이 죽기를 원하십니까? 그것도 복일 수 있지만, 십자가에서 죽을 수 있다면 그것이 가장 큰 복입니다. 복음을 전하다가 죽을 수 있다면 가장 큰 축복입니다. 그분만을 위한다면 병들어 죽어도 좋습니다.

무엇이든지 전에 기록된 바는 우리의 교훈을 위하여 기록된 것이니 우리로 하여금 인내로 또는 성경의 위로로 소망을 가지게 함이니라(롬 15:4).

예수님은 왜 십자가를 지셨을까요? 우리에게 소망을 주시려 함이었습니다. 예수님만 계시면 절망 가운데서도 소망이 있습니다.

우리 민족이 이제 정신 차리고 있습니다. 곳곳에서 "이렇게 살면 안 된다. 우리는 너무나 분수에 넘치게 살았다"라고 하면서 전 국민적으로 허리띠 졸라매고 살기 위해 노력하고 있습니다.

위대한 국민 없이 어찌 위대한 정부가 있을 수 있습니까? 위대한 정부는 위대한 정치가들이 만드는 것이 아니라 위대한 국민이 만드는 것입니다. 우리 국민이 겸손하게 자기를 낮추고 채찍질하면서 검소하게 살면 경제적 어려움은 곧 극복할 것입니다. 온 국민이 모두 긴장하고 회개하려고 하는 이것이 축복 아니겠습니까?

가난하면 축복이 옵니다. 북한은 배고파서 망한 민족이 되었고 우리는 배불러서 망한 민족이 되었습니다. 우리는 배고파야 합니다. 사람만 죽지 않으면 됩니다. 우리 하나님은 어떤 하나님이십니까?

이제 인내와 위로의 하나님이 너희로 그리스도 예수를 본받아 서로 뜻이 같게 하여 주사 한마음과 한 입으로 하나님 곧 우리 주 예수 그리스도의 아버지께 영광을 돌리게 하려 하노라(롬 15:5-6).

우리 하나님은 기다리시는 분입니다. 위로하시는 분입니다. 우리에게 산 소망을 갖게 하신 그리스도를 본받아 하나님께 영광을 돌리는 그런 복된 삶이 임하기를 바랍니다.

가든지 보내든지

성만찬식을 생각해 봅시다. 예수님은 떡을 떼어 주시면서 "이것은 너희를 위하여 주는 내 몸이라" 하셨습니다. 포도주 잔을 드시면서 "이것은 죄 사함을 얻게 하려고 많은 사람을 위하여 흘리는 바 나의 피 곧 언약의 피니라"고 말씀하셨습니다(막 14:22-24 참조).

그때 우리는 예수님의 피와 살을 먹습니다. 이에 대해 사도 바울은 이렇게 말하였습니다. "너희가 이 떡을 먹고 이 잔을 마실 때마다 주의 죽으심을 오실 때까지 전하는 것이니라"

예수 그리스도의 죽음을 전하는 것이 무엇일까요? '선교'입니다. 예수님의 복음을 한 번도 들어 보지 못한 종족에게 가서 전하는 것입니다. 훈련된 선교사가 가야 합니다. 그 사람들이 올 수 없고 예수님을 알아서 믿을 수 없으니, 우리가 그 사람들에게 찾아가야 합니다. 언어가 통하지 않고, 문화가 다르고, 음식이 안 맞고, 풍토병이 있고, 도와주는 사람도 없지만 그 속으로 들어가서 예수 그리스도를 전해야 합니다.

예수 그리스도의 죽으심을 오시는 그날까지 전하는 것이 성만

찬입니다. 그 축복이 우리에게 있기를 바랍니다. 우리를 뒤덮고 있던 모든 어둠의 세력들이 다 물러가기를 축원합니다. 병들이 떠나가고 우리 몸속의 피들이 예수의 피로 바뀌기를 축원합니다.

"주님, 나에게 당신의 피를 주시고 당신의 살을 주시사 내 안에 숨어 있는 죄악들이 물러가게 하시고 어둠의 세력들이 다 떠나가게 하시고 나쁜 것들이 다 물러가게 해 주시옵소서. 내 생애를 통하여, 직접 가든지 보내든지, 그리스도의 죽음을 증언하는 증인으로 살게 해 주시옵소서"라고 기도하십시오. 그리스도의 피와 살이 여러분에게 증거가 될 것입니다.

28

서로 용납하는 이유

로마서 15:7-16

강한 자는 약한 자의 약점을 마땅히 보호하는 사람이 되어야 하고, 자기를 기쁘게 하는 것이 아니라 이웃을 기쁘게 하는 삶을 살아야 한다는 것이 앞 장의 메시지였습니다. "서로를 용납하고 서로를 비판하지 말고 감싸 주어라." 이것이 그리스도인의 진정한 삶이라는 것입니다.

이번 장의 본문을 통해 하나님이 우리에게 주시는 메시지는 "너희도 서로 받으라"입니다. 나와 다른 사람, 내가 싫어하는 사람일지라도 받아들이고 용납하라는 것입니다.

> 그러므로 그리스도께서 우리를 받아 하나님께 영광을 돌리심과 같이 너희도 서로 받으라(롬 15:7).

그렇다면 우리는 왜 서로를 용납하고 받아들여야 합니까? 사도 바울은 그 원리를 이렇게 설명하고 있습니다.

하나님은 자격도 없고, 실수도 많고, 부족하고, 용서받을 수 없는 죄를 지은 우리를 받아 주셨습니다. 예수님은 우리의 죄를 못 본 척하시고 못 들은 척하시며 우리를 받아 주셨습니다. 이렇게 하나님이 우리를 받아 주시고 용서해 주셨다면, 우리가 우리보다 연약한 사람을 이해해 주고 사랑해 주는 것이 마땅하다는 것입니다. "서로 받아 주어라. 다른 사람을 거부하거나 비판하거나 정죄하거나 업신여기지 말아라."

최근 우리나라에서는 돈 있는 사람들이 얼마나 과시를 많이 했는지 모릅니다. 그 누구보다도 비싼 옷을 입고 폼잡고 다니는 것이 행복인 줄 아는 이들이었습니다. 그러나 그것은 잘못된 것입니다. 자신보다 못 입고 못 먹는 사람을 이해하고 사랑하고 받아 주어야 합니다. 이런 모습이 정말 예수님을 믿는 사람들의 모습입니다.

14장에서 "형제를 받아들이고 형제를 비판하지 말라, 형제를 업신여기지 말라, 강한 자는 약한 자를 보호하라"고 한 것은, 세상에서 우리가 흔히 듣는 도덕과 윤리 때문이 아닙니다. 가난한 자와 불쌍한 자를 돕는 것은 세상에서도 당연한 윤리입니다. 그러나 성경은 그 윤리에 기초해서 말하고 있지 않습니다.

성경이 우리에게 이렇게 말하는 것은 예수님이 그렇게 하셨기 때문입니다. 이것은 윤리가 아니라 복음입니다. '믿음이 강한 자는 약한 자의 약점을 마땅히 도와야 한다'는 말을 계속하는 이유는 9절에 나와 있습니다.

이방인들도 그 긍휼하심으로 말미암아 하나님께 영광을 돌리게 하려 하심이라 기록된 바 그러므로 내가 열방 중에서 주께 감사하고 주의 이름을 찬송하리로다 함과 같으니라(롬 15:9).

　구원받은 유대인들은 이방인들을 거부했습니다. "구원은 우리만 받은 것이다. 이방인들은 하나님의 구원을 받을 수 없는 사람들이다. 그들은 깨끗하지 못한 개와 같은 자들이다"라며 이방인들과 함께하지 않았습니다.

　유대인들은 선민의식에 도취해서 살았던 사람들입니다. 그들은, 하나님이 이스라엘 백성을 그렇게 두셨던 이유가 이방인들을 구원하는 도구로 쓰시기 위해서였음을 알지 못했습니다. 하나님을 자신들만을 위한 하나님으로 착각했던 것입니다. 바울이 살던 시대에는 이런 생각이 너무도 뿌리 깊었습니다.

구원의 도구, 이스라엘

이스라엘을 하나님이 택하신 목적은 이방인들을 구원하기 위한 것이었습니다. 로마서에서는 심지어, 이방인들을 구원하기 위하여 이스라엘을 넘어지게 하셨다고 말합니다. 하나님은 이스라엘의 꺾어짐으로 인하여 이방인들이 구원을 받도록 이스라엘을 사용하셨습니다. 이스라엘이 넘어지지 않고 하나님을 배신하지 않았더라면 복음이 이방인에게 들어갈 수 없었을 것이라고 말합니다. 이스라엘이 복음을 거부함으로써 그 복음이 이방으로 들어가게 하셨다는 것입니다.

"서로 용납하라"는 말의 더 깊은 뜻은 이방인을 용납하라는 것입니다. 받아들일 수 없는 이방인들을 이해하고 사랑하고 용납하라는 것입니다. 그들을 저주하거나 박해하거나 괴롭히지 말라는 것입니다. 하나님이 말씀하십니다. "나는 이스라엘을 사랑하지만 이방인들도 사랑하노라." 이 두 그룹이 서로 인정하고 용납하라는 것입니다.

사도 바울이 가장 강조하고 있는 것은 바로 '이방인의 구원'입니다. 하나님은 이방인을 사랑하셨다는 것입니다. 하나님은 이방인을 위해서도 십자가에 못 박혀 돌아가셨습니다.

> 내가 말하노니 그리스도께서 하나님의 진실하심을 위하여 할례의
> 추종자가 되셨으니 이는 조상들에게 주신 약속들을 견고하게 하시
> 고(롬 15:8).

이 말씀에 따르면, 유대인들이 구원을 받은 것은 하나님이 조상들, 즉 아브라함과 이삭과 야곱과 맺은 약속 덕분이었습니다. 그것 때문에 구원을 받게 된 것입니다. 그러면 이방인들은 어떻게 구원을 받게 되었습니까? 9절 말씀에 그 답이 나와 있습니다. "이방인들도 그 긍휼하심으로 말미암아 하나님께 영광을 돌리게 하려 하심이라 기록된 바 그러므로 내가 열방 중에서 주께 감사하고 주의

이름을 찬송하리로다 함과 같으니라."

이방인들은 믿음의 조상이 없습니다. 약속도, 율법도 없습니다. 그러나 이스라엘 백성에게는 약속도 있고 메시아도 있고 구원도 있고 성막도 있습니다. 하나님이 다 주셨습니다. 이스라엘 민족은 그것을 받고 너무도 자부심을 가졌습니다. 그래서 하나님을 자신들만의 하나님으로 착각했습니다. 하나님이 그들에게 이런 축복을 주신 것은 그 축복을 통하여 다른 이방인들을 구원하라는 뜻이었는데, 유대인들은 "하나님은 우리 것이다"라고 주장하였습니다.

긍휼로 구원받은 이방인

이방인들은 이스라엘 백성처럼 약속의 조상들이 없었습니다. 너무나 놀라운 것은 그들의 구원이 오직 하나님의 긍휼하심 때문이라는 것입니다. 이방인들은 구원에 대해 전혀 준비되지 않은 사람들, 자격이 없는 사람들이었지만 하나님의 은혜로 구원받은 것입니다. 이스라엘은 조상과의 약속, 율법의 약속으로 구원받았지만 이방인은 긍휼로 말미암아 공짜로 구원받았습니다. 은혜는 이방인에게 더 많습니다.

대부분의 사람들은 "내 가족만 사랑해 달라"는 식의 지나친 가족 중심적 삶을 삽니다. 그러나 하나님은 나뿐만 아니라 다른 사람도 구원하셨다는 사실을 잊어서는 안 됩니다. 나보다 못하고 형편

없는 것처럼 보이는 사람들도 구원하셨다는 것을 잊지 말아야 합니다. 하나님이 나를 사랑하시듯이 다른 사람들도 사랑하심을 잊지 말아야 합니다.

그리스도인은 나보다 다른 사람이 더 사랑받는 것을 좋아해야 합니다. 그런데 우리는 다른 사람을 자신과 똑같이 사랑하면 기분 나빠 합니다. 그리고 내게 주신 사랑의 소중함을 잊어버리는 경우가 많습니다. 이런 사람들에게 하나님이 경고하십니다. "서로 받아들여라. 다른 사람을 사랑해 주는 것을 더 기쁘게 여겨라. 다른 사람이 잘되는 것을 더 기쁘게 여겨라"고 말씀하십니다.

이스라엘은 하나님이 이방인들도 사랑하셨다는 사실을 매우 기분 나쁘게 생각했습니다. 그리고 사도 바울이 이방인들에게 복음을 전해서 그들을 구원하는 것도 기분 나쁘게 생각했습니다. 그리고 지금도 이것을 믿지 않으려고 합니다. 베드로도 환상 중에, 성령님이 보자기를 내려 부정한 짐승을 주면서 "이것을 먹으라"고 하시자 "이런 것은 우리 전통에 의하면 더러워서 먹지 못합니다"라며 거부했습니다. 그렇지만 하나님은 계속 보내셨습니다.

하나님이 먹으라고 하시면 드십시오. '이것은 더럽다' 또는 '그러면 안 된다'라는 식으로 스스로 판단하지 마십시오. 우리가 하나님보다 더 높습니까? 그렇지 않습니다.

사도 바울은 구약의 네 가지 말씀을 인용하면서 하나님이 이방인을 얼마나 사랑하셨는지 말하고 있습니다. 첫째, 9절에서는 시편 18편 49절의 말씀을 인용해서 하나님이 이방인을 사랑하신다고 말씀합니다. "그러므로 내가 열방 중에서 주께 감사하고 주의 이름을 찬송하리로다 함과 같으니라." 여기의 '열방'이라는 말은 이방을 가리킵니다. '모든 나라', '족속', '열방', '방언' 등은 요한계시록에 많이 나오는 말들입니다. 모두 이방인들을 두고 하는 말입니다. 하나님은 이방인들의 찬양을 받고 싶어 하시고 이방인들의 감사를 받고 싶어 하십니다.

둘째, 10절은 신명기 32장 43절을 인용하고 있습니다. "열방들아 주의 백성과 함께 즐거워하라." 마찬가지로 '열방'은 이방인을 말합니다. 하나님은 그 이방인들이 하나님의 백성과 함께 찬양하기를 원하십니다. 이스라엘과 아랍이 같이 찬양하기를 원하십니다.

하나님은 여러분이 원수로 생각하는 이들과 함께 기도하기를 원하십니다. 하나님은 여러분이 싫어하는 사람과 함께 찬송 부르기를 원하십니다. 어떤 사람은 전도하라고 하면 하지 않습니다. 그 사람이 천국에 가는 것이 싫어서 그렇다고 합니다. 여기서 만나는 것도 지겨운데 천국에 가서 또 만나기가 싫다는 것입니다.

그러나 받아들이십시오. 인종이 달라도, 이념이 달라도, 서로 받아들여야 합니다. 하나님의 뜻입니다. 부부 사이도 서로 받아들이십시오. 받아들이지 않으면 이혼하게 됩니다. 허물과 실수가 있어도 받아들여야 합니다. 용납하고 약점을 덮어 주고 연약한 부분을 위해 기도해 주는 것이 바로 부부입니다. 비판하는 것은 부부가 아님니다. 비판은 누구든지 쉽게 할 수 있습니다. 잘못은 누구든지 쉽게 할 수 있는 것입니다. 사랑하는 것이 더 어렵습니다. 용납하는 것이 어렵습니다.

십자가의 복음을 진정 깨달은 사람이라면 하나님이 자신을 용납했다는 사실을 기억하십시오. 그리고 사람을 사랑하고 자기 자신을 기쁘게 하기 위하여 살지 마십시오. 자신이 인생의 주인이 되지 말고, 내 안에 그리스도가 사시게 하십시오. 살아도 주를 위해 살고 죽어도 주를 위해 죽는 것입니다.

그리스도인은 더 이상 자기를 위해서 사는 존재가 아닙니다. 주님은 "누구든지 나를 따라오려거든 자기를 부인하고 자기의 십자가를 지고 나를 따를 것"이라고 말씀하십니다.

부부 싸움을 합니까? 자기중심으로 살아가기 때문입니다. "날 기쁘게 해 달라", "내 말을 들으라"는 등 자존심을 내세우고 자기중심적으로 살기 때문입니다. 회사와 세상에서 일어나는 불화도 바로 이런 이유에서 발생합니다. 성경은 그렇게 말하고 있지 않습니다.

셋째는 11절에 나옵니다. 이 구절에서는 시편 117편 1절의 말씀을 인용하고 있습니다. "모든 열방들아 주를 찬양하며 모든 백성들아 그를 찬송하라." 시편에서는 이스라엘뿐만 아니라 모든 백성, 모든 열방, 모든 나라, 모든 방언이 주께 돌아와 찬송하는 것을 볼 수 있습니다.

넷째, 12절에서는 이사야 11장 10절 말씀을 인용하면서, 우리가 사랑하기를 거부한 이방인들을 하나님이 얼마나 사랑하시는지 보여 주고 있습니다. 하나님은 "네가 포기한 그 사람을 내가 포기하지 않는 줄 알라"고 말씀하십니다.

"또 이사야가 이르되 이새의 뿌리 곧 열방을 다스리기 위하여 일어나시는 이가 있으리니 열방이 그에게 소망을 두리라 하였느니라." 이새는 다윗의 아버지입니다. 메시아는 다윗의 가문에서 태어났습니다. 아브라함과 다윗의 자손의 세계라고 하였습니다. 그리고 이스라엘뿐만 아니라 모든 열방을 다스리기 위하여 일어나는 이가 있으리라고 하셨습니다. 열방이 그에게 소망을 두리라고 하셨습니다.

진정한 소망은, 인류의 메시아로 오시는 예수 그리스도께 있다는 말입니다. 그는 이스라엘에게 뿐만 아니라 모든 열방, 모든 나라, 모든 백성, 모든 방언들에게 소망이 된다고 말하고 있습니다.

구약을 보면 메시아의 오심에 대해서 여러 번 말하고 있습니다. 구약을 이해하기 어려운 이유는 메시아 중심으로 보지 않기 때문입니다. 우리가 구약을 읽을 때, 메시아라는 주제를 갖고 창세기부터 읽기 시작하면 말라기까지 흥분하지 않고는 읽을 수가 없습니다. 이사야서와 예레미야서 등에 예수님에 대한 예언이 모두 기록되어 있습니다. 아가서와 에스더서에도 예수님에 관한 이야기가 기록되어 있습니다.

예수님은 온 인류의 하나님이십니다. 이스라엘의 하나님일 뿐만 아니라 모든 이방인들, 미래에 올 모든 인류의 하나님이신 것을 믿으십시오.

그러나 사도 바울 당시에는 하나님이 이방인들도 사랑하신다는 말에 굉장한 거부감이 있었습니다. 바울을 돌로 쳐서 죽이려 할 만큼 거부감이 있었습니다. 그러나 바울은 성경을 인용하면서 "구약의 모든 메시지는 메시아이고 그 메시아는 이방인들을 사랑하셔서 그들이 구원받기를 원하신다. 이방인들을 무시하지 말고 거부하지 말라"고 증언하고 있습니다.

다른 말로 하면, 강한 자가 약한 자의 약점을 감당하라는 것입니다. 형제를 비판하지 말고 도와주라는 것입니다.

> 소망의 하나님이 모든 기쁨과 평강을 믿음 안에서 너희에게 충만하게 하사 성령의 능력으로 소망이 넘치게 하시기를 원하노라(롬 15:13).

우리 하나님은 소망의 하나님이십니다. 하나님을 만난 자마다 소망을 경험합니다. 하나님을 만나면 삽니다. 소망의 하나님이시기 때문입니다.

소망의 하나님

하나님을 만난 자는 깊은 절망에서 헤어날 것이고, 무서운 질병에서 치유될 것이며, 모든 압제와 억압과 고통에서 해방될 것입니다. 소망의 하나님이 계시기 때문입니다. 누구든지 하나님을 영접하고 예수 그리스도를 만나는 자마다 부활과 생명과 기적을 경험하게 될 것입니다. 우리에게 이런 축복이 있기를 바랍니다. 하나님은 소망의 하나님이시기 때문입니다.

참 소망은 예수 그리스도를 통하여 이루어집니다. 그 소망은 십자가에서 완성되었습니다. 소망의 하나님이, 믿음 안에서 예수 그리스도를 통하여 우리에게 모든 기쁨과 평강을 주실 것입니다.

그런데 13절에 굉장히 중요한 내용이 하나 있습니다. 소망의 하나님이 우리에게 주시는 기쁨과 평강과 축복을 어떻게 받아 누릴 수 있는가 하는 것입니다. 바로 '성령의 능력'으로 가능합니다. 이 성령의 능력을 경험하시기 바랍니다.

성령님을 경험하는 것을 '성령 세례'라고 합니다. 성령 세례를 받으려는 사람은, 예수님을 믿고 하나님을 믿음으로써 성령님이 들어오실 수 있는 채널을 가져야 합니다. 예수님을 믿지만 성령님의 채널이 없는 사람이 있습니다. 이런 사람은 자기 힘으로 예수님을 믿습니다. 자기의 힘으로 찬양하고 기도하기 때문에 오래 가지 못합니다. 그리고 영적인 열매가 나타나지 않습니다.

아무리 좋은 자동차도 휘발유가 들어가지 않으면 소용이 없습니다. 휘발유를 넣어야 하는 것입니다. 모든 것이 갖추어져 있어도 연료가 없으면 아무것도 없는 것과 마찬가지입니다. 우리 모두 성령님의 채널을 가지길 바랍니다.

이것이 바로 성령 세례이고 성령의 기름 부음입니다. 이것을 사모하십시오. 그러면 성령님이 내 몸 안에 들어오십니다. 내 몸 안에 들어와서 능력을 만드시는 것입니다. 이것은 마치 물과 같습니다. 맹물 같은 그리스도인도 있습니다. 그러나 물은 열을 가하면 펄펄 끓어서 수증기가 나고, 그 수증기의 힘으로 기차도 움직이고 전력도 만들어 냅니다. 어떤 그리스도인은 기차를 움직이고 전기를 만들어 내는 것처럼 능력이 있는 반면, 어떤 그리스도인은 물은 물인데 가열되지 않아서 그저 맹물에 불과합니다. 우리는 어떤 그리스도인입니까?

예수님은 우리의 힘이십니다. 성령님은 우리의 능력이십니다. 우리 안으로 성령님이 들어가셔서, 그 능력이 에너지로 나타나기를 바랍니다. 그 능력이 기도와 전도와 사랑과 영적인 열매로 나타나는 축복이 있기를 바랍니다.

성령을 사모하라

예수님을 믿어야 하지만, 성령 세례는 성령님을 사모해야 받을 수 있습니다. 성령님을 사모하십시오. "성령님, 사모합니다"라고 바로 지금 말해 보십시오. 이 말 자체가, 성령님께 여러분과 접촉할 수 있는 길을 열어 드리는 것입니다. 금식하라는 말도, 십일조를 내라는 말도 없습니다. 전도하라는 것도 아닙니다. 성령님을 사모하십시오. "성령님, 내 안에 들어오십시오. 성령 세례가 내 안에 있기를 원합니다." 그렇게 말하면, 지금 이 순간부터 성령님의 채널이 뚫리기 시작합니다. 이렇게 간단한데도 많은 사람들이 하지 않습니다. 하나님은 이런 우리의 모습을 보고 안타까워하십니다. 하나님은 우리에게 복 주길 원하십니다. 배에서 생수의 강이 흘러넘치는 것처럼, 우리에게 은혜 주길 원하십니다. 능력 주길 원하십니다. 성령님이 우리 안에 들어가시는 것을 성령 충만이라고 합니다. 충만해야만 능력이 생깁니다. 능력이 있어야만 소망이 있는 것입니다.

그런데 성령님의 출입구인 접촉점이 있어야만 합니다. 그것이 있을 때 성령님이 내 안에 오셔서 역사하시게 됩니다. 성령이 역사하시면 표가 납니다. 바람이 불면 종이가 날아가고 나무가 흔들리지만, 담벼락은 그냥 제자리에 있습니다. 이것처럼 성령의 역사는 사람마다 각기 다르게 나타납니다.

어떤 사람에게 성령의 바람이 불면 손을 들고 기도합니다. 각기 그 모습이 다르다고 시험 들지 마십시오. 또 어떤 사람은 담벼락 같은 사람이 있습니다. 이와 같이 성령의 바람이 불어도 반응이 없는 사람도 있지만, 방언하는 사람도 있고 예언하는 사람도 생깁니다. 다 그 반응이 다를 수 있습니다. 그러나 성령의 바람이 분 것과 그렇지 않은 것은 분명한 차이가 있습니다.

우리에게 성령이 임하시길 바랍니다. 성령의 능력으로, 하나님의 살아 계심과 기쁨과 평안과 능력을 각자의 삶에서 경험하게 되기를 바랍니다. 이 능력이 있을 때 우리는 다른 사람을 사랑할 수 있고 자신보다 못한 사람을 축복하고 격려해 줄 수 있습니다.

성령의 능력으로 소망이 넘치게 되기를 바랍니다. 하나님의 축복이 여러분에게 넘치도록 임하길 바랍니다.

29

복음을 가진 사람들

로마서 15:17-33

로마서의 결론 부분에서 우리는 사도 바울을 만나게 됩니다. 사도 바울은 로마서 9장에서 자기 민족을 향해 절규했었습니다. 선택받지 못한 이방인들은 회개하고 예수님께로 돌아와 구원을 받는데, 선택받은 이스라엘은 메시아와 복음과 구원을 거부하는 것을 생각하자 사도 바울은 죽을 것만 같았습니다(롬 9:1-3 참조).

사도 바울은, 내 민족이 구원받을 수만 있다면 자신은 예수님께 저주를 받아도 좋다고, 천국 생명책에서 자기의 이름이 빠지게 될지라도 자기 민족이 구원받기를 원한다고 절규합니다. 사도 바울의 고통은 사랑하는 자기 민족을 위하여 일할 수 없다는 데 있었습니다. 그는 이방인을 위한 사도로 부름을 받았기 때문입니다.

말하고 싶은 것을 말하고, 하고 싶은 일을 하며 사는 사람은 참으로 행복한 사람입니다. 어렸을 때부터 꿈꾸던 소망을 이룬 사람은 행복한 사람입니다.

당신은 누구인가?

사도 바울의 간절한 꿈은 '민족 구원'이었습니다. 그런데 하나님의 생각은 사도 바울과 전혀 달랐습니다. 하나님은 사도 바울에게 이방인을 위하여 살라고 명령하셨습니다. 은혜란 내가 원하는 삶을 살지 않고 하나님이 원하는 삶을 사는 것을 말합니다.

> 이 은혜는 곧 나로 이방인을 위하여 그리스도 예수의 일꾼이 되어 하나님의 복음의 제사장 직분을 하게 하사 이방인을 제물로 드리는 것이 성령 안에서 거룩하게 되어 받으실 만하게 하려 하심이라 (롬 15:16).

사도 바울은 자기 민족을 구원하는 데 일생을 바쳤으면 좋겠다고 생각했습니다. 그러나 하나님은 이방인을 위해서 순교하는 데 바울의 생애를 바치기를 원하셨습니다.

16절에서 사도 바울은 이스라엘을 구원하고 싶은 것이 자신의 마음이지만, 이방인을 위하여 그리스도 예수의 일꾼이 된 것이 은혜라고 말하고 있습니다. 우리도 자기의 뜻을 이루는 자가 아니라 하나님의 뜻을 이루는 자가 되기를 바랍니다.

사도 바울은 16절에서 자신을 '이방인을 위하여 부름받은 그리스도의 일꾼이요 하나님의 복음의 제사장'이라는 두 가지 직분으로 표현하고 있습니다.

자신을 이렇게 설명할 수 있다는 것은 축복입니다. 많은 사람들의 고민은 자신을 설명하지 못한다는 데 있습니다. 설명할 수 있다고 해도 부족하고 확실하지 않습니다.

우리도 예수님을 믿는 사람들입니다. 만일 "당신은 예수 그리스도의 일꾼이십니까?"라는 질문을 받는다면 "예"라고 대답할 수 있습니까? 자신 있게 대답하는 사람도 있겠지만, 대답하고 싶은데 할 수 없는 이도 있을 것입니다. 이것이 문제입니다.

당신은 복음의 제사장입니까? 당신은 예수 그리스도의 복음의 일꾼입니까? 당신이 어떤 직업을 가졌든, 교회에서 어떤 직분을 받았든, 그런 것은 중요하지 않습니다. 예수님을 믿는 사람이라면 가정에서 일을 하든지 직장에서 일을 하든지, 한국에서 살든지 아프리카에서 살든지 "나는 그리스도의 일꾼이다"라고 말할 수 있어야 합니다.

이 말을 할 수 없기 때문에 우리 인생이 희미하고 불안한 것입니다. 우리의 삶이 분명하지 않고 환경에 따라 흔들리는 것은 이 말을 아직 할 수 없기 때문입니다.

우리에게 예수 그리스도의 일꾼이냐고 물을 때 "저는 대통령인데요, 저는 장관인데요, 저는 사장인데요"라고 대답할지도 모르겠습니다. 하지만 우리가 대통령이든 사장이든 노동자든, 예수님을 믿는다면 예수 그리스도의 일꾼인가가 중요합니다.

바울은 "나는 예수 그리스도의 일꾼이다"라고 자신 있게 말합니다. 여기서 더욱 중요한 것은 '이방인을 위한 일꾼'이라고, 자기가 헌신할 대상을 분명히 한 것입니다.

예수님을 믿는 한 자매가 불교 믿는 집안에 시집을 갔습니다.

제사를 지내야 하고, 예수님을 제대로 믿을 수 없는 환경이었습니다. 그러나 그녀는 "나는 이 집에 보내진 선교사다"라는 생각으로 20 - 30년을 기도하고 기다리며 살기로 다짐합니다. 30년 후에 그 집안이 예수님을 믿는 가정으로 변할 것이라는 분명한 확신을 가지고 있다면 그녀는 그리스도의 일꾼입니다.

직장 생활을 할 때 "하나님이 이 직장에 보내 주셨다. 내 월급을 반으로 줄여도 상관없다. 나는 월급 받으러 온 사람이 아니기 때문이다"라고 말할 수 있다면, 이 사람은 분명한 하나님의 일꾼이요 복음의 제사장입니다.

사도 바울은 이 생각이 분명했습니다. 그는 생애를 이스라엘을 구원하는 데 보내고 싶은 생각이 있었습니다. 이스라엘을 구원하고 싶어 하는 바울의 마음을 이해하지 못한다면 로마서를 이해할 수 없습니다.

이것은 이렇게 비유할 수 있습니다. 한 가정에 딸이 있었습니다. 딸과 아버지와의 관계가 좋아서, 딸은 "나는 시집가지 않고 아버지와 함께 살 거야"라고 말하곤 했습니다. 그러나 성장하여 미국으로 시집을 가야 하는 상황이 되었습니다. 그때 그 딸의 심정이 어떻겠습니까. 바로 이것이 하나님의 마음일 수 있고 사도 바울의 마음일 수 있습니다.

사랑하는 자기 동족을 두고 이방인에게로 가서 복음을 전해야 하는 바울의 기막힌 심정이 로마서에 나와 있는 것입니다.

하나님의 음성을 듣는 자

그렇지만 사도 바울은 자신 같은 사람을 사용해서라도 이방인을 구원하려고 하시는 하나님 아버지의 심정을 알고 있었습니다.

제가 생각나는 사람이 있는데, 1997년 말에 교회를 사임한 강동진 목사님입니다. 당회장인 제 눈치를 보지 않는 자유함이 있는 사람이었습니다. 그가 농촌 목회를 위해 충북 보은으로 떠난다고 했을 때, 저는 이 교회에서 좀 더 일해 달라고 요청했습니다. 그러나 그는 웃으면서 거절했습니다. 웃으면서 거절하는 사람이 무서운 법입니다.

떠나기로 결정하고 교인들에게 인사까지 했지만, 저에게는 그를 향한 미련이 있었습니다. 그래서 다시 한번 설득했습니다. "그곳에 가면 집도 없고 차도 없고 아무것도 없는데 어떻게 살려고 하느냐, 교회에 남아 있으면서 그곳에 파송하는 것으로 하면 되지 않겠느냐"고 말했지만 그는 끝내 거절했습니다. 할 수 없이 저는 잘 가라고 했습니다.

그 목사님은 하나님의 음성을 듣는 사람입니다. 그렇기 때문에 가난도 무섭지 않았고 그 어떤 것도 무섭지 않았던 것입니다. 오직 자기가 해야 할 일은, 3 - 4만 명의 주민이 사는 그 지역에 가서 예수님을 전하는 일이라고 생각한 것입니다. 목사라는 자격을 포기하고 농사꾼이 되겠다는 것입니다.

그분이 그 일을 지나치듯 한 번쯤 생각해 본 것이라면, 그렇게까지 할 수 없습니다. 그것이 하나님의 음성으로 들렸기 때문에 할 수 있는 것입니다. "나는 내 일생을 서울에서 살지 않고 교회가 없는 시골에 가서 살겠다"는 마음은, 하나님이 주시지 않으면 가질 수 없는 것입니다.

그것입니다. 하나님이 주시는 마음이 있다면 흔들리지 않습니다. 환경이 사람을 만드는 것이 아니라 사람이 환경을 만듭니다. 좋은 환경을 쫓아다니고 좋은 조건을 찾아다니면 행복할 것 같지만 결국 불행합니다.

대부분 많은 사람들은, 직업이나 위치가 안정적이고 사무실에서 내 자리가 분명해야 만족합니다. 그것을 빼앗으면 모두 떠나 버립니다. 그러면 안 됩니다. 빼앗겨도 있어야 합니다. 월급을 주지 않아도 있어야 합니다. 그것이 하나님의 뜻이며 하나님의 음성이라면 말입니다. 그런 사람은 어디서든지, 무슨 일이든지 할 수 있습니다. 이 사람이 바로 사도 바울입니다. 그는 자기를 가리켜 '나는 이방인을 위하여 하나님이 특별하게 세워 주신 그리스도의 일꾼이요, 하나님의 복음의 제사장이다'라고 말합니다.

우리에게 이런 믿음이 생기기를 바랍니다. "나는 이 일을 꼭 해야 한다. 내 생명 끝날 때까지 이 일만은 해야 한다. 굶더라도 죽더라도, 하나님이 맡겨 주신 일이기 때문에 하겠다." 이런 마음을 가진 사람은 어떤 경우에도 흔들리지 않는 것입니다.

사도 바울의 목표는 무엇일까요? 그의 목표는 한 가지였습니다.

곧 '이방인을 제물로 드리는 것이 성령 안에서 거룩하게 되어 받으실 만하게 하는 것'입니다(롬 15:16).

사도 바울의 꿈은, 자기의 사랑하는 동족 이스라엘의 구원이 아니라 하나님이 사랑하시는 이방인들에게 가서 복음을 전하고 그 사람들을 제물로 삼는 것이었습니다. 다시 말하면 이방인들 가운데서 선교사와 목사가 나와서, 이방인들에 의해 구원의 축제가 이루어지고 제물로까지 바쳐지도록 하는 것이 바울의 꿈이었습니다. 그래서 그에게는 소위 자존심이 있었습니다. 그 자존심이 무엇인지 아십니까?

그러므로 내가 그리스도 예수 안에서 하나님의 일에 대하여 자랑하는 것이 있거니와 그리스도께서 이방인들을 순종하게 하기 위하여 나를 통하여 역사하신 것 외에는 내가 감히 말하지 아니하노라(롬 15:17-18).

사도 바울은 성령의 능력으로 역사하신 것 외에는 말하지 않겠다고 밝히고 있습니다. 절제하겠다는 말입니다. 말할 줄 몰라서 하지 않는 것이 아닙니다. 요즘도 할 말이 얼마나 많습니까? 그러나 하지 않는 것입니다.

오직 부르심만을

남을 비판하고 욕하는 것이 문제가 아닙니다. 하나님의 일 외에는 하지 않기로 결정하는 것입니다. 다 모른 척하고, 오직 이방인을 위하여 나를 부르신 그것만을 생각하겠다는 것입니다. 고린도전서에서도 사도 바울은 "내가 너희 중에서 예수 그리스도와 그가 십자가에 못 박히신 것 외에는 아무 것도 알지 아니하기로 작정하였음이라"(고전 2:2)라고 표현했습니다.

이것은 반지성적이거나 비지성적인 말이 아닙니다. 오히려 사도 바울은 지성과 학문의 세계, 상식과 합리성의 세계를 뛰어넘고 있습니다. 그에게는 결혼도 중요하지 않았고 어떤 위치에 있는 것도 중요하지 않았습니다.

그는 죄수가 된 적도 있습니다. 갇힌 몸이 되었어도 복음을 위해서라면 아무 갈등이 없었습니다. 감옥에서 그렇게 많은 매를 맞았어도 찬송을 불렀던 사람입니다. 예수 그리스도의 복음 때문입니다.

사도 바울은 지성이 뛰어나고 자의식이 뚜렷한 사람이었지만 모든 것을 포기하겠다고 말하고 있습니다. 어떻게 보면 거세된 사람이요 편협한 사람이라고 말할 수도 있습니다. 다음 말씀을 보면 놀라운 사실 하나를 발견할 수 있습니다.

표적과 기사의 능력으로 성령의 능력으로 이루어졌으며 그리하여 내가 예루살렘으로부터 두루 행하여 일루리곤까지 그리스도의 복

음을 편만하게 전하였노라 또 내가 그리스도의 이름을 부르는 곳에
는 복음을 전하지 않기를 힘썼노니 이는 남의 터 위에 건축하지 아
니하려 함이라(롬 15:19-20).

사도 바울은 복음을 알고 난 후에 자기 자신을 포기한 사람입니
다. 자기가 살던 지역도, 민족도 포기한 사람입니다.

그런데 놀라운 것은, 다른 사람이 전도한 곳에서는 전도하지 않
겠다고 말합니다. 무서운 소리입니다. 복음의 경쟁을 하지 않겠다
는 것입니다. 복음의 개척 정신입니다. 예수님을 들어보지 못한 곳
에만 찾아가겠다는 것입니다.

오늘날 주변을 보면, 예수님 믿는 사람들 사이에서 생기는 기득
권 싸움이 참 많습니다. 사도 바울은 이것을 포기하겠다고 말합니
다. 대부분의 사람들은, 다른 사람이 다 만들어 놓은 곳에 가서 편
히 앉겠다고 생각합니다. 복음은 그런 기득권과 안일함을 거부하
고 개척 정신을 갖는 것입니다. 남이 전도하지 않는 곳, 남이 가 보
지 않은 곳, 처녀지를 향해 가는 것이 복음입니다.

제가 온누리교회를 시작하기 전에, 바로 지금의 이 자리에 땅을
준비했으니 와서 목회를 하라는 초청을 받았었습니다. 그때 많은
고민을 했습니다. 일 년 동안 고민한 것은, 가까운 곳에 충신교회,
영락교회, 사랑의교회 등 교회들이 많이 있는데 왜 여기에 또 교회
를 세워야 되는가 하는 것이었습니다.

'차라리 선교를 하러 나가거나 나를 필요로 하는 곳에 가는 것이 옳지 않겠는가'라고 생각하면서 고민했습니다. 일 년 만에 하나님이 주신 생각은 "다른 사람과 경쟁하는 교회가 아니라 예수님이 의도하셨던 교회, 사도행전에서 보여 주었던 교회가 2천 년이 지난 오늘날에도 가능한가"였습니다. 이 생각을 하자 제 가슴에 불이 일어나기 시작했습니다. 그런 교회라면 한번 해 보겠다는 결심을 하고 온누리교회를 시작한 것입니다.

사도 바울은 다른 사람이 전도한 곳에서는 전도하지 않기로 했습니다. 예수님을 믿지 않는 곳에 가서 자신의 인생을 투자하기 시작했습니다. 많은 사람이 두려워하는 이유는, 미지의 세계로 가야 하고 기득권을 포기해야 하고 안주할 수 없기 때문입니다. 그러나 복음은 그것을 거부합니다.

이제 우리는 로마서의 결론에 도달했습니다. 다음 말씀을 보십시오.

그러므로 또한 내가 너희에게 가려 하던 것이 여러 번 막혔더니 이제는 이 지방에 일할 곳이 없고 또 여러 해 전부터 언제든지 서바나로 갈 때에 너희에게 가기를 바라고 있었으니 이는 지나가는 길에 너희를 보고 먼저 너희와 사귐으로 얼마간 기쁨을 가진 후에 너희가 그리로 보내주기를 바람이라 그러나 이제는 내가 성도를 섬기는 일로 예루살렘에 가노니 이는 마게도냐와 아가야 사람들이 예루살렘 성도 중 가난한 자들을 위하여 기쁘게 얼마를 연보하였음이라 저희가 기뻐서 하였거니와 또한 저희는 그들에게 빚진 자니 만일 이방인들이 그들의 영적인 것을 나눠 가졌으면 육적인 것으로 그들을 섬기는 것이 마땅하니라 그러므로 내가 이 일을 마치고 이 열매를 그들에게 확증한 후에 너희에게 들렀다가 서바나로 가리라 내가 너희에게 나아갈 때에 그리스도의 충만한 복을 가지고 갈 줄을 아노라(롬 15:22-29).

여기에서 두 구절을 주의하여 보십시오. 먼저 23절에 있는 말씀입니다. 바울의 관심은 로마가 아니라 서바나에 있었습니다. 서바나는 지금의 스페인입니다. 당시 세계관에 의하면, 서바나는 지구의 끝이고 죽음의 땅이었습니다. 아무도 가 보지 않은 전설적인 그곳에 누군가 한 사람이라도 있다면, 그 사람에게 예수 그리스도의 복음을 전하기 위해 가야 한다고 생각했습니다. 이 사람이 사도 바울이고 이것이 로마서입니다.

그가 로마에 있는 교인들에게 편지를 쓴 이유는 로마가 좋아서가 아닙니다. 로마는 당시 전 세계의 수도라고 해도 과언이 아니었습니다. 그렇지만 사도 바울은 로마의 유혹에 빠져 있는 사람이 아니었습니다. 그가 로마에 있는 교회에 편지를 쓴 진짜 이유는, 서바나로 가기 전에 로마에 있는 사람들과 교제하고 그들로부터 지원도 받기 위함이었습니다.

한 영혼을 위하여

사도 바울은 1차, 2차, 3차 전도 여행을 마쳤습니다. 그 정도로 일을 했다면 나머지 인생은 기득권에 안주할 수도 있습니다. 만일 우리가 사도 바울이었다면, 원로 목사가 되어 자기가 고생한 만큼 여생을 편안히 지내고 싶어 했을 것입니다.

그러나 바울은 이것을 거절하고 다시 시작하겠다고 말합니다. 지구의 끝이고 죽음의 땅이라고 하는 서바나에 관심이 있고, 그곳에 복음을 전해야 하는 한 영혼이 있다면 거기서 죽겠다는 것입니다.

우리 온누리교회는 복음을 한 번도 들어 보지 못한 사람들인 위구르족, 하니족과 같은 미전도 종족을 입양하고 있습니다. 그들은 우리와 언어와 문화가 다르고 풍토병도 있습니다. 또한 그들을 전도하려면 많은 대가를 치러야 합니다. 그러나 바울을 보십시오. 구원받아야 할 한 사람의 영혼이 있다면 그곳에 가겠다고 말합니다.

28절을 보면 복음은 기득권에 안주하는 것을 원하지 않습니다. 우리는 수고한 대가로 열매를 따 먹는 것이 아닙니다. 처음으로 돌아가서 다시 시작하십시오. 이것이 복음의 개척 정신입니다. 복음을 가진 사람들은 다른 사람이 만들어 놓은 것 위에 앉지 않습니다.

새로 시작해야 합니다. 복음을 기다리는 한 영혼, 한 나라, 한 민족이 있다면, 죽음을 무릅쓰고 거기까지 가서 전해야 합니다.

사도 바울은 30절 이후에 세 가지 기도 부탁을 합니다. 첫 번째는, 전도하고자 하는 그 지역 사람들이 예수님을 믿도록 기도해 달라고 부탁하고 있습니다. 두 번째 부탁은 이방인들이 바울에게 헌금을 했는데 그 헌금으로 인해 오해를 사지 않도록 해 달라는 것이었습니다. 세 번째는 로마로 가는 여정을 인도해 주실 것과 장차 서바나까지 갈 수 있도록 도와 달라는 것이었습니다. 이 사람이 사도 바울이고 이것이 로마서입니다.

복음을 가진 사람은, 땅끝에 한 영혼이 있다면 포기하지 않고 그곳까지 갑니다. 그들에게 예수 그리스도의 구원의 복음을 전하는 것이 바로 복음의 능력입니다.

사도 바울의 이 뜨거운 심장이 우리의 심장이 되기를 바랍니다. 구원을 허락하신 하나님이 우리로 하여금 미전도 종족으로 가게 하십니다. 언젠가 우리가 갈 수도 있습니다. 한 영혼이 있다면 우리는 그곳까지 가야 합니다. 그들을 구원해야 합니다.

30

거룩한 입맞춤

로마서 16:1-16

로마서 16장에서는 사도 바울이 개인적으로 변하고 있는 모습을 볼수 있습니다. 그의 인간적이고 개인적이면서 사랑이 넘치는 면이 드러납니다. 사도 바울은 그동안 자신을 헌신적으로 도운 37명의 이름을 거론하면서 개인적인 문안 인사를 하고 있습니다. 단순히 인사만 하는 듯하지만, 여기에는 교회에 대한 비밀이 숨겨져 있습니다. 교회란 무엇인지, 예수님을 믿는 것이 무엇인지에 대해 우리가 생각하지 못했던, 훨씬 높은 차원의 내용들을 말하고 있습니다.

> 내가 겐그레아 교회의 일꾼으로 있는 우리 자매 뵈뵈를 너희에게 추천하노니 너희는 주 안에서 성도들의 합당한 예절로 그를 영접하고 무엇이든지 그에게 소용되는 바를 도와줄지니 이는 그가 여러 사람과 나의 보호자가 되었음이라(롬 16:1-2).

사도 바울은 이방인의 구원과 예루살렘의 구원이 뜻하는 놀라운 진리를 마감하면서, 자신의 사역을 도왔던 사람들에게 문안하고 있습니다. 바울을 도왔던 사람들 중에서 사도 바울이 기억하고 있는 제일 첫 번째 사람은 누구입니까? 1절을 보면 남자가 아닌 '뵈뵈'라는 여자였습니다. 겐그레아 교회의 일꾼이었다는 것을 보면, 그녀는 고린도 지역의 항구 도시에 바울이 세웠던 교회의 교인이었던 것 같습니다. '일꾼'이라는 표현을 오늘날로 바꿔 말하면 '여집사'입니다. 과부인지, 혼자 사는 여자인지, 아니면 가족 중에서 혼자 예수님을 잘 믿는 여자인지 알 수 없지만 중요한 것은 이 사람이 사도 바울에게 잊을 수 없는 여자였다는 것입니다. 그녀는 사도 바울뿐만 아니라 여러 성도들을 도와주었다고 합니다.

당시 기독교는 그다지 환영받는 종교가 아니었습니다. 성도들은 숨어 있어야 했고 도망을 다녀야 했습니다. 결혼도 하지 않고 가정도 없었던 사도 바울에게는 오직 예수님밖에 없었습니다. 만나는 사람마다 전도하는 것이 그의 삶의 전부였습니다. 그래서 사도 바울을 도와주는 사람이 필요했는데 바로 이 뵈뵈라는 여자가 도와주었던 것입니다. 그래서 사도 바울은 "그 여집사는 나의 보호자였고 많은 성도들의 보호자였다"고 말하고 있습니다.

사도 바울은 하나님의 사람이었지만 혼자 일하지 않았습니다. 목숨을 걸고 사도 바울을 도와주었던 30여 명의 사람들 덕분에 초대교회의 역사가 이루어질 수 있었습니다. 저희 교회도 마찬가지라고 생각합니다. 모든 사람들이 다 일하는 것은 아닙니다. 그중에 직업과 삶을 포기하고 뛰어든 몇몇 사람이 일합니다. 많은 숫자는 아니지만, 그 사람들이 교회와 선교 단체를 꾸려가고 선교사를 돕는 것입니다. 이것이 하나님의 방법입니다.

사도 바울을 도와주었던 두 번째 사람은 누구였을까요?

너희는 그리스도 예수 안에서 나의 동역자들인 브리스가와 아굴라에게 문안하라 그들은 내 목숨을 위하여 자기들의 목까지도 내놓았나니 나뿐 아니라 이방인의 모든 교회도 그들에게 감사하느니라(롬 16:3-4).

한 부부가 헌신했습니다. 사도행전을 보면, 이들은 원래 로마에 있었던 사람들인데 로마 황제인 글라디오스의 핍박 때문에 로마를 떠나 바울과 합류했었습니다(행 18: 1 - 2 참조). '브리스가'와 '아굴라'는 바울이 양육한 사람들이 아닙니다. 그러나 브리스가와 아굴라 때문에 사도행전이 가능했고 사도 바울의 1, 2, 3차 전도여행이 가능했습니다. 4절을 보면 사도 바울은 이들에 대해 '그들은 내 목숨을 위하여 자기의 목까지도 내놓았다'고 표현하고 있습니다. 참으로 놀라운 일입니다.

우리는 목숨을 내놓고 예수님을 믿습니까? 대부분의 사람들은 그렇지 않습니다. 내가 잘되고 건강하기 위해, 고통을 피하거나 문제를 해결하기 위해 예수님을 믿으려고 합니다. 생명을 바쳐서 예수님을 믿으려는 사람들은 얼마 되지 않는 것 같습니다. 그러나 이 부부는 사도 바울뿐만 아니라 이방인의 모든 교회를 위해서도 그렇게 살았기 때문에 "나뿐 아니라 이방인의 모든 교회도 그들에게 감사한다"(롬 16:4)라고 말하고 있습니다.

부흥하는 교회나 초대 교회를 보면 이처럼 보배롭고 비밀스러운 사람들이 있었습니다. 교회에서도 활발하게 사역하는 위원회를 보면 누군가 희생을 하고 있습니다. 새벽 일찍 나오고, 밤늦게 들어가고, 자존심 내려놓고, 손해 보고, 눈물 흘리며 기도하고 애쓰는, 눈에 보이지 않는 몇 사람이 있습니다. 그 사람들은 누가 시키지도 않았는데 교회와 예수님을 사랑하기 때문에 희생하고 헌신합니다. 그 결과 그 조직이 살아나는 것입니다.

고린도전서 16장 19절, 디모데후서 4장 19절, 사도행전 18장 26절을 보면 브리스가와 아굴라의 이야기가 많이 나옵니다. 이 부부는 사도 바울이 쫓겨나면 함께 따라갔고 사도 바울이 다른 곳으로 가려고 하면 먼저 가서 정리하고 준비하는 사람들이었습니다. 우리에게도 이들과 같은 축복이 임하기를 바랍니다. 이 브리스가와 아굴라가 성령 충만했고 굉장히 지혜로웠다는 사실이 사도행전 18장 26절에 나타납니다.

성경을 보면, 당시 '아볼로'라는 학자가 있었습니다. 그는 성경에 능하고 예수님에 대해 잘 아는 사람이었습니다. 그는 사람들 앞에서 예수님 이야기를 해 주고 성경을 가르쳤는데, 브리스가와 아굴라가 모든 이야기를 듣고 난 후에 아볼로를 따로 불러서 성경의 깊은 도를 가르쳤다고 합니다. 예수님을 가르치고 성경을 가르치는 것보다 더 깊은 것이 무엇일까요? 바로 성령님에 관한 것입니다. 아볼로는 성령에 관해서 알지 못했습니다. 그런데 이 부부에게 배운 이후에 아볼로가 변합니다.

여기서 우리는 브리스가와 아굴라가 단순히 돈이나 시간, 노력만으로 봉사한 것이 아니라 성경에 관한 지식과 영적 체험도 풍부한 사람들이었다는 사실을 알 수 있습니다. 여러분도 몸과 시간과 물질로 봉사할 뿐만 아니라, 성령님에 대한 깊은 진리를 깨닫고 가르치고 도와 줄 수 있는 사람들이 되기를 바랍니다. 이 브리스가와 아굴라가 아볼로를 가르칠 때 공개적으로 하지 않고, 아마도 그의 자존심을 위해 조용히 불러서 가르친 것을 보면 얼마나 겸손하고 지혜로웠는지 알 수 있습니다. 또 그들의 삶을 보면, 바울처럼 자기 직업을 갖고 돈을 벌면서 주님의 일을 했던 자비량 선교사의 모습을 볼 수 있습니다.

첫 열매를 기억하라

세 번째 사람을 소개합니다. "또 저의 집에 있는 교회에도 문안하라 내가 사랑하는 에배네도에게 문안하라 그는 아시아에서 그리스도께 처음 맺은 열매니라"(롬 16:5).

우리는 '에배네도'라는 사람을 바울이 기억하고 있는 것을 봅니다. 왜냐하면 그는 첫 열매이기 때문입니다. 사도 바울은 자기의 첫 열매를 잊지 못하고 로마서의 말미에 그 사람의 이름을 기록하고 있습니다. 여러분에게 첫 열매가 있습니까? 처음 예수님을 믿을 때가 중요하듯이 첫 열매도 중요합니다. 이것이 교회입니다.

그러나 오늘날 대부분의 교회는 목사님이 목회하다가 떠나면 두 달 안에 모두 흩어집니다. 기억하지도 않습니다. 가는 사람도, 보내는 사람도 서로 돌아보지 않습니다. 그래서 참된 교회의 모습을 찾기가 어렵습니다. 그저 모일 뿐입니다. 교회에서 많은 일을 하고도 실망하는 이유는, 일이 없어서가 아니라 사랑이 없기 때문입니다. 교회에 오면 하나님이 계신 것같이 느껴져야 하는데, 일만 있고 진정한 사랑이 느껴지지 않는 것입니다. 사도 바울은 바쁜 중에도 자기의 첫 열매를 기억하면서 기도하고 있었던 것을 알 수 있습니다. 여러분은 누구를 기억하며 잊지 않고 기도하고 있습니까? 여러분의 양 떼를 생각하면서 기도하고 있습니까? 이제 네 번째 그룹을 보십시오. "너희를 위하여 많이 수고한 마리아에게 문안하라"(롬 16:6). '마리아'라는 사람이 어떤 여성인지 정확하게 알 수는 없지만, 한 가지 알 수 있는 사실은 초대 교회의 공동체가 이 여자를 알고 있었다는 것입니다. 이 여자가 얼마나 많은 봉사를 했는지 모두 알고 있었습니다. 그래서 '너희를 위하여 많이 수고한 마리아'라고 말하고 있습니다. 우리 교회에도 그런 분들이 있습니다. 누가 봐도 모두 아는 사람입니다. 시도 때도 없이 와서 봉사하고 눈물 흘리는 사람들이 있습니다.

다섯 번째 그룹을 소개합니다. "내 친척이요 나와 함께 갇혔던 안드로니고와 유니아에게 문안하라 그들은 사도들에게 존중히 여겨지고 또한 나보다 먼저 그리스도 안에 있는 자라"(롬 16:7). 여기

두 사람이 나옵니다. 바로 안드로니고와 유니아입니다. 두 사람 모두 옥에 갇혔던 것으로 보아, 이 사람들은 부부라기보다는 남자들이 아닌가 생각합니다. 이 두 사람이 사도 바울을 많이 도와주었다고 나옵니다. 바울의 친척이라고 소개되었지만, 바울의 친척이기 때문에 위대한 것이 아닙니다. 그들은 바울이 감옥에 갔을 때 함께 갇혔고 바울이 매 맞을 때 함께 맞았습니다. 바울이 수모를 당할 때 이 사람들이 함께 수모를 당했습니다. 이것이 교회입니다.

오늘날 교회가 능력이 없는 것은 모두 남남이기 때문입니다. 아무리 교회가 많고 교인이 많아도 이 세상을 변화시킬 수 있는 능력이 없는 것은, 그저 집단에 불과하기 때문입니다. 주일에 잠깐 와서 예배만 드리고 가는 사람들에게 무슨 능력이 있겠습니까? 수요일에 잠깐 와서 예배에 참석만 하면 무슨 변화가 일어나겠습니까? 개인 생활을 침범당하지 않는 범위 내에서 예수 믿는 사람들이 어떻게 세상을 변화시킬 수 있겠습니까?

여기에 언급한 두 사람은 바울과 함께 기도했다고 합니다. 우리가 이들과 같은 정도로 성장하는, 큰 믿음의 소유자가 되기를 바랍니다. 그들은 사도들 중에서도 유명하였고 소문난 믿음을 소유한 사람들이었으며 사도 바울보다 믿음의 선배였던 것 같습니다. 이런 사람들이 뒤에서 기도해 주고, 같이 수고해 주고, 감옥에도 함께 가고 매도 같이 맞았기 때문에 하나님의 아름다운 역사를 이룰 수 있었던 것입니다.

하나님 나라의 가족들

"또 주 안에서 내 사랑하는 암블리아에게 문안하라"(롬 16:8). 8절에서는 '암블리아'라는 사람이 소개되고 있습니다. 이 이름은 노예에게 쓰던 라틴식 이름입니다. 16장에는 노예 신분임을 나타내는 사람들의 이름이 많습니다. 여기에 나오는 암블리아라는 사람은 노예 출신의 그리스도인인데, 그가 교회의 식구가 되었고 하나님 일을 함께하는 사람이 되었다는 것은 놀라운 사실입니다. 예전에 발행된 타임지는 미국의 흑인 교회들이 많이 불탔다고 보도하고 있습니다. 흑인들이 예수님을 믿는 것이 싫다는 것입니다. 그러나 흑인도, 백인도, 이스라엘 사람도, 팔레스타인 사람도 예수님을 믿어야 합니다. 이것이 하나님 나라입니다.

우리는 사도 바울이 말하는 사람 중에 과부도 있고, 부부도 있고, 자매도 있고, 형제도 있고, 라틴 사람도 있고, 헬라인도 있고, 로마 사람도 있음을 알 수 있습니다. 더 중요한 것은 이들이 예수님 안에서 모두 하나가 되었다는 사실입니다. 이것이 교회입니다.

> 그리스도 안에서 우리의 동역자인 우르바노와 나의 사랑하는 스다구에게 문안하라 그리스도 안에서 인정함을 받은 아벨레에게 문안하라 아리스도불로의 권속에게 문안하라(롬 16:9-10).

9절에서 언급한 '우르바노'도 노예의 이름입니다. 그리고 '아벨

레'라는 사람은 유대인인데 이 사람은 아마 시련과 고난을 많이 겪었던 것 같습니다. 시련과 고난을 잘 극복함으로써 그 공동체에서 인정을 받은 사람이었습니다. 우리가 하나님께도 인정받고 공동체 안에서도 그 인격과 믿음과 겸손함과 능력을 인정받는 영적 지도자들이 되기를 바랍니다. '아리스도불로'는 헤롯 가문의 사람이었다고 주석가들은 말합니다. 헤롯 대왕은 아주 흉악한 사람이었는데, 그 자손 중에 예수님을 믿는 사람들이 나왔다는 것은 놀라운 일입니다.

"내 친척 헤로디온에게 문안하라 나깃수의 가족 중 주 안에 있는 자들에게 문안하라"(롬 16:11). '헤로디온'은 헤롯 가문과 연관된 사람이고 '나깃수'는 글라디오스 황제 때 해방받은 유명한 노예였다고 합니다. 이런 사람들이 사도 바울의 주변에서 사도 바울을 돕고 함께 일하며 아름다운 공동체를 이루고 있었음을 알 수 있습니다.

"주 안에서 수고한 드루배나와 드루보사에게 문안하라 주 안에서 많이 수고하고 사랑하는 버시에게 문안하라"(롬 16:12). 12절의 '드루배나'와 '드루보사'는 앞에 '드루'라는 단어가 똑같이 있는 것으로 보아 자매였던 것 같습니다. 자매가 함께 하나님께 봉사했습니다. '버시'라는 사람도 하나님께 봉사했습니다. 버시는 노예 이름이 아니므로 자유인으로 태어난 사람으로 보입니다.

"주 안에서 택하심을 입은 루포와 그의 어머니에게 문안하라 그의 어머니는 곧 내 어머니니라"(롬 16:13). 13절에서는 '루포'라는 사람을 언급합니다. 루포는 재미있는 사람입니다. 마가복음 15장 21절을 보면 '알렉산더와 루포의 아버지인 구레네 사람 시몬'이라는 구절을 볼 수 있습니다. 우리는 예수님의 십자가를 억지로 진 사람이 '구레네 사람 시몬'이라는 사실을 알고 있습니다. 그 시몬의 아들이 바로 루포입니다.

"아순그리도와 블레곤과 허메와 바드로바와 허마와 및 그들과 함께 있는 형제들에게 문안하라"(롬 16:14). 14절의 '블레곤'이라는 사람만 빼고 모두 노예의 이름입니다. 아마도 노예 출신들이 모였던 그룹인 것 같습니다. 그런데 이 사람들도 하나님의 사람이요, 구원받은 백성이라는 것입니다. 이것이 교회입니다. 우리 교회에는 '온누리 미션'이 있는데 저는 이 사역을 참 좋아합니다. 여기에는 인도네시아 사람도 있고, 우르드어를 쓰는 파키스탄 사람도 있고, 베트남 사람도 있고, 네팔 사람도 있습니다. 이것이 교회입니다. 우리가 이런 사람들을 생각해야 합니다. 초대 교회가 그랬습니다. 교회는 잘난 사람이나 부자나 배운 자들만 모이는 곳이 아닙니다. 하나님의 나라는 바로 이런 것입니다.

"빌롤로고와 율리아와 또 네레오와 그의 자매와 올름바와 그들과 함께 있는 모든 성도에게 문안하라"(롬 16:15). 15절에 나온 것은 개인이나 부부, 형제가 아니라 가정 교회를 말합니다.

생명 걸고 예수 믿은 사람들

여기서 우리는 굉장히 중요한 사실을 배우게 됩니다. 로마서 16장 1절에서부터 15절까지에 언급된 이름들을 살펴보면서 알게 된 점이 있다면, 사도 바울을 위해서 생명을 걸고 헌신한 사람들이 있었기 때문에 사도행전이 가능했고 사도 바울의 1, 2, 3차 전도여행이 가능했다는 것입니다. 주일에만 왔다 갔다 하는 것이 교회가 아니라 생명을 거는 것이 교회입니다.

오늘날 교회는 왜 그리 무능합니까? 이렇게 교회가 많고, 목사가 많고, 세계에서 제일 큰 교회가 있는 한국이 왜 이렇습니까? 모두 가짜들이기 때문입니다. 가짜는 아무리 그 숫자가 많아도 소용이 없습니다. 진짜는 몇 개만 있어도 능력이 있습니다. 과연 우리는 진짜 교회입니까? 진정으로 하나님이 원하시고 바라는 교회인지 자문해 보게 됩니다.

초대 교회는 생명을 걸고 예수님을 믿었고, 우리는 취미로 예수님을 믿고 있습니다. 예수님 믿는 것을 취미로 여기고, 혹시 교회에 가지 않으면 교통사고라도 날 것 같아서 교회에 갑니다. 자기 삶을 헌신하고, 생명과 시간을 바치며, 살아 계신 하나님 앞에서 결단하고 믿는 사람들은 극히 적습니다. 오히려 그렇게 믿는 사람들을 우습게 여깁니다. 그렇기 때문에 세상은 하나도 변하지 않고 나도 변하지 않는 것입니다. 10년을 믿어도 거기서 거기입니다. 오늘 사도 바울이 보여 준 교회의 모습이 진짜 교회의 모습입니다.

두 번째 교회의 모습은, 노예도 있고 이방인도 있고 여러 종류의 사람들이 모여서 사랑하는 곳입니다. 사랑하는 사람들끼리 모여서 교제하면 그것이 무슨 의미가 있습니까? 사랑할 수 없고 용서할 수 없는 사람들, 나와는 체질이 맞지 않고 분위기도 맞지 않는 사람들이라 할지라도, 예수 그리스도의 이름으로 모여서 서로 떡을 떼고 사랑을 나누며 양보하고 발을 씻겨 주는 것, 이것이 진정한 교회의 모습입니다. 사람들이 교회에 와서 하고 싶은 것은 일이 아니라 사랑입니다. "여기는 정말 하나님이 계시구나"라는 경험을 하고 싶은 것입니다. 진짜 교회에 다니시기를 바랍니다.

마지막으로 16절에서 진정한 교회란 무엇인가를 한 단어로 표현하고 있습니다.

> 너희가 거룩하게 입맞춤으로 서로 문안하라 그리스도의 모든 교회가 다 너희에게 문안하느니라(롬 16:16).

그것은 '거룩한 입맞춤'입니다. 교회는 거룩한 입맞춤으로 서로 문안하는 곳이라는 뜻입니다. 교회는 장로든, 목사든, 평신도든, 누구든지 간에 예수님의 이름으로 거룩한 입맞춤을 할 수 있는 곳이어야 합니다. 입맞춤은 진정으로 사랑하고 거리낌 없는 사람과 합니다. 아버지가 아들에게, 엄마가 딸에게, 남편이 아내에게 입맞춤합니다.

믿음이란 하나님과 입맞춤하는 것입니다. 머리로 이해하는 것이 아니고 그분이 내 안에, 내가 그분 안에 들어가는 것입니다. 사랑하는 사람은 껴안고 싶습니다. 그러나 이상한 사람이 와서 껴안으려고 하면 싫습니다. 피하고 싶습니다. 교회란 거룩한 입맞춤이 있는 곳입니다. 그래서 성경은 "너희들은 거룩한 입맞춤으로 서로 문안하라"고 말하고 있습니다. 그것이 교회입니다. 교회에 와도 외로운 것은 가슴을 터놓고 친하게 지낼 사람이 없기 때문입니다. 그것은 교회가 아닙니다. 진정한 교회는 위로받고, 용서받고, 이해받고, 정말 사랑할 수 있는 곳이라야 합니다.

　더럽고 보잘것없는 형제들을 껴안고, 사랑하고, 이해하고, 격려하고, 입 맞춰 주는 곳이 교회입니다. 우리에게 이런 축복이 있기를 바랍니다. 몇 사람이 모여도 좋습니다. 마음을 나눌 수 있는 곳, 같이 기도할 수 있는 곳, 서로 격려할 수 있는 곳에서 하나님과 입맞추십시오. 말씀과 입 맞추고, 성령님과 입 맞추십시오. 그냥 지식적으로나 객관적인 눈으로 보지 마십시오. 아무와도 상관없이, 거룩한 입맞춤을 할 수 있는 곳, 그것이 교회입니다.

31

권면과 마지막 인사

로마서 16:17-27

앞 장에서도 설명했듯이, 사도 바울은 로마서를 마치면서 개인적으로 영적인 관계가 깊었던 사람들에게 문안 인사를 합니다. 이것은 마치 큰일을 마친 사람이 집에 돌아와서 가족들과 편안한 시간을 갖는 모습과 같습니다. 사람들은 성경에서도 책 중의 책이 로마서라고 말합니다. 이 로마서에서 구원에 대한 놀라운 복음을 선포한 바울은, 지금까지의 분위기를 바꾸고 있습니다. 자신이 감옥에 갇혔을 때 같이 있었고, 음식과 잠자리를 제공해 주었고, 자신을 격려해 주었던 모든 사람들에게 문안하면서 교제하고 있습니다.

16절에는 개인적인 문안과 교제의 결론이 나옵니다. "너희가 거룩하게 입맞춤으로 서로 문안하라 그리스도의 모든 교회가 다 너희에게 문안하느니라."

그리스도인의 교제란 거룩한 입맞춤입니다. 입맞춤은 아무나와 하지 않습니다. 굉장히 깊은 사이이거나 특별한 사이에서만 입맞춤을 합니다. 그리스도인이란 입 맞추는 관계입니다. 가슴과 가슴으로 안아 주고 마음과 마음을 받아 주는, 천국의 교제를 하는 곳이 교회입니다. 그러나 현대의 교회는 주일에 잠깐 왔다가 가는 곳입니다. 가족끼리 함께하는 것 이상의 일이 일어나지 않습니다. 그래서 복음의 시작은 있지만, 끝은 분명하지 않습니다. 우리 서로

간의 관계가 거룩한 입맞춤이 있는, 바울과 그의 제자들과의 관계처럼 되기를 기원합니다.

바울의 염려

16절까지 문안을 마치고 난 바울은 17절에서 또다시 분위기를 바꿉니다. 로마에 있는 성도들에게 특별한 권고를 하고 있습니다. 17절부터 나오는 권면은 아주 의외의 것, 특별한 것입니다. 사실 앞뒤 문맥이 잘 연결되지 않습니다. 위대한 복음의 진리를 선포하고 그리스도인의 삶을 설명했던 바울이, 개인적으로 사람들에게 문안을 하다가 이단에 대한 경고를 하고 있습니다. 왜 사도 바울은 생각지도 못했던 이단들에 대한 경고를 마지막으로 하고 있을까요?

  추측해 보건대, 사도 바울은 로마서를 하루아침에 다 쓴 것이 아니라 오랜 시간을 두고 고심하면서 썼을 것입니다. 그러던 중, 로마 교회나 사도들이 개척한 곳에 이단들이 나타나기 시작했고 분열시키는 세력들이 교회를 어지럽히고 있었을 것입니다. 이것은 마치, 한 농부가 농사를 잘 지어서 열매가 풍성하게 열린 밭에 돼지 떼가 들어와 밭을 휩쓸고 망쳐 놓는 것과 같습니다. 눈물로 키운 양들을 어느 날 밤에 이리떼가 와서 찢어 놓고 훔쳐갔을 때의 심정, 그 목자의 심정이 바로 바울의 심정이었습니다. 눈물로 목회를 3년 반이나 했고 한 사람 한 사람 피눈물을 흘리며 전도해서 얻었는데, 이단이 들어와 이 사람들을 모두 망가뜨려 놓았던 것입니다. 그래서 사도 바울은 로마서 마지막 부분에서 경고하지 않을 수 없었습니다.

왜냐하면 사람이 이단에 빠지면 모두 잊어버리기 때문입니다. 초대 교회 때나 지금이나, 예수님 믿는 사람들을 유혹하는 사람들, 우리의 영혼을 도둑질해 가는 이단들이 우리 주변에 많습니다. 이단의 특징은, 그들이 진짜처럼 보인다는 것입니다. 천사와 마귀는 구분하기 어렵습니다. 그래서 사람들이 모두 속아 넘어갑니다. 그 럴듯하게 성경적이고, 복음적이고, 전통적이고, 예수님을 가장 잘 믿는 것처럼 보입니다.

지금 우리 주변에도 얼마나 많은 이단이 있는지 모르겠습니다. 이단 중에는 그 정체를 분명히 알 수 있는 통일교나 여호와의증인이나 안식교 같은 것도 있지만, 이단인지 아닌지 헷갈리는 이단도 많습니다. 대부분의 사람들이 그런 이단에 미혹되어 교회를 떠납니다. 이단에 빠지는 사람들을 보면 대개가 순진한 사람들입니다. 그런 사람들은 이단에 빠지면 다시 돌아오기가 너무 힘듭니다. 돌아오고 싶어도 돌아올 수 없습니다. 너무나 비참해집니다. 그래서 사도 바울은 마지막 부분에서 이것을 강조하고 권면하고 있는 것입니다.

사도 바울이 권면하고 있는 내용은 무엇입니까?

형제들아 내가 너희를 권하노니 너희가 배운 교훈을 거슬러 분쟁을 일으키거나 거치게 하는 자들을 살피고 그들에게서 떠나라(롬 16:17).

혹 이단에 빠지지 않았다 할지라도 이 말씀을 잘 들어야 합니다. 바울은 예기치 않은 말씀을 하고 있습니다.

이단들의 특징

교회를 분열시키고 성도들의 영혼을 도적질해 가는 이단들은 세 가지 특징을 가지고 있습니다. 첫 번째, 교훈을 거스릅니다. 그들은 그럴듯한 말로 궤변을 만들고 헛소문을 만듭니다. 성경 말씀을 자기식으로 합리화시킵니다. 앞뒤가 맞지 않는 것을 억지로 풀어서 자기의 이론을 만듭니다.

두 번째, 분쟁을 일으킵니다. 교회에는 언제나 불평하는 세력이 있기 마련입니다. 교회뿐만 아니라 어느 조직이든 불평하는 세력이 있습니다. 이단들은 그런 사람들을 잘 찾아냅니다. 구원의 확신이 없거나 예수님을 적당히 믿는 사람들을 찾아가서 선동하기 시작합니다. "교회가 당신에게 너무 심하지 않느냐", "당신은 구원의 확신이 없지 않느냐, 아무리 교회에 다녀도 알아주는 사람이 아무도 없지 않느냐"라고 선동합니다. 혹시 마음에 불평이 있는 분들은 조심하기 바랍니다. 불평이 변하여 감사가 되게 하십시오. 왜냐하면 마귀는 불평만 쫓아다니기 때문입니다.

이단들의 구호는 '교회를 위해서'입니다. '하나님을 위해서'라고 합니다. 그렇게 멋있는 말을 하면서 불평을 합니다. 그리고 "우리 교회에 오면 병을 고칠 수 있고 귀신을 쫓아낼 수 있다, 우리 교회에서는 진짜 회개를 가르친다"라고 선동합니다. 그렇지 않아도 섭섭하고 불만스럽고 피해를 입었다고 생각하는 사람들은 그런 말에 넘어가게 됩니다. 그들은 분쟁을 만드는 것입니다.

세 번째, '거치게 하는 자들'이라는 말이 있습니다. 처음에는 하나님과 교회를 굉장히 위하는 척하다가, 나중에 본색을 드러내면서 교회가 하는 일을 정면으로 반대하고 나섭니다. 교회가 잘못되었다고 말하고 하나님이 잘못되었다고 말하면서 정면으로 부딪히기 시작합니다. 한 걸음 더 나아가서 뻔뻔해지기까지 합니다. 거짓말을 쉽게 하고 아부도 간단하게 합니다. 그들은 수단과 목적을 위해서라면 무슨 일이든지 합니다.

영적 분별력을 가지라

사도 바울은 이러한 사람들이 나타나서 교회를 힘들게 하고 성도들의 영혼을 약탈해 갈 때, 두 가지 고민을 합니다. 17절 마지막 부분을 보면 '교훈을 거슬러 분쟁을 일으키는 자들을 살피고 떠나라'고 말하고 있습니다. 우리에게 영적 분별력이 있기를 바랍니다. 예수님을 믿은 지 얼마 되지 않은 사람은, 이단인지 아닌지 잘 구별하지 못합니다. 지금 무언가 잘못되고 있는지 아닌지도 모릅니다. 왜냐하면 이단들은 항상 친절하고 좋은 것을 약속하며 그럴 듯한 말을 하기 때문입니다. 사람들은 그곳에 가면 정말 신앙생활을 잘할 줄 알고, 하나님을 만날 줄 알고, 그들이 가졌던 근거를 포기하고 따라갑니다. 이런 사람들을 살펴보라고 했습니다. '살펴보라'는 말은 조심하고 경계하라는 뜻입니다.

악한 사람일수록 자기를 노출하지 않습니다. 어떤 마귀가 새까만 옷을 입고 송곳니를 드러내면서 '나는 마귀다'라고 하겠습니까? 그렇게 마귀라는 모습을 보이면 모두 도망갑니다. 그렇기 때문에 항상 마귀는 양의 가죽을 쓴 이리의 모습으로 나타납니다. 천사로 가장합니다. 무엇이 진짜이고 무엇이 가짜인지 깨닫는, 영적 분별력을 가지기 바랍니다.

18절을 보면 영적 분별력을 어떻게 가질 것인지에 대해 말하고 있습니다.

이같은 자들은 우리 주 그리스도를 섬기지 아니하고 다만 자기들의 배만 섬기나니 교활한 말과 아첨하는 말로 순진한 자들의 마음을 미혹하느니라(롬 16:18).

이런 사람들은 교회도 열심히 나오고 예수님을 잘 믿는 것 같으며 성가대도 하고 위원회에 들어가서 봉사도 합니다. 어떤 사람은 위원장까지도 합니다. 그러나 그 사람들은 사실 예수님을 믿지 않습니다. 예수님을 믿지 않는 면이 보입니다. "예수님 믿는 사람이 저럴 수 있을까"라는 의심을 갖게 합니다.

예수님을 잘 믿는 한 기업에 노조가 생겨났는데, 그들은 노조를 만들기 위하여 서로 쇠사슬로 묶고 저녁에는 술을 먹는다고 합니다. 그러면서 낮에는 성경을 보고 찬송도 부른다고 합니다. 헷갈리게 하는 것입니다. 그들이 하는 말을 들어 보면 이상합니다. 수상한 사람들입니다. 예수님을 믿는 사람들은 처음이나 끝이 같아야 합니다. 바뀌지 않습니다.

본문 말씀을 보면, 그들은 진짜 예수님을 믿는 사람들이 아니었다고 말하고 있습니다. 자기의 배만 섬기는 사람들이었습니다. 이 사람들의 관심거리는 돈이었습니다. 결국 돈을 뜯기 위해서였습니다. 그들은 배만 부르게 해 주면 무엇이든지 하는 사람이었습니다. 그들에게는 윤리나 도덕이 없고 이익만 있을 뿐입니다.

우리는 종종 신문에서 사교 집단이 사회적 물의를 일으킨 뉴스를 봅니다. 그들의 공통점은 교주가 부자라는 것입니다. 가난한 교주는 없습니다. 그들의 금고를 열어 보면 현금과 달러와 유가 증권이 있습니다. 결국 그들은 순진한 많은 사람들을 이용해서 자기 배를 채우는 지도자였습니다. 그들은 사실 예수님을 믿는 것이 아니라 자기의 배를 섬기는 사람들이었던 것입니다. 사기꾼들은 말을 잘합니다. 일확천금을 얻어 주겠다는 사람은 절대로 믿지 마십시오. 그들은 재치가 있고 사람들을 잘 웃깁니다. 시선을 집중시키는 능력이 있습니다. 말 잘하는 사람을 조심하십시오.

저는 이단에 들어갔다가 피눈물 흘리고, 정신병에 걸리고, 패가망신한 사람들을 많이 보았습니다. 신앙생활 중에 조심할 것은 이단에 빠지는 것입니다. 미혹당하지 마십시오. 17절 마지막 부분에서, 이런 자들을 살피고 떠나라고 말하고 있습니다. 로마서 15장에서는 믿음이 약한 자들을 돌봐 주고 연약한 자를 받아 주라고 말하고 있습니다. 그러나 교활한 사람은 끊어야 합니다. 의도적으로 순진한 척하면서 교회를 분열시키고 고통을 주는 사람들에 대해, 사도 바울은 우선 잘 살피고 그다음에는 동정심을 발하지 말고 끊으라고 합니다. 용서해 주어야 할 것 같은데 끊으라고 하는 이유는, 그들이 지금은 조용히 있을 수 있지만 후에 또다시 문제를 만들 것이기 때문입니다.

선한 데 지혜롭고

너희의 순종함이 모든 사람에게 들리는지라 그러므로 내가 너희로 말미암아 기뻐하노니 너희가 선한 데 지혜롭고 악한 데 미련하기를 원하노라(롬 16:19).

이 세상은, 우는 사자가 먹을 것을 삼키려 하듯이 성도들을 집어 삼키려 합니다. 이 세상은 천국이 아닙니다. 우리는 예수님을 믿고 하나님을 믿는 사람들이지만, 세상에서 사는 동안 악한 구조와 무신론, 사탄과 싸우며 살아야 합니다. 그래서 살기가 무척 어렵습니다. 예수님을 믿는 사람이라면 주일에 관공서에서 시행하는 시험을 보지 않을 것입니다. 그런데 주일에 시험을 보게 합니다. 예수님을 믿는 사회가 아니기 때문입니다. 성도들은 주일에 실시되는 시험을 보러 가야 하는지 아닌지에 대해 갈등합니다. 이것이 바로 세상입니다. 우리는 이 세상을 예수님을 믿기 좋은 세상으로 만들 책임이 있습니다. 그래서 사도 바울은 "선한 데는 지혜롭고 악한 데는 미련하라"고 말합니다.

그래도 로마 사회에 비하면 얼마나 괜찮은 사회에서 살고 있는지 모릅니다. 로마 제국하에서 예수님을 믿는 것과 노예의 신분으로 예수님을 믿는 일이 얼마나 힘들었겠습니까? 이방인으로 예수님 믿기가 얼마나 어려웠을까요? 우리가 현재 힘들어하는 것은 그들에 비하면 힘든 것이 아닙니다. 그들은 끔찍한 고통과 고문과 박해와 화형 속에서도 신앙을 지켰습니다.

선한 데는 지혜롭고 악한 데는 미련하기를 바랍니다. 이것이 바로 사도 바울의 권면입니다. 세상에서 지혜롭게 살지 않으면, 우리가 살기에 세상은 너무 어려운 곳입니다. 그러나 염려하지 마십시오.

평강의 하나님께서 속히 사탄을 너희 발 아래에서 상하게 하시리라 우리 주 예수의 은혜가 너희에게 있을지어다(롬 16:20).

타협하지 말고 두려워하지 마십시오. 믿음으로 나아가십시오. 악한 자들이 승리하는 것 같고 사기꾼들이 잘 사는 것 같지만 걱정하지 마십시오. 우리는 반드시 승리합니다. 사탄은 처음에 이기지만 하나님의 사람들은 마지막에 이깁니다. 두려워하지 말라는 것은 하나님이 우리에게 평강을 주시기 때문입니다. 그리고 사탄을 우리의 발밑에 놓겠다고 약속하셨습니다. '나를 신뢰하라', '나를 바라보라'고 말씀하십니다. 복음은 로마 제국을 이겼고, 종교개혁을 일으켰습니다. 어떤 악한 세력도 복음은 물리칩니다. 저는 복음이 북한도 해방시킬 줄 믿습니다. 그것이 복음의 능력입니다.

21-22절을 보면, 사도 바울이 다시 자신의 동역자들을 소개합니다. 디모데와 친척 누기오, 야손, 소시바더, 편지를 대필해 주었던 더디오, 주방장을 맡았던 가이오, 재무를 맡았던 에라스도와 형제 구아도에게 문안을 전하라고 말합니다. 그러고 나서 그의 마지막 복음으로 돌아옵니다.

바울의 복음 찬미

> 나의 복음과 예수 그리스도를 전파함은 영세 전부터 감추어졌다가 이제는 나타내신 바 되었으며 영원하신 하나님의 명을 따라 선지자들의 글로 말미암아 모든 민족이 믿어 순종하게 하시려고 알게 하신 바 그 신비의 계시를 따라 된 것이니 이 복음으로 너희를 능히 견고하게 하실 지혜로우신 하나님께 예수 그리스도로 말미암아 영광이 세세 무궁하도록 있을지어다 아멘(롬 16:25-27).

사도 바울을 사도 바울 되게 한 것은 복음이었습니다. 사도 바울의 생애를 뒤바꾼 것도, 로마서를 쓰게 한 것도 복음이었습니다. 그는 25절에서 '나의 복음'이라고 말하고 있습니다. 저를 목사로 만들고, 이 자리에 서게 하고, 주를 위하여 살게 한 것도 '복음'입니다. 여러분에게도 이것이 복음인 줄로 믿습니다. 사도 바울은 로마서에서 '복음'이라는 말을 7번 했습니다. 복음이 너무나 중요하기 때문입니다. 바울은 "예수 그리스도의 종 바울은 사도로 부르심을 받아 하나님의 복음을 위하여 택정함을 입었으니"(롬 1:1)라고 말하고 있습니다. 바울은 로마서의 시작이 복음 때문이었다고 말합니다.

복음은 바로 "하나님이 선지자들을 통하여 그의 아들에 관하여 성경에 미리 약속하신 것이라 그의 아들에 관하여 말하면 육신으로는 다윗의 혈통에서 나셨고 성결의 영으로는 죽은 자들 가운데서 부활하사 능력으로 하나님의 아들로 선포되셨으니 곧 우리 주 예수 그리스도시니라"(롬 1:2-4)입니다. 복음은 바로 주 예수 그리스도입니다. 사도 바울은 이 복음 때문에 그의 삶을 완전히 희생한 것입니다. 사도 바울은 "그러므로 나는 할 수 있는 대로 로마에 있는 너희에게도 복음 전하기를 원하노라"(롬 1:15)라고 말합니다. 또 그는 1장 16절에서 복음을 부끄러워하지 않는다고 말하고 있습니다. 이 복음은 모든 믿는 자들에게 구원을 주신 하나님의 다이너마이트와 같은 것이라고 소개합니다. 이 복음은 구원의 능력을 주신 하나님의 능력입니다. 복음에는 하나님의 의가 나타나고 믿음에서 믿음으로 이르게 한다고 했습니다. 우리가 이 복음에 사로잡히기를 바랍니다. 복음을 위해 살 수 있게 되기를 바랍니다. 교회는 예수 그리스도의 복음 때문에 존재하는 교회요, 설교하는 저도 예수 그리스도의 복음 때문에 존재하는 사람일 뿐입니다.

복음과 예수 그리스도를 전하는 것은 영세 전부터 있었습니다. 우리는 복음의 기원을 이곳에서 발견합니다. 복음은 창세 전에 하나님과 함께 있었습니다. 이것이 복음입니다. 26절을 보면, 복음은 영원 전부터 있었던 것이며 그것은 하나의 비밀이었고 감춰졌던 것인데 이 복음이 드러났다고 합니다. 계시가 나타났다는 것입니다. 그래서 많은 예언가들로 말미암아 이 복음을 말하게 했고, 이방인들로 하여금 믿고 순종하게 하는 구원의 역사를 만든 것이 복음이었습니다.

26절 마지막 부분을 보면, 이 복음은 우리를 견고하게 한다고 말하고 있습니다. 복음은 우리를 강하고 담대하게 만들며, 능력 있고 지혜롭게 만든다는 것입니다. 복음에는 죽은 자를 살리고 병든 자를 고치고 저주받은 자를 축복의 자녀로 만드는 능력이 있습니다. 그것이 바로 '복음'입니다. 이 복음을 우리 것으로 만들기 바랍니다. 이 복음을 가진 사람은 견고하게 됩니다. 흔들리지 않게 되는 것입니다. 복음은 영원 전부터 있었으나 이제는 복음이 나타났고, 복음 안에 능력이 있다는 것을 보았습니다.

마지막으로 사도 바울은 이 복음을 자랑합니다. 사도 바울은 로마서를 "지혜로우신 하나님께 예수 그리스도로 말미암아 영광이 세세 무궁하도록 있을지어다 아멘"(롬 16:27)으로 끝내고 있습니다. 로마서는 마지막에, 영광과 존귀와 찬양을 하나님께 돌립니다. 예수 그리스도의 복음으로 말미암아 하나님께 찬양과 경배와 존귀와 영광이 세세 무궁하도록 있을 것을 찬양합니다. 우리 삶의 결론도 하나님께 영광을 돌리는, 감격과 기적과 축복이 넘치는 것이 되기를 바랍니다.